D1730161

HEINRICH FEY · GUDRUN FEY

Redetraining als Persönlichkeitsbildung

HEINRICH FEY · GUDRUN FEY

Redetraining als Persönlichkeits- bildung

Praktische Rhetorik
zum Selbststudium und für
die Arbeit in Gruppen

WALHALLA

BERLIN·BONN·REGENSBURG

Die Deutsche Bibliothek – CIP-Einheitsaufnahme

Fey, Heinrich:
Redetraining als Persönlichkeitsbildung : praktische Rhetorik
zum Selbststudium und für die Arbeit in Gruppen / Heinrich Fey
und Gudrun Fey. – Berlin ; Bonn ; Regensburg : Walhalla, 1993
   ISBN 3-8029-8702-0
NE: Fey, Gudrun:

Zitiervorschlag:

Heinrich Fey · Gudrun Fey, Redetraining als Persönlichkeitsbildung
Berlin, Bonn, Regensburg 1993

Inhalt

Vorwort

„Der Klügere gibt nach, bedeutet die Herrschaft der Dummheit." (Marie von Ebner-Eschenbach)

In einer Demokratie entstehen Entscheidungen weitgehend aufgrund von Rede, von rhetorischer Kommunikation.

Unsere Demokratie ist nicht Herrschaft des Volkes, sondern Herrschaft der Rednerinnen und Redner.

Macht über das Wort bedeutet nicht nur Macht über Wörter, sondern auch Macht über Menschen, über Sachen.

Bei der Abfassung dieses Buches hatten wir die Teilnehmer unserer Rhetorikkurse vor Augen, Menschen der verschiedensten Altersstufen und aus den verschiedensten Berufen, die ein praktisches und unmittelbares Bedürfnis nach der Verbesserung ihrer Kommunikationsfähigkeit und nach Rhetorik haben und wissen, daß diese ein entscheidendes Moment im Berufsleben sind. Gerade die Arbeitsform des Teams breitet sich immer mehr aus und damit die Notwendigkeit, in Teams mitarbeiten und Teams leiten zu können. Der autoritäre Führungsstil wird in wachsendem Maße durch kooperatives Führungsverhalten abgelöst. Auch der Bedarf an beratenden Tätigkeiten nimmt stetig zu und damit auch der Bedarf an Kommunikationsfähigkeit.

Rhetorische Kenntnisse sind Herrschaftswissen. Menschen, die darüber verfügen, sind fähig, die manipulative Anwendung dieser Kenntnisse zu durchschauen. Deshalb nimmt rhetorische Ausbildung einen wesentlichen Raum ein in der emanzipatorischen Entwicklung zur mündigen Bürgerin und zum mündigen Bürger.

Hinzu kommt: Die vermehrte Freizeit verlangt sogar von jenen verstärkte Kommunikationsfähigkeit und verbales

Durchsetzungsvermögen, die sie am Arbeitsplatz bisher noch nicht brauchten.

Unser Buch will nicht den vielen geisteswissenschaftlich-germanistisch-historisch-philosophischen Rhetorikbüchern ein weiteres dieser Art hinzufügen. Dennoch will es nicht unwissenschaftlich sein, sondern zeigen, daß die Wurzeln der Rhetorik zwar dreitausend Jahre zurückreichen, die Rhetorik aber auch damals schon überwiegend eine handfeste Angelegenheit von Praktikern war und keine blutarme Sache für blasse Stubengelehrte.

Dieses Buch soll nicht nur über die Grundlagen der Rhetorik informieren, sondern auch motivieren, selbst mit dem Reden anzufangen. Es bietet systematisch aufgebaute Übungen, bewährte „Trocken-Übungen", damit Ihre Versuche im Reden erfolgreich und kein Sprung ins kalte Wasser werden – eine insgesamt zuverlässige Methode, mit der das Lernen sogar Spaß macht.

Die Übungen zielen nicht primär auf die Vermittlung von Kniffen und Tricks, sondern wollen zuerst einmal den Lernenden die Augen für ihre Umwelt öffnen. Also nicht Wissensmast, Silbenstecherei oder formale Logik, sondern *Durchblicker-Lehrgang.*

Außerdem gilt es, die Kommunikationsfähigkeit und die Ausstrahlung der Lernenden, ihre Persönlichkeit zu entwickeln und zu entfalten. Und erst auf diesem Fundament haben rhetorische Kniffe und Tricks Sinn.

So ist dieses Buch zugleich auf *drei Aufgaben* beziehungsweise an *drei Zielgruppen* gerichtet:

— Es will jenen einen praxisbewährten Weg zeigen, die ihre Kommunikationsfähigkeit verbessern wollen.

— Es will Grundlagen der Rhetorik vermitteln und jenen, die schon Übung haben, Sicherheit geben. (So sind rhetorische Erfolge durchschaubar und wiederholbar.)

— Es will für Veranstalter und alle, die an Rhetorikkursen teilnehmen, ein praktikables Lehrbuch sein, das durch erprobte Modelle den Kurserfolg garantiert und von den Zufälligkeiten der Kursleitung unabhängig macht.

Begreifen Sie das Reden als ein Sprechen, das auf Wirkung zielt, das heißt:

sagen, was man meint,
so, daß der andere zuhört,
versteht,
annimmt und
danach handelt.
(vgl. Geißner, H., Rhetorik)

Reden muß deshalb vom anderen ausgehen und nicht von mir, nicht von meinen Launen, meinen Gefühlen. Reden heißt sagen, was die Sache verlangt; und nicht, damit es mir wohler ums Herze ist. Reden ist Gespräch eines Ich mit einem Du, selbst wenn man das Du mit 1000 multiplizieren muß. Reden ist du-zentriertes Handeln.

Wie aber ist dieses Ziel zu erreichen? In den einfachen Beziehungen des Alltags können wir das. Hier gilt es anzuknüpfen:

vom Gespräch zur Rede,
vom Ich zum Du,
vom Ich zum Wir,
vom Einfachen zum Zusammengesetzten,
vom Leichteren zum Schwereren,
vom Konkreten zum Abstrakten und zurück,
vom Exemplarischen zum Elementaren und
vom Elementaren zum Komplexen.

Nichts Neues oder gar Künstliches gilt es zu schaffen, sondern nur die schon vorhandenen natürlichen Anlagen freizulegen und zu entwickeln.

Die Zuhörer dürfen sich nicht fragen, ob die Rednerin oder der Redner wohl einen Rhetorikkurs absolviert haben, sie müssen vielmehr angerührt und mitgerissen werden.

Unser Ziel ist nicht die glatte, die restlos ausformulierte, die abgelesene Rede, sondern die *wirksame,* die *freie Rede;* nicht die freie Rede, die frei von jeglichem Gehalt ist, die frei über der Erde und den sterblichen Menschen schwebt, sondern jene Rede, die sich der jeweiligen Situation frei anpassen kann, die *natürliche* Rede.

Jede Bildung ist letztlich Selbstbildung. Deshalb werden Sie selbst als aktives Subjekt und nicht nur als Objekt am Bildungsprozeß beteiligt,

durch Selbstbeobachtung,
durch ein rhetorisches Tagebuch,
durch alltägliche Aufgaben mit steigendem Schwierigkeitsgrad, die durch Strichlisten, „Punkteexamen", zu kontrollieren sind und
durch Rückkopplung in die Praxis.

So hoffen wir, unsere Seminar- und Trainingserfahrung mit vielen tausend Kursteilnehmern und zahlreichen Privatklienten erweist sich auch für Sie als fruchtbar. Von Herzen danken wir den Teilnehmerinnen und Teilnehmern unserer Kurse, denn eigentlich haben sie dieses Trainingsbuch geschrieben.

Stuttgart   *Heinrich Fey und Gudrun Fey*

Liebe Leserinnen,

sicher wird Ihnen gleich auffallen, daß in diesem Buch nur die männliche Form benutzt wurde. Dies geschah keineswegs aus (sprach)diskriminierender Absicht, sondern der einfacheren Lesbarkeit wegen. Wir bitten um Ihr Verständnis.

Zwar ist mancher nur wenig begabt an Wuchs
und Gebärde,
aber ihm kränzte der Gott sein Wort mit Hulden.
Und alle freu'n sich und schauen ihn gern.
Untad'lig spricht er,
bescheiden,
freundlich,
gewinnenden Worts.
Und kommt er herauf durch die Gassen,
seh'n ihn mit Scheu an die Versammelten als einen
der Götter.

(Homer, Odyssee)

Teil I
Elemente wirksamen Redens

1.
Was ist Rhetorik?

Ich-zentrierte und
du-zentrierte Kommunikation

Checkliste

Übungen

Zwei Männer sind in einer fremden Stadt. Beide suchen sie den Weg zum Bahnhof. Beide tragen zwei schwere Koffer. Der eine fragt einen Passanten nach dem Weg, hört eine unfreundliche Antwort und irrt ratlos weiter. Der andere fragt auch, vielleicht den gleichen Passanten, und erhält nicht nur eine ausführliche Antwort, der Befragte geht sogar voraus, um ihm den Weg zu weisen und trägt noch einen der Koffer.

Zwei Töchter kommen jeweils mit der ersten Straßenbahn heim. Die eine gerät mit ihrem Vater in einen heftigen Streit, bekommt eine Ohrfeige und legt sich mit dem befriedigenden Gefühl ins Bett, unverstanden zu sein und es ihrem Vater mal gründlich gesagt zu haben. Die andere wird von ihrem Vater wegen der verpaßten Straßenbahn getröstet und erhält 30 Mark, damit sie das nächste Mal ein Taxi nehmen kann.

Zwei Professoren halten Vorlesung, der eine über ein bekanntermaßen interessantes Gebiet wie Geschichte oder Soziologie und der andere über etwas so Gefürchtetes wie Ontologie oder auch Kurvenscharen 4. Ordnung. Der eine hat nach vier Wochen noch vier Zuhörer, weil die um jeden Preis in die Prüfung wollen, und der andere muß den Saal wechseln, weil aus anfänglich drei hundertdreißig wurden.

Zwei Vertreterinnen, zwei Vertreter . . .

Zwei Politikerinnen, zwei Politiker . . .

Die Reihe ließe sich beliebig fortführen. Sie alle kennen selbst solche Beispiele zur Genüge. Wirken hier Dämonen? Hat die ungerechte Natur ihre Lose ungleich verteilt? Wie sind solche Unterschiede zu erklären? Was unterscheidet jeweils den ersten vom zweiten Fall? Der erste zeigt uns wohl das Normale, der zweite aber die Folgen beherrschter Redekunst, natürlicher Rhetorik, der Rhetorik als der Lehre vom richtigen, vom wirkungsvollen Reden.

Erfolgreiche Verführer, Hochstapler und Schwindler verfügen über diese Kunst. Sie sind ihnen hilflos ausgelie-

fert, wenn Sie nicht wenigstens in der Lage sind, zu erkennen, wo die Natur aufhört und die Kunst beginnt.
Rhetorik selbst ist weder gut noch böse, erst die Anwendung in der einen oder anderen Weise macht sie zum einen oder anderen. Warum sollten Sie darauf verzichten
und sich so den Schwindlern gegenüber selbst entwaff-
nen? Viele Leute lehnen die Rhetorik ab. Aber wenn
man die Rhetorik wirkungsvoll angreifen will, muß man
sie schon beherrschen.

Darum also Rhetorik, die Lehre von der Redekunst.

Sie werden vielleicht sagen: „Das lerne ich nie. Ich bin
schüchtern, nervös, zu alt, zu jung, zu groß, zu klein,
Schwabe, nur Handwerker . . ." Demosthenes war Stotte-
rer und doch einer der größten Redner der Antike, wenn
nicht der gesamten Geschichte. Disraeli mußte seine erste
Parlamentsrede abbrechen, weil er wegen des allgemeinen Gelächters nicht weiterreden konnte, trotzdem
wurde er der Vollender des Britischen Weltreiches.

Sprechen Sie sich nicht die Fähigkeit ab, das Reden zu
lernen, bevor Sie es ernsthaft versucht haben.

Was nun ist Reden?

Reden ist sicher nicht bloß soziales Geräusch: „Kennen
Se' den schon?" Oder: „Schönes Wetter heute, nich'?"

Und Reden ist sicher auch nicht nur verstandesbestimmte
Sinnvermittlung, wie etwa die Gebrauchsanweisung auf
einer Fertigsuppendose.

Was aber ist Reden dann?

Vielleicht helfen uns die zu Beginn aufgezählten Beispiele:

Ein Mann bringt einen anderen wie durch Zauberei dazu,
ihm einen Koffer zu tragen. Der Frager hatte nämlich
dem Befragten aufmerksam zugehört und ihm so gezeigt,
daß er an der Antwort wirklich interessiert ist. Durch
Seufzer und entsprechende Ausrufe weckte er Mitgefühl,

zugleich aber auch die Hoffnung auf Vorteile, wie etwa die Einladung zu einem Bier. Das Mitgefühl oder der Vorteil allein hätten einzeln nicht ausgereicht; die Mischung jedoch überzeugte.

Ein Mädchen wendet den Zorn ihres Vaters in Mitleid wegen der verpaßten Straßenbahn. Schließlich wird daraus sogar Stolz auf die tugendhafte Tochter, die lieber auf die erste Straßenbahn wartet, als sich den Zudringlichkeiten männlicher Schulkameraden in einem dunklen Auto auszusetzen. Daß sie die berechtigte Sorge ihres Vaters schon in ihren Begrüßungsworten und durch den Klang ihrer Stimme anerkannte, während er „Dampf abließ", und daß sie mit der Erwiderung wartete, bis er sich beruhigt hatte, war sicher nicht Heuchelei. Sie hatte in ihrem sichtbaren Verhalten seinen väterlichen Willen anerkannt, wohl unbewußt an seinen Beschützerinstinkt appelliert, und obgleich sie dabei seinem Willen entgegengekommen war, ihn doch ihrem Willen unterworfen.

Auch der Professor, der seinen Studenten die Kurvenscharen 4. Ordnung durch eine verständliche Vortragsweise und saftige Witze zugänglich macht, hat begriffen, daß es nicht genügt, nur die Tatsachen zu übermitteln, daß die Verpackung mindestens so wichtig ist wie der Inhalt, daß es keine Schande für einen Vortragenden ist, seinen Zuhörern sprachlich und inhaltlich entgegenzukommen und daß es kein unbilliges Verlangen der Hörer ist, wenn sie nicht nur informiert, sondern auch gut unterhalten sein wollen.

So haben denn der Professor, die Tochter und der Fremde auf dem Weg zum Bahnhof erst einen fremden Willen anerkannt, bevor sie den eigenen zur Geltung brachten.

Kurz:

Reden heißt sagen, was man meint,
so, daß die anderen zuhören,
verstehen,
glauben,
annehmen und
danach handeln.

Reden muß deshalb vom anderen ausgehen und nicht von mir, meinen Launen, meinen Gefühlen.

Reden heißt sagen, was die Sache verlangt; es geht nicht darum, daß es mir wohler ums Herze wird.

Reden ist auf Wirkung gerichtetes Gespräch eines Ich mit einem Du, selbst wenn man das Du mit 1000 multiplizieren muß.

Reden ist letztlich Willensübertragung von den Hörern auf mich und von mir auf die Hörer.

Reden, das diesen Namen verdient, ist Dialog, ist Austausch zwischen Gefühlssphären, der um so wirkungsvoller werden kann, je mehr einer der Partner sich seines Willens bewußt wird und ihn zur Geltung bringt.

Reden im Sinne der Rhetorik ist du-zentriertes Handeln.

Ich-zentrierte und du-zentrierte Kommunikation

Was die obigen Begriffe bedeuten, soll uns ein Beispiel zeigen: Sie sitzen im Wartezimmer einer Ärztin. Die Patienten möchten einander klagen, wie krank ein jeder ist. Keiner hört dem anderen zu, weil jeder nur an den eigenen Schmerzen interessiert ist. Hier finden wir *ich-zentrierte Kommunikation.*

Sie treten ins Sprechzimmer. Die Ärztin wendet sich Ihnen zu. Sie fragt mitfühlend: „Wo tut's denn weh?" Sie schütten ihr Ihr Herz aus. Während der Befragung fühlen Sie sich ausgesprochen wohl, denn endlich hört Ihnen jemand zu. Endlich nimmt Sie jemand ernst. Nachdem die Ärztin ihre Befragung beendet hat, empfinden Sie Trauer. Von Ihnen aus hätte das noch eine Weile weitergehen können. Hier finden wir *du-zentrierte Kommunikation.* John Foster Dulles nannte das einmal: „Mit den Ohren überzeugen."

Sprechen Sie du-zentriert!

Konzentrieren Sie sich auf die Hörer. Versuchen Sie auszudrücken, was die Hörer fühlen und denken. Das Du muß hier im Zentrum Ihrer Rede stehen. Was Sie fühlen und denken, interessiert nur an zweiter Stelle. Erst wenn wir die Zuhörer und ihre Bedürfnisse ernst nehmen, werden sie bereit sein, auch uns und unsere Bedürfnisse ernst zu nehmen.

Üben Sie Ihren rhetorischen Takt!

Er ist Ihr inneres Ohr für die wortlose und doch sehr deutliche Sprache Ihrer Hörer. Er ist Ihr Gefühl für die Situation, in der Ihre Rede sich vollzieht.

Respektieren Sie Tabus und Gefühle!

Vor Hausfrauen werden Sie anders sprechen als vor Bankiers. Manche nennen diese gefühlsmäßige Verbindung auch den Konnex. Wenn Sie genügend sensibilisiert sind, empfinden Sie ihn körperlich wie eine Gummileine, die sich zwischen Ihrem Zwerchfell, Ihrem Solarplexus, Ihrer Magengegend, Ihrer Gefühlssphäre und der Ihrer Zuhörer spannt. Deshalb brauchen Sie grundsätzlich die freie Rede, die sich frei den Bedürfnissen der jeweiligen Situation anpassen kann; nicht die auswendig gelernte oder gar abgelesene Rede!

Um so mehr gilt: Rhetorik ist eine vom gesunden Menschenverstand aus der Praxis zusammengestellte Sammlung von Verhaltensweisen, auf die man auch ohne Rhetorik kommen kann. Nur daß diese Sammlung in den rund dreitausend Jahren, die es schon Rhetorik als Wissenschaft gibt, von scharfsinnigen Köpfen immer weiter ausgefeilt und systematisiert wurde. Dazu noch eine Geschichte:

Einst trafen sich drei weise Männer zu Jerusalem und stritten darüber, was wichtiger sei, die Theorie oder die Praxis.

Da sagte der eine: „Die Theorie ist wichtiger."

Da sagte der zweite: „Nein, die Praxis ist wichtiger."

Da sagte der dritte: „Theorie ist wichtig. Und Praxis ist wichtig. Aber erst die richtige Theorie führt zur richtigen Praxis. Und die richtige Praxis erweist die richtige Theorie." (Talmud)

Und Cicero sagte einst: „Reden lernt man nur durch Reden. Aber verkehrt zu reden am leichtesten durch verkehrtes Reden."

Auch wenn Sie schon recht gut reden und das bisher Gesagte längst wußten, brauchen Sie die Rhetorik als systematische Lehre vom richtigen, vom wirkungsvollen Reden.

Checkliste

- Rhetorik ist die Lehre vom wirkungsvollen Reden.

- Rhetorik bedeutet die Kunst, Gefühle zu erregen, Willen zu übertragen und Glauben zu wecken.

- Reden ist dialogisches, du-zentriertes Handeln.

- Monologe sind ich-zentriertes Sprechen, aber als Rede im Sinne der Willensübertragung wirkungslos.

- Wirkungsvolle Rede geht vom Zuhörer aus, ist du-zentriert.

- Entwickeln Sie Ihr inneres Ohr für den Zuhörer, Ihren rhetorischen Takt.

- Achten Sie auf die wortlose Antwort Ihrer Zuhörer.

- Rhetorik wurde aus rednerischer Praxis entwickelt.

- Rhetorik ist ein System für die Rede.

- Erst die richtige Theorie führt zur richtigen Praxis. Und die richtige Praxis erweist die richtige Theorie.

- Reden als Kunst ist erlernbar.

Übungen

Sie sind allein:

1. Gehen Sie heute etwas früher schlafen, oder machen Sie einen einsamen Spaziergang und überlegen Sie, wo Sie schon ähnliche Situationen erlebt haben.

2. Kaufen Sie sich morgen ein Ringbuch, Ihr rhetorisches Tagebuch, und schreiben Sie dort alles hinein, was Ihnen heute vor dem Einschlafen zum bisherigen Stoff einfällt; denn diese Lektüre will nicht primär der Wissensvermittlung dienen, sondern vor allem „Durchblickerlehrgang" sein.

   So erfüllt das rhetorische Tagebuch, wenn Sie es ernst nehmen, zwei Aufgaben:
   — Es schärft Ihre Augen für die Welt, in der Sie leben, und macht Sie problembewußt.
   — Es schult Ihre Fähigkeit, flüssig zu formulieren.

3. Mögliche Denkaufgaben:
   — Wo haben Sie in letzter Zeit du-zentriertes und wo ich-zentriertes Sprechen gefunden?
   — Wann und wie hat jemand Sie auf nette Art „eingewickelt"?
   — Welche Leute sind Ihnen schon durch Geschwätz, ich-zentriertes Sprechen oder nur soziales Geräusch auf die Nerven gegangen?
   — Suchen Sie Beispiele für:
   Sprechen als bloße Informationsweitergabe
   Sprechen als soziales Geräusch
   Sprechen als Willensübertragung

Sie sind unter Menschen:

1. Werden Sie kontaktbewußt:
   — Ziehen Sie sich gut an, gehen Sie eine belebte Straße auf und ab, und lächeln Sie alle Entgegen-

kommenden freundlich an. Ihre Vorstellung dabei muß sein: „Hallo, Leute, ich habe im Lotto gewonnen!" Zählen Sie wie viele zurücklächeln.

— Nehmen Sie an einer öffentlichen Sammlung für die Caritas oder die Arbeiterwohlfahrt teil. Sie dürfen auch Handzettel für einen guten Zweck verteilen. Fassen Sie die Passanten zupackend ins Auge, lächeln Sie sie an und treten dann auf sie zu, die Handzettel oder die Sammelbüchse schüttelnd. Ein andermal wieder schauen Sie schüchtern zu Boden. Wann werden Sie mehr sammeln oder mehr Handzettel an den Mann bringen? Vergleichen Sie die Ergebnisse.

2. Lernen Sie Kontakte knüpfen:

Erkennen Sie, daß der Mensch von Natur aus gesellig, auf das Du hin angelegt ist, und den Kontakt braucht, ja geradezu ersehnt. Gesellschaftliche Krankheiten sind heute unter anderem Einsamkeit und die Angst vor Kontaktaufnahme. Wenn Sie diese Angst überwinden lernen, werden Sie bald einen riesigen Bekanntenkreis haben, wie jener mir bekannte syrische Student, der ihm sympathische Leute auf der Straße anspricht: „Sie brauchen wir noch für unsere Party." Oder jener Kunstprofessor, der hübsche Mädchen oder sonst interessante Mitmenschen an sich bindet: „Verzeihung, Sie haben einen wirklich selten guten Kopf. Darf ich Sie malen?"

Sie müssen dann aber die heute modische Haltung des „cool" aufgeben.

— Knüpfen Sie bewußt beim Kaufmann ein Gespräch an. Sie können sich schon vorher Fragen oder Gesprächsthemen überlegen.

— Machen Sie den Verkäuferinnen oder Verkäufern Komplimente, oder erzählen Sie ihnen nebenbei einen Witz.

— Flirten Sie am Telefon mit einer Ihnen unbekannten, aber sympathischen Stimme. Das ist unverbindlich, verpflichtet zu nichts und macht doch Spaß.

— Sprechen Sie auf der Straße fremde Leute an, bitten Sie um Feuer, erfragen Sie die Uhrzeit oder den Weg zum Bahnhof.

— Wenn Sie mutiger geworden sind, können Sie in einer Wirtschaft oder einem Café beliebige Leute zu einem Bier, Likör oder je nach Kasse auch zu einem Essen einladen.

3. Nachdem Sie nun Kategorien gewonnen und die Augen für die Wirklichkeit geöffnet haben, sollten Sie Profis zuschauen. Beobachten Sie:

— Abonnentenwerber, „Drücker"

— „Bananenfritzen" auf Volksfesten

— Propagandisten für Patentzwiebelschneider oder Hühneraugenraspeln vor Kaufhäusern

4. Gehen Sie, wenn irgend möglich, mit einer „Verkaufskanone" auf Tour, und sperren Sie Augen und Ohren auf. Sie werden in vier Wochen soviel lernen, daß Sie noch Jahre davon zehren. (Es würde großen Firmen nichts schaden, wenn die leitenden Herren der Verwaltung alle fünf bis zehn Jahre ein vierwöchiges Praktikum an der Verkaufsfront ableisten müßten.)

5. Jetzt sollten Sie sich zum bisher Gelernten grundsätzliche Gedanken machen und diese in selbstgestellten Aufgaben umsetzen.

— Beteiligen Sie sich bewußt an Gesprächen.

— Greifen Sie in Diskussionen ein.

— Versuchen Sie, Gespräche auf ein bestimmtes Thema hinzulenken.

— Üben Sie sich im zielgerichteten Sprechen, zum Beispiel:

Ich gehe heute abend mit . . . ins Kino.

Wir werden heute chinesisch essen gehen.

Ich werde heute im Büro . . .

Ich komme heute nicht ohne Rendezvous nach Hause.

Ich werde heute wenigstens zehn fremde Menschen ansprechen.

. . .

6. Wenn Sie Single sind, könnten Sie auf Bekanntschaftsanzeigen schreiben oder selbst welche aufgeben: Ein wirkungsvoller Liebesbrief ist durch und durch duzentriert und eine ausgezeichnete Formulierungsübung. Das Rendezvous „unter der großen Uhr am Bahnhof" ist eine gute Schule für die Kontaktaufnahme, denn Menschen, die Anzeigen aufgeben, sind meist selbst schüchtern. Nach der zehnten Kontaktaufnahme sind Sie bestimmt selbstsicherer und wesentlich flüssiger im Formulieren geworden.

Damit Sie bei all diesen Übungen eine Erfolgskontrolle haben und als Ansporn für weitere Taten, sollten Sie außer dem Tagebuch noch eine Strichliste führen: Sie fertigen eine Tabelle an, bei der links untereinander in der Ihnen genehmsten Reihenfolge die täglich zu erledigenden Aufgaben stehen. An den oberen Rand schreiben Sie fortlaufend die Daten mit Wochentag.

Dezember 19 . .	So. 2. 12.	Mo. 3. 12.	

Wie oft habe ich heute:

	So. 2. 12.	Mo. 3. 12.	
☐ Menschen angelächelt? ☐ Wie oft lächelten sie zurück?	20 11		
☐ mich an Diskussionen beteiligt?	4		
☐ fremde Menschen angesprochen?	15		
☐ geflirtet?	6		
Der tägliche Liebesbrief	ja		
Rhetorisches Tagebuch	ja		
....			
....			
....			
....			
....			
Bin ich mit dem heutigen Tag zufrieden?	ja		

2.
Sprechhemmungen überwinden

Werden Sie schlagfertig

Wie frei ist die freie Rede?

Checkliste

Übungen

„Die Sprache ist eines der wichtigsten Instrumente der Beeinflussung des Verhaltens und der Einstellung anderer Menschen." (O.W. Haseloff)

Und doch ist sie oft mehr ein Hindernis als ein Instrument der Beeinflussung, denn wir haben verlernt, sie wirkungsvoll einzusetzen.

Mit Sprache sei hier nicht nur gemeint, was sich in Worte fassen läßt, sondern auch der gesamte Bereich der nonverbalen Kommunikation, also die Sprache von Blick, Mimik, Gestik und Haltung, alles, was wir durch unseren Körper, durch unsere gesamte Persönlichkeit übermitteln. Persönlichkeit kommt von „persona", der Maske des antiken Schauspielers, durch die er seine Worte sammelte, verstärkte und richtete, „personare" = hindurchklingen.

Sobald Sie vor mehr als fünf Menschen sprechen müssen, haben Sie plötzlich zwei linke Füße und Hände, die versteckt werden müssen, überflüssige Arme und einen wakkelnden Kopf. Sie freuen sich, wenn Sie am Ende Ihre Gedanken möglichst vollständig und möglichst schnell loswurden. Die Zuhörer interessieren Sie dabei nur am Rande, sozusagen als nicht vermeidbares Übel.

Unterhalten Sie sich dagegen mit Ihrem Hund, Ihrer Katze oder kleinen Kindern, gibt es diese Hemmungen nicht, sie verstehen Sie ohne Worte. Sie verstehen sich in einer urtümlicheren und deutlicheren Sprache, als es jene ist, die wir auf dem Papier finden. Sie ist nichts Neues, Ungewohntes oder Unnatürliches. Wir alle beherrschen sie perfekt in der Kindheit und verloren sie dann meist im Umgang mit Erwachsenen, der eine früher, der andere später, etwa zwischen dem vierten und 14. Lebensjahr.

Die Mutter: „Schrei nicht so!"

Der Vater: „Red' nicht mit Händ' und Füß'!"

Die Tante: „Was hat der Junge bloß für eine Erziehung?!
Spricht mit vollem Mund. Und wenn Erwachsene reden,
dann . . .“

Der Lehrer: „Sprich in ganzen Sätzen! Sprich ein ordent-
liches Deutsch! Nimm den Kaugummi raus und die
Hände aus den Taschen.“

Der Meister, der Unteroffizier, die Chefin . . .

Ist es da verwunderlich, wenn wir alle mehr oder weniger
unter Sprechstörungen und Hemmungen leiden, wenn
wir voll Neid auf den Charme unserer Kinder schauen,
auf deren Unmittelbarkeit des Ausdrucks und ihn in Spuren bei gutem Verkaufspersonal, Frauenhelden, Volks-
führern, großen Schauspielerinnen oder Schauspielern
wieder entdecken und bewundern?

Einige wenige hatten das Glück, sich dieses natürliche,
ganzheitliche und unmittelbare Kommunikationsvermö-
gen zu bewahren, die meisten aber, bei denen wir es finden, mußten es sich bewußt und mit Mühe wieder erwerben.

Dieses Wiedererwerben des alten Charmes, der alten Natürlichkeit, der alten ganzheitlichen, in der Erlebnis-
sphäre verhafteten Kommunikation ist auch unser Ziel:

Sie sollen wieder zur Person werden, zur „persona“ des
antiken Theaters, durch die Ihre Sprache, Ihr Wollen ver-
stärkt und gerichtet zu den Hörern dringt. Sie sollen lernen, in natürlicher Weise zum Werkzeug der eigenen Politik zu werden.

Werden Sie schlagfertig

Vielleicht haben Sie schon einmal aus der Ferne einen Party-Löwen bestaunt, der, von schönen Augen bewundert, sein „geistreichelndes" Feuerwerk abbrannte? „So schlagfertig müßte man sein", haben Sie dann wohl neidvoll gedacht. Und so lautet auch einer der häufigsten Wünsche in Rhetorikkursen: „Ich möchte schlagfertig werden." – Wollen Sie das wirklich?

Sind Sie nicht schon schlagfertig, etwa an Ihrem Arbeitsplatz, auf Ihrem Sachgebiet, in Ihrem Beruf, in der morgigen Technikerbesprechung? Glauben Sie, daß der Party-Löwe dort auch noch glänzen würde? Sein Party-Geplauder beherrscht er, doch das übt er auch fleißig.

Während Sie emsig am Zeichenbrett stehen oder über juristischen Gutachten brüten, kommt er in der Welt herum, verkauft Werkzeugmaschinen und flirtet dabei am Telefon mit den Telefonistinnen, beim Termineausmachen mit den Sekretärinnen, in der Autobahnraststätte mit der Bedienung. Während Sie bereits schlafen, um sich für den morgigen Tag, für Ihr Zeichenbrett oder Ihr Gutachten fit zu machen, flirtet er immer noch, entweder an der Bar seines Tennisclubs oder bei der Bewirtung von Geschäftsfreunden. Würden Sie so fleißig üben, könnten Sie das auch.

Sie dagegen sprechen genauso fließend und schlagfertig über die „schwingungsfreie Aufhängung numerisch gesteuerter Drehbänke", „Siliziumepitaxie", „überlappende Fertigung" oder die „rechtlichen Gesichtspunkte, die bei der Festlegung von Baufluchten oder der anteiligen Inrechnungstellung von Lagerkosten zu berücksichtigen sind", wenn Sie dabei zeichnen, Fachausdrücke oder Kürzel verwenden dürfen.

Nur interessiert das niemanden auf Parties, schon gar nicht, wenn es in der Fachsprache vorgetragen wird.

Selbst wenn Sie auf einem Gebiet, das zur Zeit „in" ist, Fachmann sind, garantiert Ihnen das noch keinen Partyerfolg oder gar Diskussionssieg unter Nichtfachleuten. Denn was Ihnen unter wirklichen Fachleuten zum Erfolg verhilft, behindert Sie unter Laien.

Fachsprache und Fachdenken, Ihnen oft gar nicht bewußt, lassen Diskussionen unter Fachleuten meist recht kurz verlaufen: Einige Zahlen, ein Satz aus einem Vertragstext, eine Zeichnung auf einer auseinandergefalteten Zigarettenschachtel, und man ist sich einig. Nichtfachleute werden sich unter Ihren Zahlen nichts vorstellen können. Die Worte Ihres Gesetzestextes sind den Laien unverständlich. Zum Verständnis Ihrer Zeichnung auf der Zigarettenschachtel wäre ein volles Studium der Schwachstrom- oder Hochfrequenztechnik nötig.

Dieses Fachdenken und diese Fachsprache stehen Ihnen im Weg, wenn Sie sich gut mit dem Rest der Menschheit unterhalten wollen.

Sie sind fachlich kompetent, in Ihrem Bezirk vielleicht Branchenführer oder betreuen Großkunden und sehen voll Verachtung auf den harten Mann von der Verkaufsfront herab, auf seine flotte Oberflächlichkeit, sein unseriöses Auftreten und seine kreditmindernden Wortkaskaden. Doch Sie haben keinen Grund zu Hochmut oder Einbildung, denn Ihre Ernsthaftigkeit wird vom Laien als Aufdringlichkeit und Sturheit, Ihre Fachsprache als „Fachchinesisch", Ihr Fachverstand als „Schmalspurdenken", „Juristenbandwürmer" oder „Technikerknödel" mißverstanden. Versuchen Sie gar, vom Unverständnis der Zuhörer in Ihrer Berufsehre gekränkt, die Sache noch einmal zu erläutern („das ist doch ganz einfach"), wird man Ihnen dazu noch vorwerfen, Sie seien oberlehrerhaft, und das Publikum wird panikartig die Flucht ergreifen.

Was ist zu tun?

Zuerst sollten Sie sich darüber klar sein, was Sie eigentlich bei solchen Unterhaltungen, Gesprächen, Diskussionen erreichen wollen.

3 FEY / Persbildg.

Wie heißt Ihr Zwecksatz?

Geben Sie eine klare, ehrliche Antwort auf die Frage: „Was will ich hier?" Wollen Sie belehren? Das hat niemand gern. Wollen Sie wie ein „Platzhirsch" über Rivalen triumphieren, wollen Sie die Anwesenden auf Ihre Klugheit neidisch machen, wollen Sie verblüffen, jemanden ärgern, oder wollen Sie sich positiv profilieren, Ihre Zuhörer gut unterhalten oder gar mitreißen und überzeugen?

Zielen Sie auf sich oder Ihre Hörer?

Wollen Sie ich-zentriert oder du-zentriert sprechen?

Wenn Sie von Ihren Hörern ausgehen, lautet die zweite Frage: Welche Themen interessieren zur Zeit, sind „in"? Es gibt Themen, die sind eigentlich immer „in", wie Erziehung, Emanzipation, Ernährung ... Andere Themen wechseln, aber sehr langsam und überlappen einander zum Teil, wie Umweltverschmutzung, Verkehrssicherheit, die Wirtschaft oder das Wetter ...

Angenommen Sie haben sich nun ein Thema ausgewählt, das durchaus mit Ihrem ureigensten Sachbereich zusammenhängen kann, dann liegt es nur an Ihnen, daß Sie bald darüber hinreißend sprechen können: Sie suchen sich Gesprächspartner, die von Ihrem Thema mit Sicherheit weniger wissen als Sie selbst und üben fleißig. Schliemann, der Ausgräber Trojas, bezahlte als 22jähriger Bürobote in Amsterdam einen alten Mann fürs stundenweise Zuhören. *Von der Klarheit der Rede zur Klarheit der Gedanken.*

Orte, an denen Sie Zuhörer finden, sind Ihr Küchentisch, Parties, bei denen Sie nichts zu verlieren haben, weil Sie niemand kennt, die Sauna, der Friseur und Ihr Stammtisch. Nicht vergessen seien der Biergarten oder die Weinstube als „Mistbeet des Geistes". In jeder größeren Stadt gibt es gemütliche Kneipen, in die Sie sich mit einem Freund setzen können, der froh ist, wenn er auch mal eingeladen wird, und der geduldig zuhört, selbst wenn Sie von Außenhandelsproblemen oder von Kristall-dotierung erzählen. Hier können Sie vorversprachlichen, Partythemen oder auch Verkaufsgespräche erproben.

Seien Sie versichert, Herr Dr. jur. Schulze, mit dem Sie morgen einen Termin wegen der neuen „Rundstrickauto-maten" haben oder den Sie in der morgigen Aufsichts-ratssitzung von der „computergerechten Umstellung der Buchhaltung" überzeugen müssen, versteht davon kaum mehr als Ihr Freund. Anders gesagt: Was Ihr Freund heute versteht, versteht morgen auch Herr Dr. jur. Schulze. Sie werden erstaunt sein, wie glatt Ihnen morgen das Gespräch über die Rundstrickautomaten von der Zunge geht, wenn Sie heute vorversprachlicht haben. Reden Sie über das von Ihnen gewählte Sachgebiet so lange, bis Sie erkennen, was Sie noch nicht wissen oder noch nicht verständlich sagen können.

Versuchen Sie, nicht zu gescheit zu sein. Ihre Zuhörer sind mehr an Ihren Fragen interessiert als an Ihren Antworten, denn antworten möchte jeder selbst gerne. Sammeln Sie deshalb Fragen, nicht Anworten.

Spezialisieren Sie sich, finden Sie ihre Marktlücke!

Rhetorik heißt nicht, zu jedem Käse noch seinen Senf da-zuzugeben. Vorformulieren und ausformulieren!

Suchen Sie sich einen „Idiotenhügel", wie Skifahrer sagen. Dort reden Sie immerzu von Dingen, von denen Sie keine Ahnung haben, von denen Sie bisher nichts oder nicht viel verstehen. Dort denken Sie bewußt laut ins Unreine und werfen Steine ins Wasser, um zu sehen, ob es Ringe gibt oder spritzt. Über viele Dinge haben Sie in Ihrem Kopf eine Menge „gulaschartigen Wissens" angesammelt. Wenn Sie nun Gelegenheit haben, vor anderen laut zu denken, ohne Angst vor Scherben haben zu müssen, ordnet sich das „Gulasch" zu „Schaschlik", wird aus passivem Wissen aktives Wissen.

Von der Klarheit der Rede zur Klarheit der Gedanken

Sie haben diese Seiten gründlich mißverstanden, wenn Sie glauben, Sie sollten vom Party-Löwen Oberflächlichkeit und leichtfertiges Geschwätz lernen. Doch Sie haben Wesentliches begriffen, wenn Sie von ihm Eingehen auf die Zuhörer, Leichtigkeit und Verständlichkeit im Ausdruck, Beweglichkeit in der Beherrschung des Stoffes und vor allem Sprechdenken lernen: *Lernen Sie denkend reden und redend denken.* Ihr dann geübter Mund und Ihr geübter Sachverstand in einer Person vereinigt, machen Sie jedem Party-Löwen, jedem „Nur-Schwätzer" überlegen.

Wie frei ist die freie Rede?

Die freie Rede steigt nicht frei aus dem hohlen Bauch, sie schwebt nicht frei im Raum, hoch über den Menschen. Reden, auch das freie Reden, bedeutet etwas von sich geben. Das kann aber nur, wer etwas in sich hat. Je mehr Sie von einem Thema wissen, und vor allem je öfter Sie schon darüber gesprochen haben, desto freier werden Sie auch darüber reden, wenn es darauf ankommt. Deshalb erarbeiten Sie sich Ihr Sachgebiet dialogisch, rednerisch, und nicht als Schulaufsatz, als beschriebenes Papier.

Machen Sie es wie der ältere Moltke, auch Moltke der Schweiger genannt, der gegenüber seiner Frau und im Freundeskreis ein gewandter Plauderer war. Dort sprach er über alles, was ihm durch den Kopf ging. So ist auch der Briefwechsel mit seiner Frau eine sehr amüsante, sehr interessante Lektüre für Ihre Urlaubstage. Doch als Chef des Generalstabs oder vor dem König von Preußen machte er den Mund nur auf, wenn er wirklich Gewichtiges zu sagen hatte, etwas, das seinem Image entsprach, etwas, das seinen guten Ruf nur noch heben konnte.

So reden Sie denn immerzu locker und unbekümmert an Orten, wo es nicht darauf ankommt. An entscheidenden

Orten aber, und davon gibt es nur wenige, lernen Sie zu schweigen. Dort machen Sie nur den Mund auf, wenn Sie sicher sind, Relevantes, völlig Ausdiskutiertes und Vorformuliertes zu sagen.

Vermeiden Sie deshalb Situationen, bei denen Sie sich spontan zu Ihnen fremden Themen äußern müssen. – Es liegt an Ihnen, ob diese Themen Ihnen lange fremd bleiben. Wenn Sie sich daran gewöhnen, sechs Monate bei einem Thema zu verweilen und sich dann nach einem neuen umzusehen, werden Sie bald über einen Vorrat an Gesprächsstoff verfügen, der Sie auch als Unterhalter und Partygast erfolgreich sein läßt.

Oft brauchen Sie Jahre härtester Arbeit, um Vorurteile abzubauen, die Sie durch fünf Minuten unbedachten Redens gegen sich aufgebaut haben. Ludwig Reiners sagte einmal: „Man kann nicht zugespitzt formulieren, wenn man breiartig gedacht hat."

Checkliste

- Sprache ist mehr als eine bloße Aneinanderreihung von Wörtern.

- Persönlichkeit kommt von „persona" = Maske und von „personare" = hindurchklingen

- Unsere Sprechhemmungen sind zum großen Teil ein Produkt unserer Umwelt.

- Beim Sprechen mit Katzen, Hunden und kleinen Kindern haben wir keine Hemmungen.

- Worauf es ankommt ist, wieder in natürlicher Weise zum Werkzeug der eigenen Politik zu werden.

- „Das Verständliche an der Sprache ist nicht das Wort selber, sondern Ton, Stärke, Modulation, Tempo, mit dem eine Reihe von Worten gesprochen wird – kurz, die Musik hinter den Worten, die Leidenschaft hinter dieser Musik, die Person hinter dieser Leidenschaft: alles also, was nicht geschrieben werden kann." (Friedrich Nietzsche)

- Auf unserem ureigensten Gebiet sind wir alle schlagfertig.

- Schlagfertigkeit ist nichts als eine Sammlung ausgestrickter Maschen.

- Fachdenken und Fachsprache sind ein Hindernis bei der Kommunikation mit Nichtfachleuten.

- Lernen Sie bei einfacheren Leuten allgemeinverständlich zu sprechen, vorzuversprachlichen, vorzuformulieren und auszuformulieren.

- Suchen Sie sich einen Ort, wo Sie vor anderen laut ins Unreine denken können.

- Sammeln Sie Fragen, nicht Anworten. Es gibt keine dummen Fragen, nur dumme Antworten.

- Lernen Sie von Party-Löwen das Eingehen auf die Zuhörer, Leichtigkeit und Verständlichkeit im Ausdruck, Beweglichkeit in der Beherrschung des Stoffes und vor allem Sprechdenken:

  Lernen Sie, denkend zu reden und redend zu denken.

- Die freie Rede ist nicht frei von Sachgehalt, Vorsicht, Ortsgebundenheit und von Vernunft. Die freie Rede wird erst durch Übung frei.

- „Man kann nicht zugespitzt formulieren, wenn man breiartig gedacht hat." (Ludwig Reiners)

- „Was sich überhaupt sagen läßt, läßt sich klar sagen; und wovon man nicht reden kann, darüber muß man schweigen." (Ludwig Wittgenstein)

  Wir fügen hinzu: ... wenigstens an gewissen Orten und vor gewissen Leuten ...

Übungen

Sie sind allein:

1. Wie nach dem 1. Kapitel diskutieren Sie auch hier den Inhalt schriftlich in Ihrem rhetorischen Tagebuch.

2. Sicher hat sich nun die Anzahl der Aufgaben auf Ihrer Strichliste erweitert. Bitte nehmen Sie das Punkteexamen ernst.

3. Mögliche Denkaufgaben:

   — Wo und wann und mit welchem Ergebnis haben Sie schon diskutiert?

   — Wo, wann und gegenüber wem haben Sie bereits Schlagfertigkeit gezeigt oder sich Schlagfertigkeit gewünscht?

   — Wo brauchen Sie wirklich Schlagfertigkeit, und wo können Sie ungefährdet üben?

   — Welche Gebiete beherrschen Sie bereits, und welche sollten Sie unbedingt beherrschen?

Sie sind unter Menschen:

1. Beobachten Sie aufmerksam Charmeure und Party-Löwen mit der Absicht, Ihre Beobachtungen im Tagebuch festzuhalten.

2. Gehen Sie häufiger als bisher unter Menschen, zu Parties, Premierenfeiern, Galerieeröffnungen, Dichterlesungen ...

   — Merken Sie sich gut die Themen, über die gesprochen wird. Sie werden erstaunt sein, wie gering die Auswahl ist.

   — Halten Sie die Themen in Ihrem Tagebuch in einer Themenliste fest, die Sie stets auf den neuesten Stand bringen sollten.

— Meditieren Sie über diese Themen und suchen Sie sich eines aus, das Ihnen besonders sympathisch ist.

— Sammeln Sie von nun an zu diesem Thema Material, Aufsätze aus Zeitschriften, Büchern ... (Aber Vorsicht, werden Sie dabei nicht zum „Oberlehrer"!).

— Sprechen Sie im nächsten halben Jahr möglichst oft über dieses eine Thema, etwa an Ihrem Küchentisch, bei Parties, in der Sauna, beim Friseur, in der Kneipe, bei Arbeitsessen, am Stammtisch ... Ihrer Phantasie sind keine Grenzen gesetzt. Bald werden Sie auf diesem einen Gebiet Experte sein. Konzentration bringt Wirkung!

— Sammeln Sie zu diesem einen Thema Fragen.

— Fragen als Angelhaken:
Versuchen Sie diese Fragen immer geschickter loszuwerden, nicht um sie dann selbst zu beantworten, sondern um dem anderen die Möglichkeit zum Sprechen zu bieten. Die Kunst der Konversation besteht nicht im Reden, sondern darin, dem Partner Möglichkeiten zum Sprechen zu bieten, ohne daß er sich ausgefragt fühlt oder gar wie in einem Verhör vorkommt.

— Wenn Sie einigen Stoff so versprachlicht haben, daß Sie sich sicher fühlen, gehen Sie in der festen Absicht, darüber unter erschwerten Bedingungen zu diskutieren, an Orte, von denen Sie wissen, daß dort geübte Partner sind (z. B. Gewerkschaftsschulungen, Verbandseinrichtungen, Arbeitskreise ...).

— Schlagfertigkeit ist, was einem hinterher einfällt!
Lassen Sie sich nicht entmutigen. Wiederholen Sie die Diskussionen noch einmal vor dem Einschlafen:
Wo waren die entscheidenden Schaltpunkte?
Wo haben Sie Schwachstellen gezeigt?
Welche guten Argumente fielen Ihnen im entscheidenden Augenblick nicht ein?

— Versuchen Sie am nächsten Tag eine schriftliche Nachbereitung.

— Suchen Sie bewußt ähnliche Situationen, die der letzten Diskussion entsprechen und erproben Sie die neugefundenen Argumente.

— Nun erst, wenn Sie über das von Ihnen gewählte Thema schon eine Menge geredet haben, sollten Sie Fachliteratur wälzen.

Übungen mit Freunden:

Schaffen Sie in der Öffentlichkeit diskussionsträchtige Situationen.

Lernziele:

1. Gewinnen Sie Freude am Diskutieren, betrachten Sie es als einen Sport, wie zum Beispiel Judo oder Schach.

2. Die in spielerisch-ironischer Form ablaufende Übung bringt Erfahrung im Abschätzen von Situationen und große Sicherheit im mündlichen Ausdruck.

— Gehen Sie wenigstens zu zweit zu einer Party, einer Galerieeröffnung ... Oder setzen Sie sich in einer Gaststätte nicht nebeneinander, sondern schräg gegenüber. Beginnen Sie dort mit Ihrem Partner oder der Partnerin, etwas lauter als es die feine Art ist, eine provozierende Diskussion mit vorher abgesprochenem, vielleicht sogar erprobtem Thema und verabredetem Verlauf. Bald werden Sie neugierige Zuhörer haben. Plötzlich wenden Sie sich direkt mit je einer Frage an je einen der Zuhörer. Rasch sind zwei und mehr Diskussionsgruppen entstanden.

— Mit der gleichen Technik können Sie sich mit Freunden an einem Samstagnachmittag auf eine vielbegangene Allee oder einen öffentlichen Platz stellen und eine Massendiskussion beginnen. Wenn Sie hier bewußt auf Fortpflanzung durch Zelltei-

lung achten, wird bald alles voller diskutierender Menschen sein.

— So sind auch irgendwelche Tagungen, Treffen und ähnliche Veranstaltungen leicht zu unterwandern und in der geschilderten Form umzufunktionieren. – Vielleicht erkennen Sie jetzt im nachhinein, warum so manche Ihrer Veranstaltungen anders endete als geplant.

— Eine weitere Methode: Sie stellen sich vor ein öffentlich finanziertes Gebäude, ein Kunstwerk oder an sonst eine konfliktträchtige Stelle und halten Passanten an: „Verzeihung! Im Rahmen einer Seminararbeit (Gruppenarbeit, Umfrage ...) bitte eine Frage: Finden Sie das schön? ... richtig, daß man dafür Steuergelder ausgibt? ..." Ihre Freunde stehen scheinbar neugierig dabei und machen nach einiger Zeit provozierende Zwischenrufe. Die Passanten werden keineswegs erstaunt sein, denn Ähnliches haben sie oft genug im Fernsehen gesehen. Rechnen Sie damit, daß unter Umständen ein Polizist auftaucht. Für diesen Fall sollten Sie eine passende Erklärung bereit haben.

Anmerkung:

Wenn Sie und Ihre Freunde eine Übung ernst nehmen und daraus eine einmalige Sache, sondern einen regelmäßigen Sport machen, Disziplin zeigen, den jeweiligen Verlauf hinterher gründlich diskutieren und aufarbeiten, haben Sie einen natürlichen Weg zur Rhetorik gefunden. Die Theorie liefert dann nur noch ein System und die Form, in die Sie Ihre Künste eingießen können, und bewahrt Sie vor Irrwegen. Sollten Sie sich vor dem Gerede der Leute in Ihrem Heimatort fürchten, steigen Sie ins Auto und fahren in eine fremde Stadt. Vielleicht können Sie dabei sogar noch für eine „gute Sache" kämpfen. Sie werden zwar kaum die Welt übermäßig verändern, aber Sie werden das Diskutieren lernen, naiv, ganzheitlich und instinktsicher.

Deshalb befassen Sie sich auf dieser Stufe noch nicht mit Dialektik oder formaler Logik, das würde nur Ihre Natürlichkeit und Unmittelbarkeit stören. Nach gar nicht viel Übung werden Sie mit Leichtigkeit Diskussionen bestehen und mehrfach gefragt werden, wer Sie denn so unheimlich gut geschult habe. – Doch einem wirklichen Dialektiker sind Sie auch jetzt noch nicht gewachsen. Deshalb werden Sie in Teil II etwas über Argumentationstechnik lernen.

3.
Körpersprache

Die Hände
Der Blickkontakt
Checkliste
Übungen

Jemand möchte zu mir sprechen, doch ich verschließe meine Ohren, weil mir sein Äußeres mißfällt. Ich möchte zu jemandem sprechen. Doch vorhin hatte ich einen Streit, und nun klingt meine Stimme immer noch scharf. Das macht mich dem Hörer sicher nicht sympathisch, und meine Worte werden wohl vergeblich sein.

So entsteht zwischen Ihnen und den Zuhörern am Anfang ein Graben, eine Kluft, ein Abgrund, den es zu überbrücken gilt, wenn man Gehör finden will.

Errichten Sie sich nicht zusätzliche Schranken durch die Weise, wie Sie vor Ihre Hörer treten, durch unpassende Kleidung, zu raschen oder zu langsamen Gang, Ihre Frisur oder Barttracht, Ihre Sprache, deren Klang, deren Tempo, deren Lautstärke, deren Melodie und deren Wortschatz.

Nehmen Sie besonders Ihre Kleidung ernst!

Sie sollten nicht zu protzig und nicht zu ärmlich angezogen sein. Es verleiht Ihnen große Sicherheit, wenn Sie wissen, einer der bestangezogensten Menschen im Raum zu sein, nicht auffällig, aber elegant. Mißachten Sie nicht maßgeschneiderte Kleidung als wirksames Argument. In vielen Firmen gibt es für bestimmte Abteilungen oder Stellen Kleidungsvorschriften. Darüber mag man sich ärgern oder auch nicht, doch solche Vorschriften sind nicht sinnlos, denn einmal schließt man aus Ihrem Äußeren auf Ihre Firma und zum anderen auf Sie. Man hält nämlich im allgemeinen Leute für um so intelligenter, ja bedeutender, je besser sie angezogen sind. Auch heute noch gilt der Satz von Gottfried Keller: „Kleider machen Leute."

Vergrößern Sie den Abstand zum Publikum nicht unnötig.

Wecken Sie keine Aggressionen, sondern treten Sie wenigsten zu Beginn zurückhaltend auf. Eine gewisse Befangenheit am Anfang hilft Ihnen dabei, seien Sie deshalb für etwas Lampenfieber dankbar.

Selbstbewußtsein und Bescheidenheit sind keine Gegensätze. Arroganz soll nur zu oft Unsicherheit verdecken.

Aus dem Bewußtsein der eigenen Kraft erwächst jene Ruhe und Gelassenheit, die bei den Hörern Vertrauen erweckt, und aus dem Bewußtsein der Gefahren, die Ihnen drohen, jene Bescheidenheit, die uns den Hörern sympathisch macht.

Freundlichkeit und Lächeln kosten nichts. (Eine noch immer gültige Vertreterregel heißt: „Einen der lächelt, wirft man nicht hinaus.")

Wenn wir ängstlich, mit furchtsamem Blick und sichtlich „schlechtem Gewissen" daherkommen, schließen die Hörer von unserem Äußeren auf unsere innere Haltung und auf die Wahrheit und Berechtigung unserer Worte. Halten Sie sich aufrecht. Der Mensch ist eine leibseelische Ganzheit: Wie seine Haltung, so ist auch seine Rede.

Geben Sie nie zu erkennen, daß Sie Angst haben, mauern Sie nicht. Zeigen Sie Vertrauen und erwarten Sie Vertrauen. Brechen Sie die Front zwischen Ihnen und den Zuhörern auf. Machen Sie aus Ihren Gesten eine Brücke zum Publikum. Integrieren Sie Ihre Hände, Ihre Gesten und Ihren Körper in den Sprechprozeß.

Aber lassen Sie sich nicht durch die Gestik aus der Stummfilmzeit irre machen. Die anerkannten Schauspiel- und Pantomimelehrer halten nichts mehr von aufgesetzten, willkürlichen Gesten.

Lernen Sie, aus Stimme, Sprache und Körper wieder eine Einheit zu bilden!

Ihr Vorbild sei der Dackel Waldmann. Selbst der größte Redner kann nur neidvoll diesen Dackel bewundern, wenn dieser Freude zeigt, von der feuchten Nase bis zur Schwanzspitze, wenn er beim Anblick Ihrer Bratwurst so ganz Bitte ist, von den Augen bis zu jeder Haarwurzel nichts als Bitte, oder gegenüber einem Briefträger von Kopf bis Fuß nichts als Zorn und Drohgebärde. Und das sollen Sie wieder lernen, wenn auch mit gebremster Schaumkraft. Sie sollen lernen, „mit den Fußsohlen zu reden", mit jedem Gramm Ihres Körpergewichts. (Quintilian sagte: „Gewichtige Männer sprechen gewichtige Worte." – Ein jedes Ihrer Pfunde ist ein unwiderlegbares Argument. Also keine Minderwertigkeitskomplexe, wenn Sie nicht ganz dem heutigen Schönheitsideal entsprechen.)

Alle Ihre Gesten sollen in natürlicher Weise aus dem Sprechprozeß heraus erwachsen, ja sie sind ein Teil davon. Treten Sie offen, entgegenkommend und austeilend vor Ihr Publikum: Stehen Sie auf die Hörer zu, nicht von den Hörern weg.

Das Körpergewicht ist auf dem vorderen Fuß, nicht auf den Fersen. Leichte Schrittstellung: Standbein, Spielbein. Aber stehen Sie bequem. Sollten Sie das Gefühl haben, unsicher, wackelig zu stehen, stehen Sie falsch. Dann sofort Ihr Körpergewicht gleichmäßig auf beide Beine verteilen, „Kriegerdenkmal", „Arbeiterstandbild".

Die Gesten beginnen beim Solarplexus, etwa in der Magengegend, genau eine Handbreit über dem Nabel, und werden dann auf die Hörer zugeführt. Bitte keine Gesten über die äußere Körperlinie, Ihre Schattenlinie, hinaus. Sie erinnern sonst mehr an einen Verkehrsschutzmann oder Kraulschwimmer und geraten in Gefahr, als Person in Ihre Gliedmaßen zu „zerfallen".

Und keine Gesten vor dem Gesicht, Sie mindern so Ihre Ausstrahlung.

Ihre Haltung ist locker und aufrecht.

Für Reden im Freien und vor vielen Menschen, Mai-Feier, 2000 Zuhörer, gelten etwas andere Regeln: Ihre Gestik muß noch aus einiger Entfernung deutlich erkennbar sein, sollte aber auch hier natürlich wirken.

Die Hände

Ein Problem, das viele Menschen in Rhetorikkurse führt, ist die Frage:

„Was mache ich beim Reden mit Händen und Füßen?"

Einst sagte man Ihnen: „Man redet nicht mit Händen und Füßen."

Was aber soll man mit den Händen machen?

Soll man sie in die Hosen- oder Jackentaschen stecken? Dazu kann man Ihnen nicht raten, denn viele, denen man das als Kind oder Jugendlichem verboten hat, halten es für arrogant oder interpretieren es als Zeichen von Unhöflichkeit oder bewußter Mißachtung.

Soll man die Hände hinter dem Rücken verstecken? Manche erinnert das an einen Unteroffizier auf dem Kasernenhof. Sie wirken dabei steif, rauben sich so einen Großteil Ihrer Wirkung und die Möglichkeit, innere Spannungen durch Handbewegungen loszuwerden. Diese äußern sich dann vielleicht in einem wackelnden Kopf, zuckenden Schultern, schwingenden Hüften, zappeligen Beinen oder wippenden Füßen.

Soll man die Arme vor der Brust überkreuzen? Auch das kann arrogant und überheblich wirken. Soll man die Hände vor dem Bauch falten, als Bauchstütze oder als Ausdruck innerer Frömmigkeit? Glauben Sie, so Ihrer Person mehr Würde zu geben, oder besteht nicht im Gegenteil die Gefahr, lächerlich zu wirken? Es gibt Rhetoriklehrer, die Ihnen raten, in Boxerstellung vor die Hörer zu treten. Andere wieder empfehlen Ihnen, Ihren Kugelschreiber wie einen Degen zu schwingen. Doch glauben Sie, daß Ihr Publikum Sie lieben wird, wenn Sie es mit Gesten bedrohen?

Halten Sie die Hände austeilend vor der Körpermitte. Ihre Vorstellung dabei sollte sein: Die heilige Elisabeth von Thüringen speist die Armen.

Die Finger zeigen meist nach vorne auf die Hörer und die Handflächen nach oben. Dies ist, solange es Menschen gibt, ein Gestus des Friedens und der Freundschaft. (Sie sehen das in fast jedem Indianerfilm.)

Die natürliche Gestik des Redners heute kennt nur zwei willkürliche Akte,

— einmal, daß man die Hände bewußt nach vorne und vor die Körpermitte bringt; hängende Arme lassen die Sprache der Hände verstummen oder führen zu explosiven Gesten;

— zum zweiten, daß man die Hände bewußt frei hält, damit sie überhaupt sprechen können, sie also nicht betend faltet, nicht an Knöpfen, den Jackenärmeln oder dem Redemanuskript herumspielt.

Wenn Sie einen Spickzettel benutzen, ist er bei Linkshändern in der rechten und bei Rechtshändern in der linken Hand, damit Sie ihre Sprechhand, Ihre geschicktere und geübtere Hand, beim Argumentieren benutzen können. Das sollte auch im Sitzen klappen. – Beobachten Sie einmal Politiker in einer Fernsehdiskussion oder gute Verkäufer bei einem Verkaufsgespräch.

Wir wissen oft nicht, welches unsere *Sprechhand* ist. Dafür ein einfacher Test: Es ist die Hand, mit der Sie sich normalerweise an der Nase kratzen.

Die vier Aufgaben der *Sprechhand:*

— sie ist Brücke zum Hörer,

— sie ist Blitzableiter für Ihre inneren Spannungen. (Es ist besser, Sie wackeln mit der Hand als mit dem Kopf, wie oft unsere Damen, oder mit den Hüften oder Schultern, wie viele Herren.),

— sie rhythmisiert, unterstreicht und begleitet Ihre Sprache,

— sie spricht selbst, verbildlicht, verdeutlicht. (Wie würden Sie eine Wendeltreppe, eine kompakte Masse, ungefähr einen Meter oder die Fünflinge unter der Brause beschreiben?)

Der Blickkontakt

Die freie Rede ist keine Einwegkommunikation, kein Monolog, sondern ein Zwiegespräch zwischen Ihnen und den Zuhörern, bei dem Sie mit Ihrer ganzen Person sprechen, während die Zuhörer durch Blick, Mimik und Haltung antworten.

Ihr Blick sollte freundlich, ruhig, aber bestimmt auf die Zuhörer gerichtet sein.

Achten Sie auf Gegenverkehr!

Blicken Sie Ihren Worten nach wie der Pfeilschütze seinen Pfeilen.

Vergewissern Sie sich jeweils, ob Sie getroffen haben.

Deshalb Blickkontakt, Blickkontakt, Blickkontakt!

Einige Verkaufstrainer empfehlen Ihnen, die Zuhörer an der Nasenwurzel, der Stelle zwischen den Augen, zu fixieren. Bitte machen Sie das nicht. Wollten Sie so Ihren Hund anstarren, würde dieser sich entweder furchtsam unter das Sofa verkriechen oder aber Sie in die Wade beißen. Selbst die anschmiegsamste Katze wäre ernsthaft beleidigt und würde in den nächsten zwei Stunden „kein Wort mehr mit Ihnen wechseln".

Wir Menschen reagieren hier instinktiv auch nicht sehr viel anders. Wir fühlen uns bedroht und werden aggressiv. Als mindeste Reaktion werden wir zurückstarren: „Wäre doch gelacht, wenn der nicht als erster wegguckt!" Fraglich bleibt, ob so ein Festigkeitsduell einem Verkaufsabschluß förderlich ist. (Übrigens erkennt man bei Karl May die Schurken am „stechenden Blick".)

Ein Blick tief in die Augen verwirrt, wenn auch in anderer Weise. Sie werden leicht Ihren Faden verlieren, in hypnoseartige Trance geraten. Und Ihr Partner wird etwas erstaunt reagieren. Ist es gar eine Partnerin, wird sie wohl annehmen, Sie hätten sich soeben verliebt.

Andere empfehlen Ihnen, den Zuhörern auf den Mund zu schauen. Doch wer von uns hat nicht Ärger mit seinen Zähnen? Wen wird also ein solcher Blick, konsequent durchgehalten, am Ende nicht verunsichern? Wieder andere raten Ihnen, den Blick nicht über das Kinn Ihres Partners hinaus zu erheben. Ein solcher Blick drücke sympathische Bescheidenheit aus. Auch hier kann ich nicht zustimmen, denn entweder wird Ihr Partner verstohlen nach dem Knoten seiner Krawatte greifen, weil er fürchtet, sie sei verrutscht. Oder er wird später von Ihnen sagen: „Der schaut unter sich wie ein Hühnerdieb."

Wie aber sollen Sie dann Ihr Gegenüber anschauen?

Zwischen die Augen, fest in die Augen, auf den Mund und den Kragenknopf ist alles nicht erlaubt.

Wie wäre es, wenn Sie Ihre Augen abwechselnd auf allen diesen Stellen verweilen ließen? Hüllen Sie Ihren Partner wohlwollend und sanft mit Ihren Augen ein. Ihre Vorstellung muß dabei sein, Sie seien die „liebe Sonne" und würden Ihr Publikum mit Ihren „wärmenden Strahlen bescheinen".

Vor einer größeren Zuhörerschaft lassen Sie Ihren Blick bitte nicht schweifen, „Marke Scheibenwischer", sondern konzentrieren sich abwechselnd auf einzelne Zuhörer.

Wer alle anschaut, schaut niemanden an.

Wer vor 500 Leuten, in der Mitte des ersten Saaldrittels beginnend, mit 50 wirklichen Blickkontakt aufgenommen hat, „sie eingesammelt hat", hat sie alle gefangen.

Mit wachsender Sicherheit werden Sie Ihre Ziele weiter stecken. Der Prediger Pater Leppich sucht sich im hinteren Saal-, Kirchen- oder Marktplatzdrittel Gesichter aus, die ihn besonders böse anschauen. Mit denen tritt er in einen Dialog. Wenn er die überzeugt hat, so glaubt er, habe er alle überzeugt.

Sie sollten leichter beginnen:
Bringen Sie für den Anfang „liebe Menschen" mit, und plazieren Sie diese in der Mitte der dritten bis fünften

Stuhlreihe. Dann haben Sie einen Ruhepunkt für Ihre Augen, eine „Augenweide". Dort können Sie sich von Ihrem Lampenfieber erholen und Mut zu neuen Taten sammeln, um dann wieder weitere Kreise mit den Augen zu ziehen. Die „dreifache Ehrfurcht", nämlich vor dem, was unter uns ist (dem Fußboden), vor dem, was um uns ist (den Wänden, Vorhängen und der Landschaft in der Ferne), und dem, was über uns ist (der Zimmerdecke und jenem unbekannten Wesen dort in der Saalecke), sollten wir vom Rednerpult aus durch unsere Blicke nicht bekunden.

Wenn wir menschlich zu Menschen von Menschen sprechen, wird uns der Erfolg nicht versagt werden.

Dieser Blick- und Gefühlskontakt, der Konnex, genügt sicher nicht, um andere zu überzeugen. Er ist aber die Voraussetzung dafür, daß man Ihnen überhaupt zuhört.

Checkliste

- Nehmen Sie scheinbare Äußerlichkeiten ernst.

- „Kleider machen Leute." (Gottfried Keller)

- Selbstbewußtsein und Bescheidenheit sind keine Gegensätze.

- „Untad'lig spricht er, bescheiden, freundlich, gewinnenden Worts." (Homer)

- Zeigen Sie Vertrauen und erwarten Sie Vertrauen.

- Setzen Sie beim Reden Ihren ganzen Körper, Ihre ganze Persönlichkeit ein. Ihre Augen, Ihre Hände, jedes Gramm Ihres Körpergewichts sind unschlagbare Argumente.

- *Stehen* Sie beim Reden auf die Hörer zu, nicht von Ihnen weg.

- Führen Sie Ihre Gesten austeilend zu den Hörern hin.

- Der freie Mensch trägt seinen Kopf frei.

- Gesten und Hände helfen dem Publikum Worte und Inhalte verstehen.

- Halten Sie Ihre Hände bewußt vor den Körper und bewußt frei.

- Zusammenfassung von Haltung und Gestik:

    1. Körpergewicht auf den Ballen, nicht auf den Fersen.

    2. Leichte Schrittstellung. Wir stehen auf dem vorderen Fuß. Wir stehen entgegenkommend, auf die Hörer zu.

    3. Die Hände halten wir austeilend vor der Körpermitte. Linkshänder halten den Spickzettel in der rechten Hand und Rechtshänder in der linken, damit sie die Sprechhand beim Argumentieren benützen können.

    4. Die Gesten beginnen beim Solarplexus, etwa der Magengegend.

    5. Keine Gesten über die äußere Körperlinie hinaus.

    6. Die Haltung ist aufrecht, locker, nach vorne offen.

- Die vier Aufgaben der Sprechhand:

    1. Brücke

    2. Blitzableiter

    3. Fluß und Rhythmus

    4. Sie „spricht."

Übungen

Sie sind allein:

1. Haltung und Gestik gehören zu den umstrittensten Gebieten der Rhetorik überhaupt. Es gibt hier die verschiedensten Schulen, so daß für Sie die Gefahr der Verunsicherung besonders groß ist.

   Diskutieren Sie deshalb den Inhalt dieses Kapitels besonders gründlich. Vergleichen Sie ihn mit allem, was Ihnen sonst schon zu diesem Thema begegnet ist. Es geht um Ihren Erfolg als Redner.

   Unterhalten Sie sich auch mit anderen darüber.

   (Das Maß für Ihre Gestik ist deren Angemessenheit: Ist sie Ihnen, Ihrer Persönlichkeit, Ihrem Image, Ihrem Temperament, Ihrem Alter und der rednerischen Situation angemessen? Gestik, die als absichtliche Gestik erkannt wird, die aus der rednerischen Situation herausfällt, ist falsche Gestik. Seien Sie natürlich, Ihrer Natur gemäß, dann wird auch Ihre Gestik richtig.)

2. Werden Sie körperbewußt:

   Treiben Sie Gymnastik und/oder Kraftsport und/oder Geräteturnen; tanzen und/oder fechten Sie. Ihre Haltung und Ihr Auftreten werden es Ihnen danken.

3. Lockern Sie Ihre Handgelenke und sensibilisieren Sie sich für Gestik und Körpersprache:

   — Spielen Sie Tischtennis.

   — Fechten Sie mit dem Florett.

   — Dirigieren Sie für sich allein Musik.

   — Drehen Sie am Fernsehapparat den Ton weg, und machen Sie die Gestik der Schauspieler nach.

Warnung:

Üben Sie bitte *nicht vor dem Spiegel* Gesten, Bewegungen und Posen ein. Eine bewußte Gestik gerät in Gefahr, sich zu verselbständigen und raubt Ihnen die Unmittelbarkeit des Ausdrucks.

4. Schreiben Sie in Ihre Punkteliste auch Aufgaben zu Haltung und Gestik.

5. Mögliche Denkaufgaben:
   — Wonach beurteilen Sie andere Menschen?
   — Wo, wann und wie sind Ihnen besonders imponierende Leute aufgefallen?
   — Wie würden Sie anderen die Aussage der modernen Medizin und Psychologie erklären, der Mensch sei eine leibseelische Ganzheit? Was halten Sie von persönlicher Ausstrahlung?

Sie sind unter Menschen:

1. Wer von Ihren Mitmenschen beeindruckt Sie besonders durch seine Haltung und seine Ausstrahlung? Und wie macht er das?

2. Worin beruht der Charme besonders charmanter Frauen, von Kindern oder Tieren?

3. Suchen Sie bewußt die Gelegenheit, Judomeister, gute Tennisspieler oder Fechter, Zehnkämpfer oder auch große Schauspieler, Spitzenpolitiker oder Topmanager aus der Nähe zu beobachten. Wie sprechen sie, wie stehen sie da? Was machen sie im Sitzen mit ihren Händen? Empfinden Sie etwas von deren Ausstrahlung? Erleben Sie einmal, welche Kraft von einem der oft zierlichen bis mittelgroßen Judomeister oder Florettfechter ausgeht, erleben Sie die Eleganz der Haltung und Bewegung, und Sie werden Ihr Ziel klar vor Augen haben.

4. Weniger deutlich, aber immer noch auffällig genug sind die Beispiele, die uns das Fernsehen ins Haus liefert. Auch hier können Sie Studien machen, etwa bei Quiz-Sendungen, Diskussionsrunden oder beim Sportstudio und beim „Wort zum Sonntag". Was gefällt Ihnen und was nicht? Vergleichen Sie und stellen Sie Ranglisten auf.

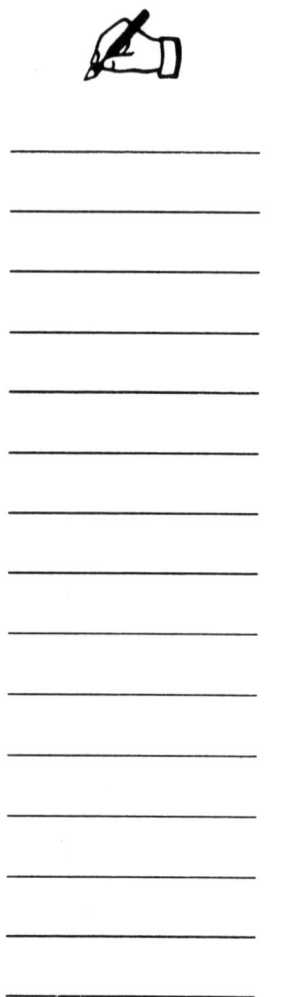

5. Diskutieren Sie auch mit anderen Ihre Beobachtungen. Der Video-Recorder ist dabei eine große Hilfe.

6. Versuchen Sie, einmal mit und einmal ohne Hände zu sprechen. Was fällt Ihnen dabei an sich und an anderen auf?

7. Üben Sie sich darin, bewußt auf Wirkung hin zu sprechen, einmal im Stehen und einmal im Sitzen: Wann ist Ihre Wirkung stärker?

Ein mitreißendes Publikum, an dem Sie für den Anfang Ihre rhetorischen Mittel erproben und entwickeln können, sind kleine Kinder, charmante Frauen oder Männer auf Parties, denen man mit Begeisterung Märchen erzählen kann.

8. Fixieren Sie Ihre Mitmenschen (was Sie normalerweise nie sollten)

— einmal auf der Nasenwurzel,

— versenken Sie sich ein andermal tief in fremde Augen,

— schauen Sie wieder ein andermal scharf auf die Gebisse anderer und

— blicken Sie erstaunt auf zeitgenössische Krawattenknoten.

Merken Sie sich gut die Reaktionen der anderen und auch Ihre eigenen Gefühle.

4.
Lampenfieber

Lampenfieber – ein Alarmprogramm

Organisatorisch-praktische Hilfen gegen
das Lampenfieber

Vorsicht vor Hilfen aus der Apotheke

Der Weg von innen nach außen

Die aktive Entspannung nach Dr. Faust

Checkliste

Übungen

Bisher war Rhetorik für Sie in größere Zusammenhänge eingebettet. Auch die jeweilige Situation half Ihnen über innere Spannungen hinweg, doch jetzt wird es ernst. Wenn Sie jetzt nachgeben, sind Sie verloren. Es bleibt dann mit Sicherheit beim ersten Versuch, öffentlich zu reden.

Finden Sie sich mit dieser Situation ab. Wir kennen keine guten Redner, die nicht jedes Mal von neuem mit dem Lampenfieber kämpfen müssen. Bejahen Sie deshalb das Lampenfieber, nehmen Sie es an.

Lampenfieber – ein Alarmprogramm

Von der Grundanlage her ist das „Lampenfieber" ein Alarmprogramm, das uns in Augenblicken der Gefahr das Überleben gewähren soll. Es tritt in drei verschiedenen Formen auf, als Angriff, als Flucht oder als partielle Blockade (Black-out). Ist in unseren Adern eine gewisse Konzentration an „Kampfhormonen" überschritten, wird aus dem „Angriff" besinnungslose Wut, aus der Flucht Panik und aus der partiellen Blockade eine völlige Lähmung.

Alle diese Zustände, sofern sie nicht durch erneute Reize angestachelt werden, dauern von Sekunden bis maximal 7–8 Minuten. Wobei eine Dauer von Sekunden sehr viel häufiger ist als das Maximum von 7–8 Minuten. Wenn Sie sich also in einem dieser Zustände wiederfinden, ist das oberste Gesetz, den Ablauf zu verzögern und Zeit zu gewinnen, bis Sie wieder Herr Ihrer Sinne sind.

Der von uns als am bedrohlichsten empfundene Zustand ist die Lähmung („Toter Mann"); sie entsteht durch das „Angst-Hecheln", eine flache kurzhubige Hochatmung, die in der Folge zu einem gestörten Gasaustausch in der Lunge führt. Zur gleichen Zeit haben wir zuviel Sauerstoff und zuviel CO_2 im Kreislauf.

Zwingen wir uns deshalb, von der Hochatmung zur Zwerchfell-Flanken-Atmung umzuschalten; beim Einatmen tritt hier die Bauchdecke vor und der Taillenumfang weitet sich, beim Ausatmen dagegen tritt die Bauchdecke zurück und der Taillenumfang verengt sich (vgl. S. 71). Um sich diesen Vorgang bewußt zu machen, legen Sie die Hände auf den Leib und „atmen die Hände an". Der Schauspieler nennt dies das „Wegatmen der Angst".

Wenn Sie dieses Umschalten der Atmung in den nächsten zwei Wochen täglich intensiv üben, hat die gefürchtete Anfangslähmung ihren Schrecken verloren. Wenn das Lampenfieber ausbleibt, bedeutet dies Gefahr für Ihren Erfolg. Cicero sagt uns hierzu durch den Mund des Crassus in „de Oratore":

„Mir erscheinen selbst diejenigen, welche sehr gut reden und dieses mit großer Leichtigkeit und sehr geschmackvoll leisten können, dennoch beinahe unverschämt, wenn sie nicht mit Schüchternheit auftreten und beim Beginn der Rede nicht Verlegenheit verraten.

Doch kann dieser Fall eigentlich nicht eintreten; denn je tüchtiger einer im Reden ist, um so mehr fürchtet er die Schwierigkeit des Redens, den schwankenden Erfolg und die Erwartung der Menschen. Wer aber nichts zustande bringt und zu Tage fördern kann, was der Sache, was des Rednernamens, was der Aufmerksamkeit der Menschen würdig ist, den halte ich, wenn er sich auch beim Vortrag beunruhigt, dennoch für unverschämt. Denn nicht dadurch, daß man sich schämt, sondern dadurch, daß man nicht tut, was nicht geziemend ist, müssen wir dem Vorwurf der Unverschämtheit entgehen.

Wer sich aber nicht schämt, wie ich es bei gar vielen sehe, den halte ich nicht alleine des Tadels, sondern auch der Strafe für würdig. Ich wenigstens pflege es an euch zu bemerken und mache auch an mir selbst sehr oft die Erfahrung, daß ich am Anfang der Rede erblasse und an allen Gliedern erzittere. Als ganz junger Mensch aber verlor ich zu Anfang einer Anklage (als Ankläger vor einem großen Schöffengericht) so alle Fassung, daß ich dem Quintus Maximus (dem Gerichtsvorsitzenden) von Herzen dafür dankbar war, daß er sogleich die Richterversammlung entließ, sobald er mich von Furcht entkräftet und geschwächt sah."

Der uns dies schreibt ist Marcus Tullius Cicero, einer der berühmtesten Redner der letzten zweitausend Jahre. Und da glauben Sie noch ernsthaft, Sie könnten das Lampenfieber ablegen?

Vielleicht sind Sie bisher mit alten Hausmitteln dagegen angegangen, wie der Selbstsuggestion: „Nicht aufregen!! Nicht aufregen!!!" Dabei wurden Sie dann immer aufgeregter. Oder: „In fünf Minuten ist alles vorbei!" Übrigens eine Selbsttäuschung, denn fünf Minuten unbedachtes Geschwätz vor den entsprechenden Leuten können auf 20 Jahre hinaus Ihre Karriere verbauen. Durch drei gute Sätze aber können Sie positiv auffallen und den ersten Fuß auf die unterste Sprosse der goldenen Leiter setzen.

Manche raten Ihnen, sich vorzustellen, die Zuhörerschaft bestehe aus Kohlköpfen oder Männern in Unterhosen – eine recht gefährliche Vorstellung: sie nimmt Ihnen den Respekt, die Furcht vor dem Publikum, eine durchaus nützliche und angebrachte Furcht: „Wer im Dorf und in der Stadt einen Onkel wohnen hat, der sei höflich und bescheiden, denn das mag der Onkel leiden." (Wilhelm Busch in „Max und Moritz")

Seien Sie also für Ihr Lampenfieber dankbar. Erst das Lampenfieber aktiviert unsere letzten Reserven, schafft in uns positive Spannung und den Willen zur Leistung. Das Lampenfieber bewahrt uns vor Hochmut und Nachlässigkeit, es macht uns den Zuhörern sympathisch und bringt uns auf menschliches Maß, es schafft uns so die Möglichkeit des leisen Beginnens und die Möglichkeit der Steigerung. Der einzige, der Ihnen Lampenfieber übelnimmt, sind Sie selbst, die Zuhörer aber freuen sich. Manche Conférenciers reiten auf dieser Masche, indem sie zu Beginn Verlegenheit und Aufgeregtheit mimen, um so das Eis zu brechen und erste Lacher zu bekommen.

Angst vor den Zuhörern

Vielleicht ist Ihnen schon aufgefallen, daß Redeangst nicht so sehr eine Angst vor dem Reden, als vielmehr Angst vor den Zuhörern ist. Lampenfieber ist deshalb auch kein Zeichen von mangelnder Redebegabung.

Sie werden sich vor 500 Zuhörern fürchten, nicht aber vor fünf. Doch fünf Zuhörer unterbrechen Sie, stellen kritische Fragen und sind mit Ihnen auf Tuchfühlung. Bei 500 dagegen stehen Sie erhöht, haben eine Lautsprecheranlage mit Verstärker zur Unterstützung, und der einzelne in der Menge wagt nicht so schnell, Ihnen zu widersprechen, weil er Hunderte von bösen Blicken fürchtet, es sei denn, dieser Zuhörer weiß die Mehrheit auf seiner Seite, ein recht seltener Fall, da man zumeist ja wohl gekommen ist, um Sie zu hören und somit den Opponenten als böswillige Störung empfindet.

Sie werden sich einen Zustand wünschen, bei dem sie völlig gelassen und fast gleichgültig der Zuhörerschaft gegenübertreten.

Wünschen Sie sich das nicht, denn der Praktiker erlebt das viel zu oft, und die Folgen sind dann meist verheerend. In diesen Zustand der Spannungslosigkeit, der Wurstigkeit, geraten Sie, wenn bei Wahl- und Werbekampagnen von Ihnen etwa eine Woche lang die gleiche Rede vielleicht drei- oder viermal an einem Tag verlangt wird, und Sie jedes Wort, jeden Lacher auf sich zukommen sehen wie die Ampeln bei Ihrer täglichen Fahrt zur Arbeit. Sie beginnen, sich zu langweilen, Sie langweilen schließlich die Zuhörer, und der Faden reißt; die fruchtbare Spannung, die bisher Ihre Reden wirkungsvoll machte, ist verschwunden.

Wenn Sie also kein Lampenfieber haben, schaffen Sie es künstlich, durch starken Kaffee, Cola oder die Vorstellung, wie Ihre Rede mißglücken könnte. Sorgen Sie dann vor Ihren Reden für ungestörte fünf Minuten, in denen Sie noch einmal über Ihren Zwecksatz, die Erwartungshaltung der Zuhörer und mögliche Widerstände meditie-

63

ren können. Erneuern Sie dabei in sich Ihr rednerisches Wollen, den Glauben an Ihre Sache und die Betroffenheit von Ihrem Thema.

Oft genügt schon eine schweigende Minute am Rednerpult, in der Sie den Raum und Ihre Zuhörer „annehmen", Ihre eigene Sendefrequenz auf beide einstellen und sich selbst für die Rede einstimmen.

Dieses Schweigen, bevor Sie zu sprechen beginnen, kann Wunder wirken. Nutzen Sie es für sich.

Organisatorisch-praktische Hilfen gegen das Lampenfieber

Oft sind Redeangst und Lampenfieber nur die berechtigten Folgen schlechter oder fehlender Vorbereitung. Das Bewußtsein, alles getan zu haben, was in Ihren Kräften steht, wird auf Sie eine beruhigende Wirkung ausüben. Nehmen Sie deshalb die Vorbereitung ernst.

Den Salto nur mit Netz!

Sie müssen, wenn Ihre Rede kein Reinfall werden soll, über Ihr Thema mehr wissen als jeder sonst im Saal. Umgehen Sie bewußt alle Begriffe und Sachgebiete, bei denen Sie sich unsicher fühlen. Wenn Sie Ihr Thema nur eng genug fassen, ist das weiter kein Problem. Also nicht: „Die Entwicklung des Maikäfers", sondern: „Hormonale Vorgänge im Engerling zwischen dem siebzehnten und siebenundzwanzigsten Tag nach dem Schlüpfen aus dem Ei".

„Erfasse die Sache, und die Worte werden folgen." (Cato d.Ä.)

Cicero in „de Oratore": „Denn Tüchtigkeit im Reden kann nur stattfinden, wenn der Redner den Gegenstand, über den er sprechen will, erfaßt hat (...) Wenn aber einer solchen Rede nicht ein Stoff zugrunde liegt, der vom Redner erfaßt und erkannt ist, so muß sie notwendigerweise entweder ganz bedeutungslos sein oder der Gegenstand allgemeinen Spottes und Gelächters werden (...) Denn ich frage, ob man wohl entweder gegen einen Feldherrn oder für einen Feldherrn reden könne ohne Erfahrung im Kriegswesen, oft auch ohne Kenntnis der Gegenden zu Wasser und zu Land."

Klarheit des Wollens

Haben Sie den Mut, etwas zu wollen. Information allein genügt nicht. Information allein ist langweilig. Haben Sie den Mut zur Einseitigkeit. Sagen Sie nie „jein" und nie „sowohl als auch". Entschließen Sie sich für das eine oder das andere, entschließen Sie sich für „ja" oder „nein".

Konsequenz bringt Wirkung

Vermeiden Sie alles, was Ihrem Wollen entgegensteht und was seine Wirkung schwächt. Bejahen und stärken Sie alles, was die Wirkung begünstigt und steigert.

Hemmungen systematisch abbauen

Lampenfieber ist vergleichbar dem Muskelkater. Es wird geringer, je mehr und je öfter man über ein Thema spricht. Sprechen Sie deshalb Ihr Thema so oft wie möglich mit den verschiedensten Partnern durch, bereiten Sie sich dialogisch vor. So werden schwache Stellen Ihrer Argumentation aufgedeckt, die Sie im Gespräch leicht korrigieren können. Außerdem gewinnen Sie dabei Sicherheit im Formulieren Ihres Textes.

Nutzen Sie alle Möglichkeiten zu öffentlichem Auftreten, ja suchen und schaffen Sie bewußt solche Möglichkeiten. Die Grenze hierbei ist: Vermeiden Sie, in den Ruf zu kommen, ein Schwätzer und Vielredner zu sein.

Was Sie aufgeschrieben haben, können Sie nicht vergessen!

Was Sie auf Papier haben, blockiert nicht Ihr Bewußtsein und macht Sie zur freien Rede fähig, die sich frei der jeweiligen Situation anpassen kann, die frei auf die Bedürfnisse des Augenblicks einzugehen vermag.

Spickzettel und freie Rede widersprechen sich nicht. Suchen Sie die Ihnen gemäße Form des Spickzettels. Wir werden Ihnen wenigstens vier verschiedene Arten zur Auswahl anbieten. Erproben Sie alle möglichen Formen der schriftlichen Vorbereitung, des Spickzettels, bis Sie die für Sie geeignete gefunden haben.

Arbeiten Sie als Anfänger wenigstens Begrüßung, Einleitung und Schlußsatz schriftlich aus. Doch vermeiden Sie die abgelesene Rede, sie ist schlechter als das zuvor verteilte Redemanuskript.

Denn was man schwarz auf weiß besitzt...

Wenn es soweit ist, bringen Sie alle verwendeten Bücher, Zeitschriften oder sonstige Quellen mit. Einmal beruhigt es zu wissen: „Ich kann nachschlagen." Zum zweiten erstirbt jeder Widerspruch, wenn Sie sagen können: „Handbuch der Chemie" von Haber/Bosch, Seite 237 unten, ich zitiere wörtlich..." (Autoritätsbeweis)

Ortsbesichtigung und Befragung

Wenn nur irgend möglich, besonders zu Beginn Ihrer Rednerkarriere, sollten Sie sich den Ort der Rede einige Tage vorher ansehen und auch mit denjenigen sprechen, die Sie eingeladen haben, etwa über die Erwartungshaltung der Veranstalter und der möglichen Zuhörer, auch über konkrete Bedürfnisse und das Ziel der Veranstaltung. Sie ersparen sich so unliebsame Überraschungen, wie schwer zu findende Orte, unbekannte Wege und Umleitungen, fehlende oder mangelhafte Vorbereitung durch die Einladenden und einen falschen Zwecksatz oder eine zu lange oder zu kurze Rede.

Wenn das nicht geht, seien Sie wenigstens 30 Minuten vor Ihrer Rede da, und schauen Sie sich den Raum an. Falls Sie technische Hilfsmittel verwenden, kontrollieren Sie, ob alles funktioniert; jetzt reicht die Zeit noch, um etwa ein durchgebranntes Projektorbirnchen auszuwechseln; nachher ist es dafür zu spät.

Danach verlassen Sie den Raum wieder, um erst pünktlich zum vorgesehenen Zeitpunkt zurückzukehren, nicht früher als etwa fünf Minuten vor Beginn, um noch einige Hände schütteln zu können. Bitte gehen Sie nach dem ersten Besuch wieder, da es fürchterlich an den Nerven zehrt, wenn man zusieht, wie der Saal sich „kleckerweise" füllt.

Letzte Überprüfung

Legen Sie sich eine Checkliste zu, auf der Sie kurz vorher abhaken können, was Sie für wesentlich halten (Anschauungsmaterial, Werksausweis, Schuhputz ...), denn oft sind Sie vor Lampenfieber zu keinem klaren Gedanken mehr fähig.

Gehen Sie unmittelbar vor der Rede noch an einen ungestörten Ort und überprüfen dort Ihr Äußeres (Krawatte, Frisur, Schuhe ..., bei Damen der Lippenstift ..., bei Herren der Sitz von Hose und Jacke ...; knöpfen Sie sich entweder dort die Jacke zu oder lassen Sie sie offen. Am Katheder ist es dafür zu spät.

Liebe Menschen mitbringen

Setzen Sie einen oder auch mehrere „liebe Menschen" etwa in die Mitte der dritten Reihe; sie lächeln Ihnen ermutigend zu, dienen Ihnen als Ruheplatz für die Augen, als Augenweide, und klatschen an den richtigen, vorher auszumachenden Stellen.

Vorsicht vor Hilfen aus der Apotheke

Sie finden immer einen guten Freund, der zu Ihnen sagt: „Probier's mal mit . . ." (Pervitin, Preludin, Valium forte, Miltaun, Purple Hearts, Amphetamin, AN 1 . . .) Seien Sie vorsichtig. Alle diese Pülverchen und Pillen sind letztlich unberechenbar. Verwenden Sie so etwas nur, wenn Sie es vorher gründlich, auch unter Streß, mit Alkohol und Kaffee zusammen, ausprobiert haben. Noludar und Jägermeister zusammen lassen Sie in Ihrem Sessel zusammensinken oder vom Stuhl fallen. Und der herbeigerufene Arzt tippt auf einen Herzanfall. Benzedrin macht Sie durchaus munter, aber über einige Zeit hinweg eingenommen, führt es zu einem plötzlichen „Black-out". Sie stehen am Katheder, haben das Gefühl, Ihre Knie würden weich, und im Kopf tritt ein seltsames Leeregefühl ein. Sie blicken irgendwie „weggetreten" ins Publikum, geraten in Panik. Eine alptraumartige Situation. Dom oder Miltaun, schon in geringen Überdosen, läßt Sie sich fühlen, als seien Sie der Herr der Welt oder ein olympischer Gott. Sicher kein Zustand, der Sie Ihren Vorgesetzten besonders sympathisch macht oder Ihnen gesteigerte Sensibilisierung für die Bedürfnisse des Augenblicks verleiht. Schlafen Sie genügend. Gutes Essen kann teilweise fehlenden Schlaf ersetzen, dann brauchen Sie keine chemischen Krücken.

Wenn Sie unbedingt eine Seelenstütze notwendig haben, trinken Sie Bier. Das beruhigt. Sekt oder Rotwein in kleinen Mengen machen munter. Tee hilft Ihnen nach einer harten Nacht wieder auf die Beine. Kaffee wirkt rascher, aber nicht so nachhaltig. Alles andere hält nicht, was es verspricht, schränkt Ihre Selbstkontrolle ein und täuscht eine Kraft vor, die nicht vorhanden ist. Sie merken das erst, wenn es zu spät ist.

Der Weg von innen nach außen

Berufe, die vom Reden leben, die von Stimmungen abhängen, wie der des Schauspielers oder des Politikers, verführen gerne zum Aberglauben. So gibt es unzählige Anekdoten vom Aberglauben aus beiden Bereichen: Catilina, Caesar, Wallenstein . . ., man könnte die Liste beliebig verlängern.

Auf dem Podium fühlt man sich in der Hand namenloser Mächte, die man bei Laune halten will. Man weiß, welche Bedeutung der Glaube an die eigene Sache für die persönliche Ausstrahlung und die Wirkung der Rede hat.

So kommt man zu Mitteln wie den folgenden:

— *Magie,* Astrologie, Talismane . . .

— *Mantram-Yoga* oder die Methode Coué . . .

Dauernde Wiederholung wirkte auf den Pawlowschen Hund, sie wirkt auch auf Menschen. Meditationsformeln, formelhafte Selbstsuggestion, werden überall und dauernd wiederholt, bis man von ihrem Inhalt völlig durchdrungen ist: „Der Glaube kann Berge versetzen." (n. Mk. 11/23)

Nützliche Formeln:

„Ich bin, ich kann, ich will!"

„Ich bin locker und gelöst. Ich schwinge in der Harmonie des Alls."

„Ich spreche natürlich und locker. Die Worte fliegen mir zu."

„Es geht mir von Tag zu Tag besser."

Die bisher aufgezählten Methoden sind für Sie mit Gefahren verbunden, sind schwer vom Tagesbewußtsein zu kontrollieren und unflexibel. Es können sich Besessenheiten und Automatismen entwickeln, die sich dann selbständig machen, wenn Sie es am wenigsten erwarten.

Harmloser, aber durchaus erfolgversprechend sind die folgenden Verfahren:

— *Yoga:* Durch die Körperbeherrschung zur Seelenbeherrschung und durch Seelenbeherrschung zur Körperbeherrschung.

— *Autogenes Training:* Hier finden wir den westlichen Weg zur konzentrativen Selbstentspannung (s. Literaturverzeichnis). Formeln: „Wärme und Schwere" – „Es atmet mich."

— *Beherrschter Atem:* Alle Lebensvorgänge des Menschen sind an die Atmung gebunden. Wenn er Einfluß auf seine Atmung gewinnt, gewinnt er auch Einfluß auf sein Leben. Die natürliche Atmung ist die Zwerchfell-Brust-Atmung, bei der der Schultergürtel ruhig steht und der Brustraum sich weitet und verengt.

Sprache ist zu Klang gewordene Luft. Sie brauchen den langen Atemstrom, daher müssen Sie sparsam mit Ihrem Atem umgehen können. Sie brauchen das trainierte Zwerchfell, das sich langsam abspannen kann, das sich langsam nach oben wölbt (s. nachfolgende Zeichnung). Unser Ziel muß es sein, die Phase der Ausatmung zu verlängern.

Achten Sie bei der bewußten Atmung auf das Ausatmen, das Einatmen erfolgt von selbst.

Forcierter Atem:

Ich werde wach. Der O_2-Gehalt (der Sauerstoffgehalt) des Blutes steigt.

Verlangsamter Atem mit bewußt verlängerter Ausatmungsphase:

Ich werde müde und ruhig. Ich muß gähnen.

Der CO_2-Gehalt (der Kohlendioxidgehalt) des Blutes steigt.

Einatmung	**Ausatmung**

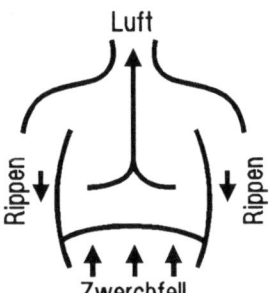

Die Rippen heben sich,
das Zwerchfell senkt sich
die Leibeshöhle weitet sich,
die Bauchdecke tritt vor,
die Luft füllt die Lunge.

Die Rippen senken sich,
das Zwerchfell wölbt sich nach oben
die Leibeshöhle verengt sich.
die Bauchdecke tritt zurück,
die Luft entweicht aus der Lunge.

Lautstärke und Atmung:

Sie können Ihrer Stimme auf zweierlei Art Kraft geben, entweder

— indem Sie die Luft unter starken Druck setzen, pressen, oder

— indem Sie vertieft einatmen und ökonomisch mit der eingeatmeten Luft umgehen.

Pressen schädigt den Stimmapparat, so daß Sie in kürzester Zeit heiser werden. Bei der zweiten Art sehen Sie zu, daß sie genügend Atem schöpfen. Dann setzen Sie die Atem- oder Bruststütze ein, das heißt Sie lassen den Brustkorb beim lauten, nachdrücklichen Reden möglichst lange in Einatmungsstellung. Dadurch wird der Atemstrom verlängert. In manchen Schauspielschulen rät man Ihnen noch zusätzlich, beim Schreien jeweils das Gesäß kräftig anzuspannen. Es hilft aber nur, wenn zuvor wirklich tief eingeatmet wurde und der übrige Körper unter Normalspannung, also nicht verkrampft, verbleibt.

Wenn Sie beim Reden atemlos werden, liegt das meist nicht an der mangelnden Atemtechnik, sondern an den

fehlenden oder zu kurzen Pausen, an der mangelnden gedanklichen Klarheit und den zu langen Sätzen. Bilden Sie deshalb kurze Sätze, nicht nur wegen der besseren Verständlichkeit Ihrer Aussagen, sondern auch, damit Sie nicht in Atemnot geraten.

Die aktive Entspannung nach Dr. Faust

Sie brauchen zur Entspannung ein Verfahren, bei dem Sie sich nicht wie beim autogenen Training hinlegen oder wie beim Yoga absentieren müssen. Denn Sie sollten stets voll wach, schlagfertig und fähig zum geistigen Dialog sein. Hier bietet sich der Weg von außen nach innen an, die „Aktive Entspannungsbehandlung" nach Dr. Faust.

Faust zeigt uns einen Weg, wie wir die Verkrampfung des Lampenfiebers so in unsere Gewalt bekommen können, daß sie erträglich wird, daß wir zum freien Reden fähig werden. Denn was ist freies Reden anderes als lockeres, natürliches Reden. Dr. Johannes Faust war im Berlin der zwanziger Jahre Arzt und später Zahnarzt. Er litt unter so schweren nervösen Störungen, daß er in seinem Beruf ernsthaft behindert wurde. Er suchte Hilfe bei den verschiedensten Ärzten und erprobte die verschiedensten Heilverfahren, bis er durch Zufall eine Methode fand, die praktisch als handwerkliche Überlieferung von Tanz-, Fecht- und Gesanglehrern von Generation zu Generation weitergegeben worden war: seelische Vorgänge sind beeinflußbar, wenn man auf deren Symptome einwirkt.

So werden Sie innerlich heiter, wenn Sie sich einige Zeit zum Lächeln gezwungen haben, so werden Sie innerlich ruhig, wenn Sie sich einige Zeit äußerlich Ruhe auferlegen. Diese Methode verschaffte ihm Linderung, und er baute sie dank seiner wissenschaftlichen Schulung aus, was auch uns helfen kann.

Bitte erinnern Sie sich an Ihre Tanzstunde, als Sie den Walzer erlernten und dabei Ihre Partnerin herumwuchteten, als wöge sie zwei oder mehr Zentner. Damals trat der Tanzlehrer auf Sie zu, bat Sie innezuhalten, sich ganz locker hinzustellen und die Glieder auszuschütteln. Als Sie danach mit Ihrer Partnerin erneut zur Walzerdrehung ansetzten, gelang sie Ihnen auf Anhieb. Ähnliches erlebten Sie vielleicht in einer Turnstunde, als Sie am Barren die Rolle vorwärts in die Grätsche übten. Auch hier schafften Sie die Übung ohne Mühen, nachdem Sie sich zuvor gelockert hatten. Und diese bewußte Entspannung ist in wenigen Worten die „Methode Faust".

Um zu verstehen, was diese Methode beabsichtigt, wollen wir drei verschiedene Menschen und Zustände miteinander vergleichen.

Der gesunde, lockere, natürliche Mensch oder der geübte, erfahrene Redner:

Sie sind in heiterer, gelöster Stimmung in Ihrem Garten, fühlen sich nicht unter Zeitdruck und gießen unbeobachtet Ihre Erdbeeren. Sie werden sich dabei nicht übermäßig anstrengen.

Notwendige Leistung und tatsächlicher Kraftaufwand sind in Übereinstimmung. Sie werden nicht ein Quentchen Kraft mehr aufwenden, als Sie zum Gießen der Erdbeeren tatsächlich brauchen. Sie absolvieren Ihre Arbeit mit dem *geringsten notwendigen Kraftmaß.*

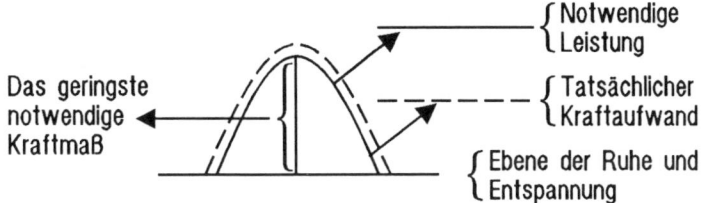

Zwischen dem Füllen, dem Tragen und dem Ausgießen der Gießkanne machen Sie jeweils einen Kurzurlaub. *Anspannung und Entspannung wechseln einander ab wie*

73

Einatmen und Ausatmen. Bitte verwechseln Sie hier Entspannung nicht mit Erschlaffung. Auch in entspanntem Zustand sind gewisse Muskeln gespannt, aber nur die, die für diesen Zustand notwendig sind. Wenn die jeweilige Situation vorbei ist, welche die Anspannung erforderte, beginnt sofort eine Phase der Entspannung und Erholung. Da auf den Verbrauch von Energie hier sogleich eine Zeit der Regeneration folgt, wären Sie in der Lage, dieses Erdbeergießen über längere Zeit hin fortzusetzen und würden es wohl kaum als ernsthafte Arbeit betrachten, selbst wenn es aus der Ferne wie ernsthafte Arbeit aussieht.

Vorstufen der Nervosität:

Während Sie ungezwungen Ihre Erdbeeren wässern, taucht am Zaun plötzlich die gutaussehende Nachbarin auf und will mit Ihnen ein Gespräch führen.

Sie nehmen auf einmal eine sportliche Haltung ein, Bauch rein, Brust raus, Ihr Übergewicht verwandelt sich dem äußeren Anschein nach in eine durchtrainierte Figur. Sie versuchen von nun an, Ihre Erdbeeren mit einem gewissen Imponiergehabe zu gießen. Der Pfau spreizt sein Gefieder.

Noch deutlicher erleben Sie, was hier zu schildern ist, wenn der betont wohlwollende Generaldirektor Ihrer Firma, umgeben von 20 betont wohlwollenden Herren in weißen oder grauen Arbeitsmänteln, mit Fliegen oder Krawatten, Ihnen zuschaut, während Sie einen neuen Mitarbeiter an einer Maschine unterweisen: „Ist ja sehr interessant. Ja wirklich. Machen Sie ruhig weiter!"

Der Schweiß rinnt Ihnen das Rückgrat hinunter. Die Zunge klebt Ihnen kloßartig am Gaumen, Ihre Stimme tönt irgendwie anders. Noch in der Nacht vor dem Einschlafen klingt Ihre Erregung nach: „Der hält mich jetzt für total blöd. Da hätt' ich doch sagen müssen ... Das nächste Mal werd' ich aber ..."

Sie verbrauchten sehr viel mehr Kraft, wandten sehr viel mehr Spannung auf, als es vom Arbeitsziel her notwendig gewesen wäre.

Sie vergeudeten also Energie durch *Überspannung.*

Und die *Normal- oder Ruhestellung* Ihres Nervensystems wurde jeweils erst verzögert, nach einer gewissen Abklingphase (I und II), erreicht.

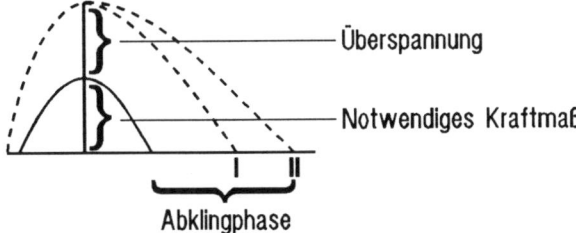

Der hochgradig Nervöse oder der Anfänger im Reden:

Sie erlebten den folgenden Zustand vielleicht während des Abiturs, bei einer Verkaufskampagne oder bei einem firmeninternen Weiterbildungskurs, an dem mit Ihnen zusammen auch Ihr Vorgesetzter teilnahm, bei dem Sie sich für eine Beförderung profilieren wollten. Sie hangelten sich von Stunde zu Stunde. Die Pausen dazwischen waren von der existentiellen Furcht vor der nächsten Unterrichtseinheit erfüllt. Die Nächte wurden Ihnen zur Qual, zur Zwischenzeit, die eine Folter von der anderen trennte, aber sicher nicht zur Zeit der Erholung, zur Quelle neuer Kraft. Ihr Magen revoltierte. Ihre Nervenenden flatterten. Sie hatten meist feuchte Hände und wirkten etwas verstört. Ihr Zustand entsprach dem Endstadium des hochgradig Nervösen. Er erreicht die Ruhestellung, in der seine Nerven sich erholen und neue Kraftreserven bilden können (I), nur schwer. Gleichzeitig tut er alles, was er unternimmt, mit einer ungeheuren Kraftverschwendung. Zum Schluß ist er überhaupt nicht mehr zur Normallage fähig und befindet sich in einer dauernden *Fehl- und Überspannung* (II).

75

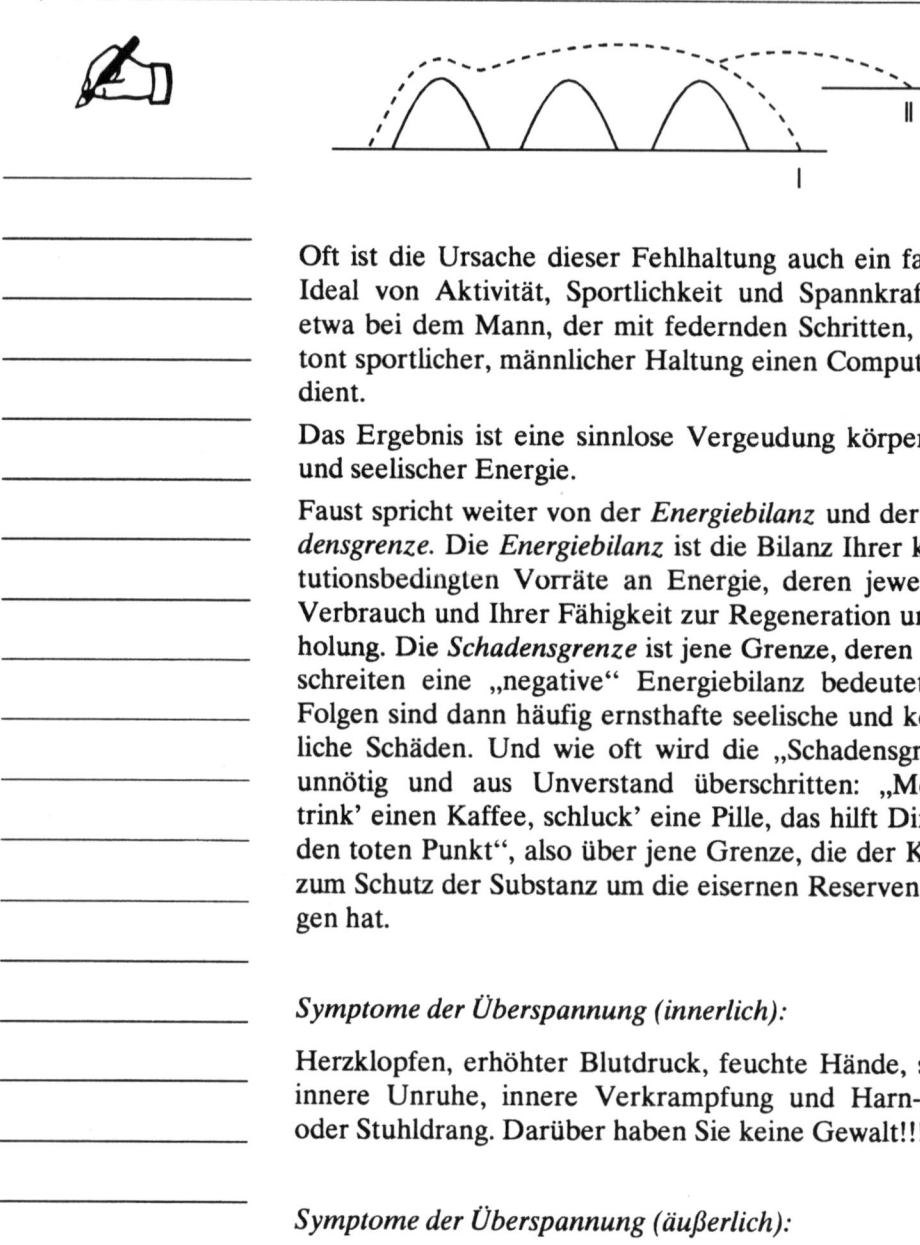

Oft ist die Ursache dieser Fehlhaltung auch ein falsches Ideal von Aktivität, Sportlichkeit und Spannkraft, wie etwa bei dem Mann, der mit federnden Schritten, in betont sportlicher, männlicher Haltung einen Computer bedient.

Das Ergebnis ist eine sinnlose Vergeudung körperlicher und seelischer Energie.

Faust spricht weiter von der *Energiebilanz* und der *Schadensgrenze*. Die *Energiebilanz* ist die Bilanz Ihrer konstitutionsbedingten Vorräte an Energie, deren jeweiligem Verbrauch und Ihrer Fähigkeit zur Regeneration und Erholung. Die *Schadensgrenze* ist jene Grenze, deren Überschreiten eine „negative" Energiebilanz bedeutet. Die Folgen sind dann häufig ernsthafte seelische und körperliche Schäden. Und wie oft wird die „Schadensgrenze" unnötig und aus Unverstand überschritten: „Mensch, trink' einen Kaffee, schluck' eine Pille, das hilft Dir über den toten Punkt", also über jene Grenze, die der Körper zum Schutz der Substanz um die eisernen Reserven gezogen hat.

Symptome der Überspannung (innerlich):

Herzklopfen, erhöhter Blutdruck, feuchte Hände, starke innere Unruhe, innere Verkrampfung und Harn- und/ oder Stuhldrang. Darüber haben Sie keine Gewalt!!!

Symptome der Überspannung (äußerlich):

Krause Stirn, Augen- und Muskelzucken, erhöhte Motorik (Zappeligkeit), wilde unkontrollierte Gesten und vor allem ein verspannter Hals und verspannte, eckige Schultern. Darüber haben Sie sehr wohl Gewalt!!!

Aktive Entspannung durch Selbstkontrolle:

Sicher haben Sie diese Symptome schon an sich selbst beobachtet, wenn Sie zum Chef mußten, vor vielen Menschen sprachen oder beim Autofahren. Manche erleben das auch beim Tanzen.

Wenn Sie sich hier Ihrer Verkrampfung bewußt sind, können Sie durch einfache Selbstzucht dagegen angehen und noch während der härtesten Verhandlung oder der anstrengendsten Rede einen zweisekündlichen oder auch zweiminütigen *Kurzurlaub* machen: „Ruhig und locker!" – „Glatte Stirn", mit der Hand darüberstreichen. – „Nicht mit dem Kopf wackeln oder den Hüften!"

„An einem Platz bleiben!" – „Ruhig und langsam sprechen!" – Aber vor allem: „Lockere Schultern!!!"

Kurz:

Von nun an alles mit dem geringsten Aufwand erledigen!

Kräfte sparen und Reserven bilden!

Sie müssen nichts Neues lernen, sondern Sie sollen nur Ihr Gefühl für Verkrampfung und Entspannung schulen. Deshalb üben Sie sich in der Selbstbeobachtung. Wann sind Sie locker, wann verkrampft?

Vergleichen Sie:

Einmal: Sie sitzen fröhlich und entspannt in der Badewanne und schmettern Ihr Lieblingslied.

Ein andermal: Sie sitzen hinter dem Steuer Ihres Autos und überholen gerade jemanden, über den Sie sich seit vielleicht zehn Minuten geärgert haben.

Nehmen Sie diese Selbstbeobachtung ernst; Sie werden sehr viel leistungsfähiger werden und Sie werden besser sprechen, denn nur wenn man locker ist, kann man sprechtechnisch richtig sprechen. Heiserkeit entsteht oft durch Verkrampfung der Halsmuskulatur. Deshalb achten Sie auf einen lockeren Schultergürtel und einen entspannten Hals.

Checkliste

- Lampenfieber ist normal. Finden Sie sich damit ab, und lernen Sie, damit zu leben.

- Wenn selbst Cicero Lampenfieber kannte, sich dessen nicht schämte und das Fehlen von Lampenfieber sogar für strafwürdig hielt, ist es auch für Sie keine Schande, Lampenfieber zu haben.

- Lampenfieber ist nicht Ihr Feind, sondern Ihr Freund:
  1. Es aktiviert Ihre letzten Reserven.
  2. Es schafft in Ihnen eine positive Spannung und den Willen zur Leistung.
  3. Es bewahrt Sie vor Hochmut und Nachlässigkeit.
  4. Es macht Sie sympathisch und menschlich.
  5. Es schafft die Möglichkeit des leisen Beginnens und der Steigerung.

- Der einzige, der Ihnen Lampenfieber übelnimmt, sind Sie selbst, die Zuhörer aber freuen sich.

- Fünf Hörer sind mehr zu fürchten als 500, denn 500 fassen Sie nicht am Ärmel, unterbrechen Sie nicht mitten im Satz und widersprechen nur in den seltensten Fällen.

- Fehlendes Lampenfieber bedeutet für Sie Gefahr. Wenn Sie keines haben, lösen Sie es aus.

- Ein wahres Wundermittel für den Erfolg Ihrer Rede ist zu Beginn eine Schweigeminute am Rednerpult.

- Den Salto nur mit Netz (organisatorische Hilfen): Sichern Sie vorher, was gesichert werden kann.

- Wenn Sie Ihren Stoff beherrschen, werden Sie um Worte nicht verlegen sein. Fassen Sie Ihr Thema eng genug, dann ist die Stoffbeherrschung kein Problem.

- Klarheit des Wollens macht Sie dem Hörer verständlich und bewahrt Sie davor zu langweilen.

- Konsequenz bringt Wirkung. Vermeiden Sie alles, was Ihre Wirkung schwächt. Fördern Sie alles, was Ihre Wirkung stärkt.

- Lampenfieber und Hemmungen lassen sich abbauen durch:
  1. Gewöhnung
  2. Übung
  3. dialogische Vorbereitung

- Schriftliche Form der Vorbereitung:
  1. Spickzettel und freie Rede widersprechen einander nicht.
  2. Der Spickzettel macht Ihren Kopf frei für wesentliche Dinge.
  3. Finden Sie die Ihnen gemäße Form des Spickzettels.

- „Der Schmuck der Rede ist geklaut":
  1. Bringen Sie Ihre Quellen möglichst vollzählig auf das Rednerpult mit, das beruhigt.
  2. Bei passenden Zitaten aus einem passenden Handbuch erstirbt jeder Widerspruch.

- Eine Ortsbesichtigung und Gespräche mit den Veranstaltern können Sie vor unliebsamen Überraschungen bewahren.

- Sicherheit:
  1. Eine Checkliste gibt Ihnen die Gewißheit, nichts Wesentliches vergessen zu haben.
  2. Ein Blick in den Spiegel kurz vor Ihrer Rede kann viel nützen und wenig schaden.

- Sorgen Sie schon vorher für freundliches Publikum: Bringen Sie „liebe Menschen" mit.
  1. Sie wissen dann, daß wenigstens Ihre Freunde an den „richtigen" Stellen klatschen.
  2. Eine „Augenweide" schafft Ihnen Trost in schwierigen Momenten.

- Genügend Schlaf und kräftiges Essen sind besser als chemische Krücken.

- Der Mittagsschlaf verdoppelt die Zahl der Stunden, in denen Sie arbeitsfähig sind.

- Gut ist, was Ihnen nützt:

  1. Die Mittel der Kräuterfrauen können vielleicht helfen.

  2. Aberglauben kann den Redner stützen, bedroht ihn aber zugleich.

  3. Auch Suggestionsformeln sind zugleich Hilfe und Bedrohung.

  4. Yoga und autogenes Training sind weit weniger gefährlich, als Hilfe aber wirksamer.

  5. Atmung:

     — Durch forciertes Atmen werden Sie wach und durch verlangsamtes Atmen ruhig.

     — Achten Sie auf das Ausatmen. Das Einatmen erfolgt von selbst.

     — Beim Reden kommen Atmungsschwierigkeiten weniger von der falschen Atemtechnik als von der mangelnden gedanklichen Klarheit. Machen Sie genügend Pausen, und Sie werden genügend Luft haben.

- Faust zeigt den Zusammenhang zwischen innerer Verkrampfung (hier: Lampenfieber) und äußerer Verkrampfung (roter Kopf, Kloß im Hals, zappelige Beine . . .).

- Wenn man die äußere Verkrampfung durch aktive Entspannung löst, läßt auch die innere Spannung nach, deshalb kann man die „Methode Faust" auch den „Weg von außen nach innen" nennen.

- Anspannung und Entspannung sollten einander abwechseln wie Einatmen und Ausatmen.

- Einige wichtige Begriffe:
  - das „geringste notwendige Kraftmaß"
  - „Fehl- und Überspannung"
  - „Abklingphase"
  - „Energiebilanz"
  - „Schadensgrenze"

- Aktive Entspannung durch Selbstkontrolle:
  - Entwickeln Sie Ihr Gefühl für Anspannung und Entspannung.
  - Von nun an alles mit dem geringsten notwendigen Aufwand erledigen.
  - Kräfte sparen und Reserven bilden.

- Nur wer locker ist, kann sprechtechnisch richtig sprechen.

- Achten Sie bei sich stets auf „lockere Schultern", einen entspannten Hals und eine glatte Stirn.

- Lernen Sie das „Wegatmen der Angst".

Übungen

Sie sind allein:

1. Diskutieren Sie den Inhalt des letzten Kapitels in Ihrem Tagebuch.

2. Sprechen Sie darüber mit anderen und suchen Sie Bezüge zu Ihrer eigenen Situation.

3. Atemübungen:

   — Die Zwerchfell-Flankenatmung:

   Stellen Sie sich vor einen Tisch, überkreuzen Sie Ihre Oberarme so weit wie möglich vor Ihrer Brust, so daß Ihr linker Daumen weit rechts von Ihnen und Ihr rechter Daumen weit links von Ihnen ist. Nun beugen Sie sich bei unveränderter Armhaltung vor und erfassen die Tischplatte fest mit den Daumen von unten und den Handflächen von oben, die Arme weiterhin straff überkreuzt. Wenn Sie jetzt tief einatmen, ist der Schultergürtel, wegen Ihrer Körperhaltung, starr und der Brustkorb von den gekreuzten Oberarmen fest eingezwängt. Sie können also nur Luft schöpfen, indem Sie ihre Flanken weiten und die Bauchdecke vortreten lassen. Dabei werden Sie entdecken, wie enge Hosen und ein Gürtel Sie beim richtigen Atmen behindern oder welche Vorteile Hosenträger für den Redner haben (s. auch Zeichnung auf S. 71 oben).

   Nachdem Sie in dieser Haltung, mit überkreuzten Armen, ausgeatmet haben, wiederholen Sie die Übung, bis Ihnen völlig klar ist, was sich bei der Zwerchfell-Flankenatmung bewegt und was in Ruhe bleibt.

   Nun versuchen Sie bei aufrechter, normaler Körperhaltung, mit zwanglos herabhängenden Armen, in gleicher Weise zu atmen: Der Schultergürtel ist ruhig, nur Ihre Flanken und die Bauchdecke bewegen sich.

Beim Einatmen weitet sich die Taille, beim Ausatmen verengt sie sich.

Die Zwerchfell-Flankenatmung ist die normale Atmung der Säugetiere. Bitte beobachten Sie einmal Katzen oder Hunde.

— Die Vollatmung:

Sie stehen aufrecht in leichter Seitgrätschstellung, Arme in der Seithalte. Nun beginnen Sie mit dem Ausatmen, indem Sie sich etwas vorbeugen und die Arme wiederholt vor der Brust überkreuzen, jedes Überkreuzen ein Ausatemstoß, bis Sie glauben, die Luft soweit wie möglich aus den Lungen vertrieben zu haben. Hierauf atmen Sie ein, indem Sie sich aufrichten und gleichzeitig die Arme wieder waagrecht in die Seithalte heben, Handflächen nach unten. Jetzt senken Sie die Arme etwas, atmen dabei ein wenig aus, drehen gleichzeitig die Handflächen nach oben und atmen nun voll ein, während Sie die gestreckten Arme über den Kopf heben und die Handflächen zusammenschlagen. Im letzten Augenblick des Einatmens stellen Sie sich auf die Zehenspitzen, und Ihr ganzer Körper ist gestreckt. Nun atmen Sie wieder soweit wie möglich aus, indem Sie sich vorbeugen und die Arme überkreuzen.

Wenn Sie diese Übung am offenen Fenster oder sonst an frischer Luft wiederholen, werden Sie für kurze Zeit hellwach sein und die belebende Wirkung des Sauerstoffs verspüren.

— Die verlängerte Ausatmung auf „sss" oder mit an- und abschwellendem Brummton zum Zwerchfelltraining, zur Beruhigung und zur Entspannung:

Sie sitzen aufrecht, aber entspannt, auf einem Stuhl. Rücken, Nacken und Kopf befinden sich in einer senkrechten Linie. Die Füße stehen mit ganzer Sohle auf dem Boden.

Die Hände liegen flach ausgestreckt auf den Oberschenkeln. Nun schließen Sie die Augen und atmen zwanglos aus und ein.

Sie stellen sich vor, Sie würden sich selbst zusehen. Erst nachdem Sie glauben, völlig ruhig und locker geworden zu sein, nachdem Sie glauben so auszusehen, wie einer, der ruhig und locker ist, versuchen Sie, die Ausatemphase im Verhältnis zur Einatemphase immer länger auszudehnen, ohne dabei das Einatmen zu vertiefen. Lassen Sie die Luft völlig gewaltlos so an der Zungenspitze vorbeistreichen, daß ein leises „sss" entsteht.

Bitte nicht pressen! Eine vor Ihrem Mund brennende Kerze dürfte nicht flackern. Statt des „sss" können Sie auch leise an- und abschwellend brummen.

Diese Übung läßt sich mit einer „Kniebeuge nach Zeiten" vergleichen. Durch das stark verzögerte Ausatmen werden die Muskelfasern des Zwerchfells nur langsam entspannt, dabei stark beansprucht und in der Folge intensiv trainiert und durchblutet. Sie spüren das an dem auffälligen Wärmegefühl, das sich nach einiger Zeit in der Zwerchfellebene auf der Höhe der kurzen Rippen und unterhalb des Brustbeins ausbreitet.

Bei jeder Ausatmung haben Sie die Empfindung, Ihr Rücken samt Stuhl sinke immer tiefer in die Erde und von Ihrem Scheitel über Nacken und Schultern rutschten Schneemassen ab.

Sie können diese Übung auch als Einschlafhilfe benutzen, im Bett lang ausgestreckt, entspannt, die Hände flach auf den Leib oder den Oberschenkeln. Durch die verlängerte Ausatemphase steigt der CO_2-Gehalt Ihres Blutes. Sie werden ruhig, und innere Verspannungen lockern sich.

4. Entspannungsübungen:

— Anspannung und Entspannung:

Sie stehen wieder in Seitgrätschstellung, Arme waagrecht in der Seithalte. Nun spannen Sie die gestreckten Hände, Arme und den Schultergürtel an. „Ihre Arme sind aus Federstahl. Sie machen damit so rasche Schläge, als wären es die Flügel eines Kolibri." Sie schlagen also mit Ihren Armen, so rasch Sie nur können. Wenn es etwas weh tut, ist es richtig.

Im letzten Augenblick, wenn Sie glauben, es nicht mehr auszuhalten, lösen Sie die Spannung und gehen dabei weich in die Knie. Alles an Ihnen ist plötzlich locker und entspannt. Sie wiederholen diese Übung, bis der Begriff der Entspannung in Ihnen eine feste Vorstellung geworden ist.

— Völlige Entspannung oder „Der tote Mann":

Sie liegen lang ausgestreckt im Bett und beginnen sich auf die Hände zu konzentrieren: „Die Hände sind locker, entspannt und schwer. Sie werden warm."

Nun konzentrieren Sie sich in gleicher Weise auf Ihre Füße, dann auf die Waden, die Knie, die Oberschenkel usf., bis jede einzelne Stelle an Ihnen entspannt ist.

Wenn Sie diese Übung noch mit der Ausatmung auf „sss" kombinieren, dabei Ihre Füße, dann Ihre Waden, dann Ihre Knie usf. „anatmen", sind Sie noch nicht bei den Knien angekommen und schlafen schon tief und fest, selbst bei Prüfungsangst und Lampenfieber.

— Entspannung im Alltag:

Wenn der Begriff der Entspannung für Sie zum unverlierbaren Besitz geworden ist, werden Sie sich so oft wie möglich den Befehl geben: „Loslassen!" oder „Schultern locker!"

Also vor einer Ampel, beim Warten auf den Bus, in der Straßenbahn ...

— Weitere Entspannungsübungen:

— Fäuste anspannen und entspannen.

— In der Jackentasche unter Anspannen und Entspannen der Hand einen Tennisball oder einen Sektkorken kneten.

— Lockeres Armeschwenken und Armependeln; das Gefühl der Schwere in Händen und Unterarmen („King Kong, die Bestie aus dem Urwald" oder: „Quasi Modo, der Glöckner von Notre Dame")

— Straffe Räkelbewegungen (eine Katze, die sich morgens Glied für Glied streckt)

— Lockeres Schulterrollen

— Über das Gesicht streichen („Die Falten wegstreichen.")

— *Grundsätze für alle Atem- und Entspannungsübungen:*

1. Gewaltlosigkeit, Konzentration und entspannende Pausen.

2. Nie länger als 10 Minuten, nicht öfter als 3 × täglich.

3. Keine beengende Kleidung und nie direkt nach dem Essen.

4. Der Atemrhythmus *ist dreizeitig:* Ausatmen – Pause – Einatmen.

Formeln:

Einatmen: „Ich bin."

Ausatmen: „Ich kann, ich will."

Oder:

Ausatmen: „Ich"

Einatmen: „. . . bin." . . .

Aber Vorsicht, daß die Formeln, statt zu Entspannung, nicht zu Verkrampfungen führen.

5. Stoff zum Nachdenken:

— Wo und wann haben Sie sich schon verspannt und wo und wann locker erlebt?

— Wie sehen Ihre persönlichen Symptome der Überspannung aus?

— Neigen Sie dann zu Versprechern?

— Bekommen Sie nervöses Mund- oder Augenzukken?

— Beginnen Sie mit dem Fuß zu wippen oder mit den Beinen zu zittern?

— Lassen Sie Ihre Fingerknöchel knacken?

— Kauen Sie Nägel oder kneten Sie Ihre Nase?

— Wird Ihre Stimme lauter oder höher? Bekommt sie einen schrillen oder scharfen Klang?

6. Aufgaben für Ihre Punkteliste:

— Wie oft haben Sie sich heute bei einer Fehl- oder Überspannung erwischt?

— Wann haben Sie mehr als das geringste notwendige Kraftmaß aufgewandt?

— Haben Sie heute Ihren Tag mit der Vollatmung begonnen?

— Haben Sie gestern abend durch „sss" und den „toten Mann" in den Schlaf gefunden?

— Wie oft haben Sie heute bewußt „losgelassen"?
(An der Ampel, bevor Sie zum Chef mußten, als Sie sich über Herrn Müller ärgerten . . .)

7. Persönliche Checkliste:

Überlegen Sie sich, was bei einer Rede, einem Referat alles vorher organisatorisch gesichert werden kann. Beginnen Sie gleich mit dem Aufstellen einer Checkliste. Gliedern Sie die Punkte nach *Muß, Soll* und *Kann.* Vervollständigen Sie die Liste immer mehr. Im Lauf der Jahre werden manche Punkte verschwinden und neue hinzukommen.

Beispiel:

Muß: Stoffliche Vorbereitung
       Spickzettel
       . . .

Soll: Werksausweis
       Projektorbirnchen
       . . .

Kann: Schuhputz
        Ortsbesichtigung
        . . .

Sie sind unter Menschen:

1. Beobachten Sie aufmerksam Ihre Mitmenschen, um die Begriffe

   „geringstes notwendiges Kraftmaß",

   „Kurzurlaub",

   „Überspannung" und

   „Schadensgrenze" mit Inhalt zu füllen.

2. Beobachten Sie auch sich selbst unter obigen Gesichtspunkten.

3. Nehmen Sie bewußt im dicksten Termin-Getümmel einen Kurzurlaub, und stellen Sie fest, um wieviel länger plötzlich Ihre Kräfte reichen, ja, daß Sie dem „toten Punkt" praktisch nie mehr nahekommen.

5.
Das rednerische Anforderungsprofil

Wie Cicero sich den Redner vorstellte

Ermitteln Sie Ihr
rednerisches Anforderungsprofil

Übungen

Wie Cicero sich den Redner vorstellte

Cicero läßt hier einen Politiker seiner Zeit sprechen:

„Meine Ansicht ist also", sagt Crassus, „diese: Zuerst hat die natürliche Anlage den größten Einfluß auf die Beredsamkeit und in der Tat, jenen Schriftstellern fehlte es nicht an einer wissenschaftlichen Lehrweise, wohl aber an Naturanlagen. Denn das Gemüt und der Geist müssen eine schnelle Beweglichkeit besitzen, so daß sie in der Erfindung Scharfsinn und in der Entwicklung und Ausschmückung Reichhaltigkeit zeigen und das dem Gedächtnis Anvertraute fest und treu behalten.

Und sollte jemand meinen, diese Eigenschaften könnten durch Kunst erlangt werden – das ist aber falsch; denn man könnte schon ganz zufrieden sein, wenn sie durch Kunst nur angeregt oder geweckt werden könnten; einpflanzen wenigstens oder schenken kann die Kunst sie nicht; es sind ja lauter Naturgaben –, was will er dann von den Eigenschaften sagen, die gewiß mit dem Menschen selbst geboren werden? Ich meine eine bewegliche Zunge, eine klangvolle Stimme, eine starke Brust, Leibeskräfte und eine gewisse Bildung und Gestaltung des ganzen Gesichts und Körpers.

Nicht jedoch sage ich dieses so, als ob die Kunst nicht manche Menschen verfeinern könne; denn ich weiß recht wohl, daß das Gute durch Bildung noch besser werden und das minder Gute doch einigermaßen sich zuschleifen und verbessern läßt; aber es gibt einige, die so sehr mit der Zunge stottern oder eine so klanglose Stimme oder so rohe und plumpe Gesichtszüge und Körperbewegungen haben, daß sie, so sehr sie sich auch durch geistige Anlagen und wissenschaftliche Bildung auszeichnen mögen, doch nicht zu den Rednern gezählt werden können. Andere hingegen sind in eben diesen Eigenschaften so gewandt, mit den Gaben der Natur so ausgerüstet, daß sie zu Rednern nicht geboren, sondern von einem Gott gebildet zu sein scheinen.

Einer großen Last und einer wichtigen Verpflichtung unterzieht sich derjenige, der von sich bekennt, er allein

müsse, während alle anderen schweigen, in einer großen Versammlung von Menschen über die wichtigsten Angelegenheiten gehört werden.

Denn unter allen Anwesenden ist nicht leicht einer, der die Fehler am Redner nicht schärfer und genauer bemerken sollte als das Richtige. Was es daher auch sein mag, woran man Anstoß nimmt, es verdunkelt auch das, was lobenswürdig ist.

Dies jedoch sage ich nicht, um junge Männer, denen es vielleicht an einer Naturgabe gebricht, gänzlich von der Beschäftigung mit der Beredsamkeit abzuschrecken. Denn wer weiß nicht, daß dem Gaius Caelius, meinem Altersgenossen, einem Emporkömmling, selbst die Mittelmäßigkeit im Reden, soweit er sie erreichen konnte, zur Erlangung hoher Ehren förderlich gewesen ist? Wer sieht nicht ein, daß euer Altersgenosse Quintus Varius, ein ungestalter und häßlicher Mensch, selbst durch die geringe Redegewandtheit, die er besitzt, zu großem Einfluß im Staat gelangt ist?" (M.T. Cicero, de Oratore)

Anmerkung zur Aufzählung Ciceros:

Cicero zählt hier einiges auf, was ein Redner besitzen sollte. Doch Cicero sagt uns nicht, in welchem Maß es unbedingt notwendig ist. Sicher brauchen Redner eine gewisse Beweglichkeit des Geistes, wir würden das heute wohl Intelligenz nennen. Aber wie intelligent soll er sein? Viele Intelligente sprechen mit einer solchen Schnelligkeit und vom Wortschatz und vom Inhalt her auf so hohem Niveau, daß der größte Teil des Publikums sie kaum versteht; sie können sich nur schwer vorstellen, daß es Leute gibt, die nicht ganz so flink sind.

So kann es einem auch mit einem guten Gedächtnis und einem flotten Mundwerk ergehen; sie bringen sich in Gefahr, mit einer Wort- und Sachflut die Hörer zu überschwemmen, so daß diese nicht mehr folgen können. Angehörige „deutscher Stämme", die der allgemeinen Anschauung nach keinen ganz so großen Wortausstoß je Zeiteinheit haben, sollten also eher dem Schicksal danken, statt mutlos zu werden.

Kraft und Klang der Stimme sind zwar auch heute beim Reden nicht bedeutungslos, doch Mikrophon und Lautsprecher haben ihnen viel von ihrer alten Bedeutung genommen. Übung, Fleiß und Disziplin vermögen viele Mängel auszugleichen.

Und für die stattliche Erscheinung gibt es Maßanzüge oder Schneiderkostüme.

In der Aufzählung Ciceros fehlen einige Eigenschaften, die trotzdem wesentlich für den Redner sind. Dies sind: Kontaktbegabung, Vertrauenswürdigkeit, Begeisterungsfähigkeit, Durchsetzungsvermögen, Durchsetzungswillen und Anpassungsfähigkeit.

Weiter schadet es dem Redner sicher nicht, wenn er sympathisch, dynamisch und sowohl an der Theorie als auch an der Praxis interessiert ist.

(Diese Aufzählung ist in der Diskussion mit Kursteilnehmern entstanden und erhebt nicht den Anspruch auf Vollständigkeit.)

Ermitteln Sie Ihr rednerisches Anforderungsprofil

Im Personalwesen, etwa im Rahmen von Stellenbeschreibungen, gibt es den Begriff des Anforderungsprofils. Nachfolgend haben wir entscheidende Eigenschaften zusammengefaßt und mit einer fünfstufigen Skala verbunden. Sie als Leser sollen nun selber das Anforderungsprofil des Redners erstellen. Machen Sie hinter der jeweiligen Eigenschaft in der dafür vorgesehenen Spalte entsprechend Ihrer Einschätzung ein Kreuz. Wenn Sie von Kreuz zu Kreuz eine Linie ziehen, erhalten Sie eine Folge von Zickzacklinien, die entfernt an eine Gebirgslinie erinnert, eben das Anforderungsprofil. Auf der nächsten Seite finden Sie das Anforderungsprofil, wie es sich die Verfasser vorstellen.

Anforderungsprofil (Mindestanforderungen)

	– –	–	0	+	+ +	
Kontaktbegabung						
Vertrauenswürdigkeit						
Begeisterungsfähigkeit						
Durchsetzungswillen						
Intelligenz						
Gedächtnis						
Anpassungsfähigkeit						
Sympathie						
Dynamik						
gutes Aussehen						
stattliche Erscheinung						
Klang und Kraft der Stimme						
sprachliche Gewandtheit						
verständliche Sprache						
dialektfreie Aussprache						
theoretisches Interesse						
praktisches Interesse						
Allgemeinbildung						
logisches (folgerichtiges) Denkvermögen						

– – bezeichnet den Bereich weit unter dem Durchschnitt der Bevölkerung
– bezeichnet den Bereich unter dem Durchschnitt der Bevölkerung
0 bezeichnet den Durchschnitt der Bevölkerung
+ liegt über dem Durchschnitt der Bevölkerung
+ + liegt weit über dem Durchschnitt der Bevölkerung

Anforderungsprofil (Mindestanforderungen)
(Meinung der Verfasser)

	--	-	0	+	++
Kontaktbegabung				●	
Vertrauenswürdigkeit					●
Begeisterungsfähigkeit				●	
Durchsetzungswillen					●
Intelligenz			●		
Gedächtnis			●		
Anpassungsfähigkeit				●	
Sympathie			●		
Dynamik				●	
gutes Aussehen		●			
stattliche Erscheinung		●			
Klang und Kraft der Stimme			●		
sprachliche Gewandtheit				●	
verständliche Sprache				●	
dialektfreie Aussprache			●		
theoretisches Interesse		●			
praktisches Interesse				●	
Allgemeinbildung			●		
logisches (folgerichtiges) Denkvermögen			●		

-- bezeichnet den Bereich weit unter dem Durchschnitt der Bevölkerung

- bezeichnet den Bereich unter dem Durchschnitt der Bevölkerung

0 bezeichnet den Durchschnitt der Bevölkerung

+ liegt über dem Durchschnitt der Bevölkerung

++ liegt weit über dem Durchschnitt der Bevölkerung

Kurz:

- Die verschiedenen Fähigkeiten, die der Redner braucht, haben nicht alle gleiches Gewicht.

- Stärken auf einem Gebiet können Schwierigkeiten auf einem anderen wettmachen.

- Technik, Übung, Fleiß und Disziplin vermögen viele Mängel auszugleichen.

Übungen

Sie sind allein:

1. Sie haben das Anforderungsprofil auf S. 93 ausgefüllt:
   — Sie vergleichen es mit dem auf S. 94.
   — Sie denken darüber nach, auch schriftlich in Ihrem Tagebuch.

2. Mögliche Denkaufgaben:
   — Warum haben die Verfasser Vertrauenswürdigkeit und Durchsetzungswillen – bitte nicht mit Intoleranz und Sturheit verwechseln – in Ihrer Werteskala an die erste Stelle gesetzt?
   — Wie hängen Vertrauenswürdigkeit und Durchsetzungswillen zusammen?
   — Warum brauchen Redner, um Erfolg zu haben, nur eine Intelligenz, die dem Durchschnitt ihrer Zuhörer entspricht?
   — Warum darf der Redner sogar häßlicher als der Durchschnitt seiner Zuhörer sein?
   — Was bewog die Verfasser, zwei Punkte Unterschied zwischen theoretischem und praktischem Interesse zu tolerieren?

Sie sind unter Menschen:

1. Versuchen Sie, Ihre Mitmenschen am Anforderungsprofil zu messen. Halten Sie die Ergebnisse bitte in Ihrem Tagebuch fest.

2. Lassen Sie sich von Freunden anhand des Anforderungsprofils beurteilen.

3. Versuchen Sie das bitte auch mit Rednern aus dem Fernsehen.

4. Diskutieren Sie mit anderen über Ihre Beobachtungen.

Teil II
Die freie Rede

1.
Der kurze Beitrag

Überzeugungsmittel

„Der Mensch behält
10 % von dem, was er liest,
20 % von dem, was er hört,
33 % von dem, was er sieht,
50 % von dem, was er sieht und hört,
70 % von dem, was er selbst ausführt."
(Aus einem Artikel über Weiterbildung von Chr. Zach)

Warum werden noch Reden, Vorträge und Fachreferate gehalten, wenn doch nur ein Fünftel hängenbleibt?

Antwort: Man redet in erster Linie nicht, um Wissen zu vermitteln oder um zu informieren – das geht schneller, klarer und unmißverständlicher auf dem Papier –, sondern um

— zu überzeugen,

— sich als Person, als Persönlichkeit, ins Bewußtsein der Hörer zu bringen,

— Gefühle zu übertragen,

— Denkprozesse einzuleiten – deshalb gibt es auch heute noch an Universitäten Vorlesungen –,

— Willen zu übertragen und

— Handlungen zu veranlassen.

„Eine Rede, die nicht auf Überredung zielt, ist ein Widerspruch in sich." (Aristoteles)

Dazu sagt Aristoteles weiter in seiner „Rhetorik":

„Die Kunst der Rede besitzt, wer bei jedem Gegenstand die durch ihn möglichen Überzeugungsmittel zu überblikken weiß . . .

Die durch Überlegung gewonnenen Überzeugungsmittel sind von dreierlei Art, sie entspringen nämlich entweder der Gesinnung des Redenden oder wollen den Hörer irgendwie beeinflussen oder beruhen als Beweis oder Scheinbeweis in der Überlegung selbst.

Die Gesinnung ist im Spiel, wenn der Ausdruck den Redenden überzeugend erscheinen läßt. Den Ehrbaren nämlich glaubt man eher und schneller, bei allen Gegenständen schlechthin, besonders aber bei solchen, die sich nicht genau entscheiden, sondern zweierlei Meinung offen lassen ...

Die Gesinnung ist nahezu das Hauptüberzeugungsmittel.

Den Hörer beeinflußt man, wenn man ihn durch die Rede zu einer Leidenschaft hinreißt. Denn man fällt seine Entscheidung anders, wenn man traurig ist, als wenn man froh ist, anders, wenn man liebt, als wenn man haßt ...

Durch Überlegung (Nachdenken) werden die Hörer überzeugt, wenn man (durch Beweis oder Scheinbeweis) Wahrheit oder deren Schein erweist."

Und Cicero meint in „de Oratore": „Denn wer weiß nicht, daß die größte Stärke des Redners sich darin zeigt, daß er die Gemüter der Menschen zum Zorn oder Haß oder zum Schmerz anreizt und von diesen Leidenschaften wieder zu Sanftmut und Mitleid zurückführt." (...) „Die Hauptsache für den Redner nämlich ... bestehe darin, daß er denjenigen, vor denen er auftrete, so erscheine, wie er es selbst wünsche; ... und daß seine Zuhörer in ihrem Inneren so gestimmt würden, wie sie der Redner gestimmt wissen wolle."

Die *Überzeugungsmittel* sind also:

1. Ihre Gesinnung, Ihre Glaubwürdigkeit für die Zuhörer
2. das Wecken und Übertragen von Gefühlen
3. das Überzeugen durch Argumente

Sie überzeugen mit Ihrer Person,

mit dem, was Sie sind,

mit dem, was Sie sagen und

durch die Art, wie Sie es sagen.

Was Sie sagen, ist somit nur ein Überzeugungsmittel unter vielen und nicht einmal das stärkste.

1. Glaubwürdigkeit:

Unser Hauptüberzeugungsmittel ist nach Aristoteles unsere „Gesinnung", unsere Glaubwürdigkeit. So können wir nur wirklich überzeugen, wenn wir von dem, was wir sagen, selbst überzeugt sind, wenigstens während unserer Rede. Und wenn wir Vertrauen in unsere Sache zeigen, sichtbar den Willen haben, auch andere davon zu überzeugen: „ ... und willst Du zu Tränen mich rühren, weine sie selber zuerst." (Horaz)

So taucht manchmal die Frage auf, ob denn alle Redner überhaupt glauben können, was sie da so erzählen? Kaum ein Redner lügt je bewußt.

Man muß etwas bloß oft genug erzählt haben, dann glaubt man es schließlich selbst. Nur so kann man einen inneren Zwiespalt vermeiden, die „kognitive Dissonanz". Da niemand diesen inneren Zwiespalt lange erträgt, wird man sich selbst so manipulieren, daß man mit sich, der gesellschaftlichen Gruppe, der man angehört, und der Welt, wie man sie sieht, in Einklang bleibt und sein „kognitiv-emotionales Gleichgewicht" erhält: Sagen heißt glauben.

Hüten Sie sich beim Reden vor der bewußten Lüge! Nichts nimmt Ihnen der Zuhörer so übel, wie wenn er sich auf den Arm genommen fühlt. Lügen können für Sie noch vernichtender sein als Langeweile. Ein Theologieprofessor in einer Vorlesung über Kasuistik:

„Nur dumme und phantasielose Menschen müssen lügen. Als ich einmal Brüsseler Spitzen für die Hochzeit meiner Schwester über die Grenze schmuggelte – ich hatte mir das Zeug unter dem Hemd um den Leib gewickelt –, fragte mich der Zöllner: Etwas zu verzollen, Herr Pfarrer? – Meine Antwort: Ja, Spitzen für die Braut. – Darauf der Zöllner: Hochwürden, Sie Schäker!" (Sie sehen, auch von Theologen kann man lernen.)

2. *Wecken von Gefühlen:*

In unsere Zeit übertragen raten Aristoteles und Cicero uns, nicht in den neuen Aberglauben der Sachlichkeit zu verfallen, der nur zu leicht in Langeweile und Teilnahmslosigkeit der Zuhörer umschlägt, ein Fehler, zu dem besonders Techniker neigen. Obwohl doch gerade sie wissen, daß man den „Tropfen Öl" nicht vergessen darf, der alles besser gleiten läßt.

Rhetorisches Reden zielt letztlich auf bewußtes Erregen von Handlungen, auf die Übertragung von Überzeugungen, von Glauben und Willen. Es zielt nicht auf die bloße Weitergabe von Informationen. Dabei sieht es den Hörer als ganzen Menschen, als leibseelische Ganzheit, die Gefühle empfindet wie Haß und Liebe, als sterbliches Geschöpf mit Stärken und Schwächen und nicht als reines Verstandeswesen, als „Kopffüßler". So genügt es für Sie nicht, sich Sprecher der „Tagesschau" zum Vorbild zu nehmen. Informieren ist zu wenig.

Haben Sie Mut, Gefühle zu zeigen. Haben Sie Mut zum emotionalen Appell. Er wirkt selbst in Fällen, in denen vernünftige, rationale Argumente versagen.

Die wohl häufigste Form des emotionalen Appells ist Furcht zu erregen: Todesstatistik und Geschwindigkeitsbegrenzung, Umweltverschmutzung und Krebsfurcht, Rauchen und Herzinfarkt ...

Doch dabei ist Vorsicht geboten, denn zum einen sind wir durch die vielen Furchtappelle schon ziemlich abgehärtet, zum anderen entwickeln wir in diesem Fall eine Abwehrhaltung, die um so stärker ist, je massiver uns der Einschüchterungsversuch erscheint.

Schwächere Appelle an die Furcht haben sich als wesentlich wirkungsvoller erwiesen als starke. Der massive Furchtappell wird nur dann angenommen, wenn er von einer für die Hörer wirklich glaubwürdigen Person ausgeht. Und wer ist das schon? Dann wird aber aus Furcht leicht Panik. Warum lachen wir nach besonders schaurigen Geschichten?

Deshalb versuchen Sie, stets positiv zu formulieren:

„Sage nicht:
    Der Lügner wird von Göttern und Menschen gehaßt.

Sondern stets:
    Wer die Wahrheit sagt, wird von Göttern und Menschen geliebt." (Sokrates)

3. Die Argumentation:

Bitte überbewerten Sie die Bedeutung der Argumentation nicht. Wer und was Sie sind, ist für den Erfolg Ihrer Rede oft wichtiger, als was Sie sagen. Die Art, wie Sie Ihren Rücken und Ihren Kopf halten, die Art, wie Sie Ihre Zuhörer anschauen, birgt unter Umständen mehr Überzeugungskraft als die schönste Argumentation.

Sie sind als ehrbarer, glaubwürdiger Mensch Ihr bestes Argument.

Dazu sagt Goethe im Faust:

„Sei er kein schellenlauter Tor;
es trägt Verstand und rechter Sinn
mit wenig Kunst sich selber vor."

In jedem Fall sollen die Zuhörer die Dinge mit Ihren Augen betrachten. Das wird schwierig, denn Mitteilungen werden unbewußt von den Hörern verfälscht, wenn sie von deren Meinung abweichen. Manchmal hören sie nur das, womit sie übereinstimmen und überhören das Abweichende. Oder sie hören nur das Abweichende und überhören das Übereinstimmende. Vielleicht regen Sie sich gerne auf, vielleicht ist der Redner ihnen unsympathisch.

Ich sage „ja" zum Du, damit das Du „ja" zu mir sagt.

Rede ist Dialog, ist Austausch: Wir nehmen den Willen der Zuhörer auf. Die Hörer bleiben verschlossen, wenn sie nicht den Eindruck haben, wir sagten etwas, was schon immer ihre Meinung gewesen sei. Argumentation, die erfolgreich sein will, argumentiert soweit nur irgend möglich vom Hörer aus.

Schließlich soll sich unser Willen auf die Zuhörer übertragen, was ja der Zweck unserer Rede ist.

Argumentiert man gegen die Meinung, die Verhaltensmuster, die Normen einer Gruppe, zu der Herr oder Frau Müller gehören, wird man bei ihm oder ihr nur eine sehr geringe Erfolgschance haben. Eher tritt der „Bumerang-Effekt" ein, daß nämlich hinterher gesagt wird: „Jetzt bin ich noch fester der Überzeugung, die ich vorher schon hatte." Denn jeder weicht aus Instinkt allem aus, was ihn in inneren Zwiespalt bringen könnte oder die Übereinstimmung mit seiner Umwelt stört. Deshalb argumentieren Sie möglichst mit Inhalten und Worten, die von Ihren Zuhörern bejaht werden.

Argumentationsziele

Viele Diskussionsteilnehmer geraten in Schwierigkeiten,

weil sie sich über das Ziel ihrer Argumentation unklar sind,

weil sie mehrere Ziele miteinander vermengen oder

weil sie ihre Kräfte auf mehrere Ziele zersplittern.

Auch eine Diskussion sollte unter einem und nur einem Zwecksatz stehen.

Grob gesehen gibt es für die Argumentation wenigstens vier mögliche Ziele:

1. Ich will die Hörer von meiner Sache überzeugen, ihnen etwas *anraten*.

2. Ich will die Hörer außerdem von der Unrichtigkeit der gegnerischen Sache überzeugen, ihnen etwas *abraten*.

3. Ich will meinen Gegner vor den Zuhörern *angreifen,* ihn auseinandernehmen, ihn bei den Hörern unmöglich machen.

4. Oder ich will gar meinen Gegner von meiner Sache *überzeugen,* ihn „bekehren".

1. Anraten:

Man wird hier den Hörern die Dinge wirksam schildern, dann daraus hergeleitet das erstrebenswerte Ziel zeigen, das Vorteile oder Abhilfe verspricht, und schließlich den nach Meinung des Redners besten Weg, der zu diesem Ziel führt.

Bei der positiven Argumentation folgt auf das „Ist" das „Soll" und daraus der „Weg".

2. Abraten:

Will man aber eine gegnerische Argumentation angreifen, wird zu zeigen sein, daß die Dinge ganz anders aussehen, als sie uns der Gegner einreden möchte, daß es weit bessere Ziele als die vorgetragenen gibt, daß der vom Gegner vorgeschlagene Weg zum Mißerfolg führt und schließlich, daß es zu den erstrebten Vorteilen, oder um Nachteile zu vermeiden, weit bessere Wege gibt.

Hüten Sie sich dabei vor Formulierungen wie „allein erfolgversprechend", „einzig erstrebenswert" und „es gibt keine anderen Maßnahmen". Durch solche Wendungen werden Sie Ihr Publikum zum Widerspruch herausfordern und es zu der Frage bringen, ob es nicht doch noch anders geht.

Überzeugen Sie lieber durch die Plastizität Ihrer Schilderungen, durch blutvolle Einzelheiten und die Glaubwürdigkeit Ihres Auftretens, durch Klarheit, Einfachheit, Bescheidenheit und Kraft.

Beim Angriff zeigt man nach dem „falschen Ist", dem falschen Zustand, das „richtige Ist", den richtigen Zustand, nach dem „falschen Soll", dem falschen Ziel, das „richtige Soll", das richtige Ziel, und nach dem „falschen Weg", den falschen Maßnahmen, den „richtigen Weg", die richtigen Maßnahmen.

(Richtiger Weg)

Unsere Aufgabe, die es heute noch zu erfüllen gilt,

hier und jetzt,

. . .

(Sie schlagen geeignete Maßnahmen vor, etwa eine Resolution oder das Bestehen auf einer festen Zusage des Bürgermeisters und der anwesenden Gemeinderäte.)

(Schlußsatz)

Meine sehr verehrten Damen und Herren,

da gibt's nur eins . . .

(der Aufruf zur Tat, der Appell)

Ich danke Ihnen!" (Brausender Beifall)

So ist es denn leichter, nur *für* etwas zu sprechen, als etwas Fremdes nicht nur anzugreifen, sondern auch noch positiv zuzudecken. Aber erst dann, wenn die Argumente des Gegners zugedeckt sind, war der Angriff wirklich erfolgreich.

3. *Der Angriff auf den Gegner selbst, der persönliche Angriff:*

Kann ich die Sache des Gegners nicht angreifen, greife ich den Gegner selbst an.

Ich bestreite seine Kompetenz, die Art seiner Argumentation, bezweifle seine Herkunft, seinen Lebenswandel, seine Freunde, ihn selbst.

Ich zeige, daß aus einer so kranken Wurzel sicher kein gesunder Baum erwächst und daß solch schmutzige Methoden auch das beste Ziel beflecken.

107

„Und kann man sich auch Achtung nicht erschleichen indem man and'rer Ehrenschild zerbeult, so kann man damit wenigstens erreichen, daß man den schlechten Ruf mit andren teilt." (Molière, in „Tartuffe")

Zwar erwirbt man sich so keine Freunde, doch bestimmt „treue Feinde". Wenden Sie deshalb diese Technik nur in *wirklichen Notsituationen* an.

4. Versuch, den Gegner zu überzeugen:

Einen Gegner kann man mit Worten oder auch Fäusten verhauen, aber überzeugen wird man ihn nicht. Überzeugen können Sie ihn nur, wenn es Ihnen gelingt, aus dem Gegner einen Partner zu machen, und sei es auf Teilgebieten.

Die wesentlichste Bedingung dafür ist, daß zwischen Ihnen keine Aggressionen bestehen oder daß bestehende Aggressionen rasch abgebaut werden.

Greifen Sie deshalb Ihren jetzigen Gegner und zukünftigen Partner nicht direkt an, vermeiden Sie es, ihn zum Widerspruch zu reizen. Sie werden ihm also nicht zeigen, daß sein Standpunkt, seine Beurteilung der Gegebenheiten, sein Weg und sein Ziel falsch sind, sondern Sie schildern nur den Ihrer Meinung nach richtigen Standpunkt, die richtige Beurteilung, das richtige Ziel und den richtigen Weg besonders deutlich. Bauen Sie Ihre Argumentation so auf, daß Sie den gegnerischen Standpunkt nur indirekt angreifen.

Hierzu als Beispiel eine Argumentation im Familienkreis über das richtige Urlaubsziel:

Sie wissen, daß Ihr Lebenspartner gern mit Ihnen in ein südliches Land reisen möchte. Sie aber wollen mit ihm nach Skandinavien fahren. Bitte machen Sie nun das Reiseziel Ihres Partners nicht schlecht, sondern loben Sie alle Dinge an Skandinavien, von denen Sie wissen, daß man sich darüber in südlichen Ländern besonders ärgert. In

Dänemark muß man keine Angst haben, daß die Koffer gestohlen werden, während man sich mal eben umdreht; daß man, wenn man vom Mittagessen kommt, das geparkte Auto ausgeräumt vorfindet oder daß ungewohnte Küche die Verdauung ruiniert. Bei dem ruhigen Temperament und der Gesetzestreue der Skandinavier macht das Autofahren wieder Spaß. Die Rücksichtnahme und die Stille dort führen zu wirklicher Erholung. Keine Umweltverschmutzung, keine sich verrechnenden und feilschenden Kellner oder Kaufleute ...

Fragen Sie sich stets: „Wo bestehen zwischen uns Gemeinsamkeiten? Vergebe ich mir etwas, wenn ich meinen Standpunkt zugunsten des bisherigen Gegners aufgebe? Vergibt sich der Gegner etwas, wenn er meinen Standpunkt einnimmt?"

Welche Nachteile oder Vorteile könnte sich so der eine oder der andere einhandeln?

Oft bringt es schon eine Menge, wenn man sich gemeinsam darüber einig ist, worin man sich noch uneinig ist.

Machen Sie aus dem Gegner einen Partner, indem Sie einen gemeinsamen Feind finden: Ein beliebter Trick im Verkauf ist, daß man einen „gemeinsamen Feind" mitbringt, etwa den jungen Mann aus der Konstruktion, der einem den ganzen Mist hier eingebrockt hat.

Zur Partnerschaft kann schon die Sitzordnung verhelfen: „Bitte erlauben Sie, daß ich mich neben Sie setze. Sie haben dann besseren Einblick in meine Unterlagen."

Machen Sie aus dem Gegner einen Partner, dann ist er fast gewonnen. Natürlich gehen Sie dabei das Risiko ein, Ihrerseits gewonnen zu werden, aber ist das so schlimm?

Die geradlinige, einseitige Argumentation

Klarheit geht vor Schönheit, denn Klarheit ist immer auch schön.

Eine geradlinige Argumentation ohne Wenn und Aber ist wesentlich eingängiger als eine umständliche, differenzierende Argumentation, die Einwände und Gegengründe berücksichtigt.

Die geradlinige Argumentation hat vor allem den Vorteil, daß Zuhörer wichtige Argumente nicht überhören oder ganz falsch verstehen. Haben Sie den Mut zur Einseitigkeit, zur Parteilichkeit für Ihre Sache.

Die geradlinige Argumentation behandelt ihr Thema einfach, schlicht, naiv und überzeugt. Sie schreitet geradlinig auf ihr Ziel zu, als ob es dagegen keine Einwände und keine Hindernisse gäbe, ohne Zweifel und selbstsicher, wenn Sie so wollen, nach der Art eines einfachen, gutwilligen Menschen, der das glaubt, was er sagt.

So ist die geradlinige Argumentation in der Folge einseitig und parteilich. Nicht zynisch parteilich, sondern naiv parteilich. Ein wesentlicher Unterschied, den Sie bitte beachten sollten, denn eine zynisch parteiliche Argumentation weckt bei den Zuhörern Argwohn, Widerspruch und Unwillen. Die naiv parteiliche Argumentation aber zeugt Glauben, ist eingängig, ohne Mühen verständlich und leicht gedanklich nachzuvollziehen.

Hüten Sie sich davor, zu gescheit sein zu wollen. Je einfacher Sie sprechen, desto leichter wird man Sie verstehen.

Sprechen Sie so, daß man Sie verstehen muß. Wenn man Sie nicht versteht, sind immer Sie schuld, niemals Ihre Zuhörer.

So werden Sie entweder nur die Vorteile oder nur die Nachteile in geeigneter Form darlegen; Sie reden also nur über „eine Seite der Medaille", eingebettet in den Rahmen der „Normalgliederung" (s. S. 185 ff.). Bei einer geradlinigen Argumentation sind Sie somit klar „dafür" oder „dagegen".

Bauformen geradliniger Argumentation

Der Zwecksatz:

Sicher sind Ihnen schon Leute auf die Nerven gegangen, die endlos und weitschweifig geredet haben, ohne daß Sie erkennen konnten, was der Redner wollte. Eine formlose Schlammflut von Worten wälzte sich auf Sie herab, und Sie verloren völlig den Überblick. Sie hörten am Ende überhaupt nicht mehr zu, sahen hie und da auf die Uhr, dösten vor sich hin oder schauten manchmal zum Podium, ob denn der Kerl immer noch redet. Vielleicht waren Sie sogar selbst der Kerl, hatten selbst völlig den Überblick verloren und ertranken in Ihrem eigenen Wortbrei. Am Ende waren Sie froh, überhaupt den Schluß zu finden. Und der Beifall dankte Ihnen dafür, daß Sie schließlich aufhörten. Der eigentliche Zweck Ihrer Rede wurde völlig verfehlt, Sie fühlten sich todunglücklich und schworen sich, nie mehr eine Rede zu halten (bestimmt aber nicht vor dem nächsten Mal).

Woran lag das?

Es lag daran, daß Sie während des Redens den Zweck Ihrer Rede aus den Augen verloren hatten. Dieser Zweck, Ihr rednerisches Wollen, läßt sich in einem Satz ausdrükken, dem *Zwecksatz.*

Bitte scheuen Sie nicht die Mühe, bevor Sie den Mund öffnen, Ihren Zwecksatz schriftlich zu fixieren.

Der Bauplan Ihrer Rede folgt aus dem Zwecksatz, ordnet sich ihm unter. Ein klarer Plan erleichtert Ihnen und den Zuhörern den Überblick. Er erleichtert Ihnen das Reden und den Hörern das Hören.

Die schriftliche Fixierung Ihres Zwecksatzes erspart Ihnen und den Hörern unter Umständen eine lange Rede. Erst denken, dann reden! Das heißt nicht, daß Sie Ihren Beitrag schon vorher schriftlich ausformulieren sollten, sondern nur, daß Sie sich Ziel und Zweck vorher überlegen.

So ist denn die einfachste Form für Ihren Wortbeitrag der *Ein-Satz-Beitrag:*

Sie schreiben sich Ihren Zwecksatz auf, dann sagen Sie laut, was Sie zuvor schriftlich formulierten:

„Wir sind dagegen!" Oder:

„Wir sind dafür!"

Warum zuvor schriftlich?

Weil es dann mündlich kürzer wird.

So kurz wie möglich, und so lang wie nötig.

Was gestrichen ist, kann nicht durchfallen.

Hätten Sie dagegen erst mit dem Denken angefangen, als Sie den Mund öffneten, wäre unter Umständen wieder eine jener Reden entstanden, bei denen am Ende weder Sie noch die Zuhörer wissen, was Sie wollten.

Begründung – Zielsatz (Statement):

Nur ein Satz ist Ihnen vielleicht zu kurz. Und Sie vermissen für Ihre Aussage die Begründung. So ist denn die zweiteinfachste Form das Statement, die Stellungnahme:

Sie schreiben sich Ihren Zwecksatz auf, gehen zum Pult, nehmen dort Haltung an, fassen die Zuhörer ins Auge, schauen hie und da auf Ihren Zwecksatz und versuchen, ihm mit Worten „entgegenzuschwimmen". Jetzt ist aus dem Zwecksatz ein Zielsatz geworden.

Gut ist es, aber nicht notwendig, wenn Ihre Worte zu Beginn eine Begründung sind, die zwingend zum Zielsatz hinführt. In jedem Fall sollte der Zielsatz auch der Schlußsatz sein.

Kleckern Sie nicht nach!

Unsere Zuhörer behalten vor allem die letzten Worte unseres Beitrages im Ohr. So dient immer, wenigstens wenn sie wirksam sein soll, die ganze vorausgehende Rede nur als Vorbereitung für den Schlußsatz, der meist mit dem Zwecksatz identisch ist. Ja, die gesamte Rede ist nichts anderes als eine Folge von Hammerschlägen, mit denen wir den Nagel Zwecksatz in die Köpfe unserer Zuhörer treiben.

Nehmen Sie die schriftliche Fixierung des Ziel- und Zwecksatzes ernst. Als Schlußsatz ist er Ihr Fallschirm, mit dem Sie Ihre Rede zu jedem notwendigen Zeitpunkt sicher beenden, an dem Sie jederzeit wieder überlegen zur Erde schweben können.

Sie beginnen bei der Planung Ihres Beitrages also nicht mit dem Anfang, sondern überlegen sich zuerst, wie Sie aufhören.

Wenn Sie Ihr Ziel kennen, ergibt sich das Weitere oft von selbst.

Die Kurzgliederung: Ohrenöffner – Begründung – Zielsatz:

Vielleicht suchen Sie etwas, das Ihr Publikum dazu bringt, Ihnen Gehör zu schenken. Denn ohne Aufmerksamkeit wird man Ihren Schlußsatz nie hören, selbst wenn Sie ihn mit Posaunenschall von sich geben. Wenn unsere Zuhörer vor uns die Ohren verschließen, sind alle unsere Worte verlorene Mühe. Deshalb müssen wir zu Beginn ihre Ohren öffnen. Vergessen Sie nie den Ohrenöffner, die wirksame Einleitung. Oft genügt ein überzeugter positiver Satz, ein kräftiger Ausruf:

„Natürlich haben wir das Geld!" Oder:

„Natürlich wissen wir die Antwort!" Oder:

„Jawohl, wir haben die Lösung (... die richtigen Männer)!" Oder:

„Wir, ja wir liefern billiger!" ...

Dieser Satz soll Ihnen die Aufmerksamkeit verschaffen, die Augen des Publikums auf Sie lenken.

Formulieren Sie bewußt positiv, sonst gelten Sie bald als Störenfried. Bei positiver Formulierung verzeiht man Ihnen sogar Zwischenrufe.

Versuchen Sie, das Wohlwollen Ihrer Zuhörer zu erringen. Allein die Angabe Ihres Themas ist zu wenig. Wer hört nicht gern einen Witz, eine Geschichte, eine Schmeichelei.

Machen Sie die Leute neugierig:

„Sie werden in den nächsten Minuten etwas hören, das nur wenigen hier bekannt sein dürfte, das aber ..."

Schaffen Sie zu Beginn eine gemeinsame Basis:

„Wir alle, die wir hier ... haben uns schon ..."

„Sie sind doch mit mir der Meinung, daß ..."

„Wir alle sollten uns dafür einsetzen, daß ..."

Oder auch: „Selbst wenn Ihnen vieles an meinen Ausführungen nicht gefallen wird, warten Sie bitte, bis ..., ich bin sicher, daß dann auch ..."

Pater Leppich S. J. begann einmal eine Predigt (ausgestreckter Zeigefinger von der Kanzel hinunter zum Kirchenvolk):

„Ihr seid alle Mörder!" – In der Kirche wurde es so still, daß man eine Nadel hätte fallen hören. – Hinterher beschwerten sich viele beim Bischof, doch sie hatten die Predigt bestimmt nicht verschlafen. Ein solcher Paukenschlag zu Beginn ist sicher nur einem Pater Leppich erlaubt. *Sie* sollten freundlich anfangen.

Wenn Sie nun in der Lage sind, das Mittelstück aus Ihrer sicheren Stoffbeherrschung und einem Zwiegespräch mit den Hörern entstehen zu lassen, wenn Sie also ein sicherer „Schwimmer" sind, besitzen Sie die Kurzgliederung, das Grundgerüst jeder freien Rede:

1. *Ohrenöffner*
   – Einleitung –

2. *Schwimmen*
   – Mittelstück – Zwiegespräch – Begründung –

3. *Schlußsatz*
   – Zielsatz – Zwecksatz – Fallschirm – Folgerung –

Hier geht die Begründung grundsätzlich der Folgerung voraus, da unsere Hörer meist bereit sind, die Begründung zu hören, selbst wenn sie bei der Folgerung außer sich geraten würden. Geht also die Begründung voraus, werden sie unseren Folgerungen viel geneigter sein.

Ohrenöffner – Sachgrund – Gefühlsgrund – Schlußsatz
Oder: Das Gesetz der Steigerung:

Die lockere Anordnung der Argumente im Mittelstück, in der Schwimmphase, befriedigt Sie nicht ganz? Dann denken Sie bitte daran, daß wir vom Menschen als einem Wesen voller Gefühle sprachen, das sich selbst für nüchtern und sachlich hält.

So geht unser Weg denn über das Ohr zum Verstand und von dort zum Herzen. Der Verstand ist nämlich wankelmütig und folgt meist dem zuletzt gehörten Argument. Deshalb dürfen wir nicht damit zufrieden sein, nur Verstandesgründe zu bringen; solange wir nicht die Herzen gewonnen haben, haben wir gar nichts gewonnen.

Wir werden also im Mittelstück das Gesetz der Steigerung beachten, erst durch sachliche Gründe zum Verstand und dann durch Gefühlsgründe zum Herzen sprechen, erst die Sachgründe und dann die Gefühlsgründe anführen.

Die Normalgliederung:

Angenommen, Ihr Ohrenöffner, Ihre Einleitung gehört nicht zum Thema Ihres Beitrags, dann brauchen Sie noch eine Überleitung, die zum Mittelstück führt.

Jetzt sind die Argumente im Mittelstück in ihrer Vielzahl unübersichtlich geworden, also empfiehlt es sich, sie in einer Zusammenfassung kurz zu wiederholen, so ihre Wirkung zu steigern und den Hörer zwingend zum Schlußsatz hinzuführen.

Bitte schenken Sie sich die Wiederholung, die Schlußzusammenfassung nicht, Sie würden sonst auf ein Drittel Ihrer Wirkung verzichten. Sokrates hielt die Wiederholung, die Schlußzusammenfassung, für den wichtigsten Teil der Rede überhaupt.

Somit wäre dann die *Normalgliederung* für einen Beitrag, für eine Rede, komplett:

Einleitung:

1. Ohrenöffner – Gewinnen der Aufmerksamkeit und des Wohlwollens

2. Wenn nötig: Überleitung

Mittelstück (Schwimmphase):

1. Sachgrund – zum Verstand

2. Gefühlsgrund – zum Herzen (der „Tropfen Öl", der auch komplizierte Getriebe zum runden Lauf bringt)

Schluß:

1. Zusammenfassung – kurz und klar

2. Schlußsatz – ein Aufruf, ein Appell

    – Mut zum Schluß!!! Nicht nachkleckern!!!

> Die Normalgliederung sieht also wie folgt aus:
> 1. Ohrenöffner
> 2. Sachgrund
> 3. Gefühlsgrund
> 4. Zusammenfassung
> 5. Schlußsatz

Die differenzierende, zwei- und mehrseitige Argumentation

Die differenzierende, zwei- und mehrseitige Argumentation versucht möglichst vielseitig, umfassend und objektiv zu sein. Sie geht auf Hindernisse ein und berücksichtigt Einwände und abweichende Meinungen. Sie gerät so in Gefahr, die Zuhörer zu verunsichern, zu verwirren und sie über der Vielzahl verschiedenster Argumente den Faden der Argumentation verlieren zu lassen.

Sie leistet oft die Arbeit des Gegners, weil sie dessen Argumente bei einer Zurückweisung zwangsläufig wiederholt und so erst richtig in die Köpfe der Hörer einprägt.

Die erstrebte Objektivität wird in jedem Fall nur eine Scheinobjektivität sein unter dem Aspekt der Fehlbarkeit des Menschen, der Beschränktheit auch der umfassendsten Information und der Befangenheit in vorgegebenen Strukturen auch des geschultesten Bewußtseins. Das Bemühen um Objektivität steht einem Wissenschaftler und Wahrheitssucher wohl an. Doch ist das Rednerpult, wo es gilt, die Ergebnisse dieser Wahrheitssuche zu vertreten, zu verteidigen und auf die Zuhörer zu übertragen, kaum der geeignete Ort dafür. Sie geraten dabei leicht in den Ruf, ein flauer Schwätzer zu sein, der nicht weiß, was er will. Sie werden Ihre Zuhörer damit nur schwerlich überzeugen, sondern sie erst auf Einwände und Gegengründe bringen, die sie ohne Ihre differenzierende Argumentation nie gefunden oder längst wieder vergessen hätten. Seien Sie deshalb damit vorsichtig!

Um es in der Sprache der Philosophie zu sagen: Die Wahrheit zu besitzen, ist uns nicht gegeben, höchstens eine die Gewißheit streifende Wahrscheinlichkeit.

Wir sind also auch im besten Fall nur Gläubige.

Eine differenzierende, zwei- und mehrseitige Sowohl-als-auch-Darstellung kann aber trotz des bisher Gesagten gegenüber der geradlinigen, einseitigen Darstellung auch Vorteile haben:

So kommt es im Stab einer leitenden Führungskraft bei der Entscheidungsvorbereitung oder in einem kreativen Team nicht darauf an, Recht zu haben, sondern die Wirklichkeit möglichst genau in den Griff zu bekommen und möglichst sichere Fundamente für die Arbeit der Zukunft zu gewinnen. Hier zählen nur Ehrlichkeit, Weite, Tiefe und Präzision.

Denn die Konkurrenz, Ihre Gegner und der Rest der Menschheit geben Ihnen nichts für „Jubelchöre", „Ja-Sagerei" und „nettes soziales Geräusch". Hier dürfen Sie nicht nur, hier müssen Sie sogar mehrseitig argumentieren und sich bemühen, objektiv-kritisch vor allem gegen Ihren eigenen Standpunkt zu sein. Wenn Sie hier nicht laut ins Unreine denken können, wenn Sie hier operieren müssen wie ein Kriegsschiff in der Seeschlacht, und wenn Sie aneinander herumschleichen wie sich belauernde Katzen, werden Sie und Ihr Team wohl kaum zu solider Arbeit fähig sein.

Weiter werden durch eine differenzierende Argumentation die Hörer – in Grenzen – gegen spätere Einwände immunisiert, besonders wenn die positiven Hauptargumente ihren eigenen Strebungen entsprechen. Wobei man gar nicht alle möglichen späteren Einwände widerlegen muß, um diese Resistenz zu erreichen.

Es genügt, beim Hörer den Eindruck zu schaffen, auftauchende Gegenargumente könnten mühelos widerlegt werden. Selbstverständlich entsteht die beste Immunisierung aus einer gründlichen Diskussion aller möglichen Einwände, die gleichzeitig den Teilnehmern ein Bezugssystem liefert, in das sie irgendwelche Gegenargumente leicht einordnen können, um sie so zu neutralisieren. Das verlangt sehr viel Zeit, nicht nur Stunden, sondern Tage, Wochen.

Dies von einem Abend oder gar nur einem Referat zu erwarten, wäre ein Grundfehler, der zu Folgendem führt:

Aus Angst, nur keinen möglichen gegnerischen Einwand zu übersehen, packt der Referent oder Diskussionsredner den Beitrag so voller Gegenargumente, daß für die eigentlichen, bejahenden Argumente kaum mehr Platz bleibt, und die Hörer sich verwundert fragen: „Ist er nun dafür oder dagegen?" Wenn man schon Gegenargumente bringen will, empfiehlt es sich, den Hörer zunächst für seine Sache zu gewinnen, und erst wenn er gewonnen ist, voll Verwunderung zu sagen: „Trotz alledem gibt es immer noch Leute, die ... (dagegen sind!)"

Das Erstaunen und die Entrüstung Ihrer Zuhörer über soviel Unverstand bei Ihren Gegnern wird dann sicher nicht ausbleiben.

Die Wirkung einer differenzierenden Argumentation ist nicht zuletzt auch an die Zusammensetzung Ihrer Zuhörerschaft gebunden:

— Personen, die gegen die Meinung sind, die Sie vertreten, werden mehr und leichter beeinflußt oder einer Beeinflussung überhaupt erst zugänglich, wenn Sie zweiseitig argumentieren.

— Personen mit großer Differenzierungsfähigkeit verlangen ebenfalls nach einer differenzierenden Argumentation. Sie werden ungnädig, wenn sie den Eindruck

119

haben, man halte sie für dumm. Hier muß Ihnen gegebenenfalls eine Fülle von Fachausdrücken, Zitaten und Zahlen helfen.

Wenn man Sie nicht versteht, sind immer Sie selbst schuld. Aber muß man Sie denn immer verstehen?

Ein Professor empfahl einmal als Rezept für eine Antrittsvorlesung: „Ein Drittel sollten alle verstehen, ein Drittel die Eingeweihten und das letzte Drittel nur Sie allein. Unsere Gebildeten halten nämlich alles, was sie auf Anhieb verstehen, für banal." – Ein dunkles Wasser ist manchmal wirklich tief, manchmal ist es auch nur trübe.

Eine differenzierende Argumentation ist also nur in vier Fällen angebracht:

1. bei interner Teamarbeit

2. vor einem Publikum, das wirklich gegen Einwände immunisiert werden muß

3. vor einem ablehnenden Publikum

4. vor einem „gebildeten" Publikum (oft scheint es nur gebildet oder hält sich dafür)

Bauformen differenzierender Argumentationen:

Bei einer Pro- und Contra-Darstellung gibt es verschiedene Möglichkeiten:

① Einleitung ② pro- ③ contra ④ Der Kompromiß ⑤ Schlußsatz	*Der Kompromiß:* Vorsicht vor dem goldenen Mittelweg der „We-Ki-Mis", der „Weltkinder in der Mitten". Das ist meist keine differenzierende Argumentation, sondern schlicht „Bla-Bla", bei dem die Zuhörer nie genau wissen, was Sie eigentlich wollen.
① Einleitung ② Ja- ③ aber- Argumente ④ für das Aber ⑤ Schlußsatz	*Die „Ja-aber-Figur":* Der andere Standpunkt wird erwähnt („Hier kann man durchaus zustimmen, denn . . ., aber . . ."), dann aber möglichst schnell disqualifiziert und durch eigene Argumente überdeckt.
① Einleitung mit Prolepsis ② Ohrenöffner ③ pro: Sachgrund ④ Refutatio ⑤ pro: Gefühlsgrund ⑥ pro: Zusammenfassung und ⑦ pro: Schlußsatz	*Prolepsis (Vorwegnahme)* *und Refutatio (Zurückweisung):* Wenn Sie unbedingt auf gegnerische Argumente eingehen wollen, gibt es in der Normalgliederung dafür zwei erprobte Orte, einmal ganz zu Anfang, gleich nach der Anrede und der Zielangabe, damit ein Publikum, das vorwiegend aus Ihren Gegnern besteht, wenigstens bereit ist, den Ohrenöffner zu hören, und zum zweiten nach dem Sachgrund, wenn Sie Ihre Zuhörer für gefestigt genug halten, auch ein gegnerisches Argument zu bestehen, und wenn Sie sicher sind, alle negativen Wirkungen gleich mit dem Gefühlsgrund neutralisieren und überdecken zu können.
① Einleitung weder – noch ② pro- ③ contra sondern ④ neuer Vorschlag ⑤ Schlußsatz	*Die „Weder-noch-Figur":* Der ältere Moltke zu jungen Offizieren: „Meine Herren, wenn Sie hier zwei Möglichkeiten sehen, wähle ich grundsätzlich die dritte."

Anmerkung: Vgl. hierzu die Untersuchungen einschließlich weiterer Vorschläge von Geißner, H.: Rhetorik, München 1973, S. 121–130.

Rednerische Beweise

Bitte verwechseln Sie hier den Begriff „Beweis" nicht mit dem Beweis im naturwissenschaftlichen oder im juristischen Sinne. Der rednerische Beweis ist nur der Versuch einer Erhärtung des eigenen oder einer Aufweichung des gegnerischen Standpunktes.

Die Verfasser möchten an dieser Stelle Möglichkeiten aufzeigen, das Thema antippen und das Denken der Leser anstoßen.

Wollte man das Thema wirklich gründlich und umfassend behandeln, würde der Rahmen dieses Buches bei weitem gesprengt werden. Es wird Aufgabe weiterer Arbeiten sein, darauf näher einzugehen und so etwa in den Wahrheitsbegriff, in die Gebiete der Dialektik, der Logik, der Verhandlungstechnik und der Verhandlungsleitung einzuführen.

Logische Schlußfolgerungen:

Der logische Kettenschluß ist ein sehr überzeugendes und ein sehr häufiges Beweisverfahren.

Formal sieht das so aus:

A = B; B = C; C = A; Oder:

A = B; B $\neq$ C; A $\neq$ C

Gesprochen:

A = B:

Alle Menschen sind sterblich.

B = C:

Sokrates ist ein Mensch.

A = C:

Also ist Sokrates sterblich.

Auch:

A = B:

Man sollte sich mit der politischen Realität auseinandersetzen.

B = C:

Radikale gehören zur politischen Realität.

A = C:

Also sollte man mit Radikalen diskutieren.

Verneinend:

A = B:

Ein Neger ist schwarz.

B ≠ C:

Karl ist nicht schwarz.

A ≠ C:

Also ist Karl kein Neger.

Beispiel und/oder Zeuge als Beweis:

Hierzu sagte schon Aristoteles: „Ein guter Zeuge und/ oder ein gutes Beispiel sind besser als zehn halbgare."

Eines ist in diesem Fall mehr als zwei.

Hat man aber das eine nicht, müssen die zehn herhalten.

Der Autoritätsbeweis:

Sie zitieren nach dem Motto: „Wollen Sie der Bibel, Herrn Professor Dr. Dr. Meyer, dem Vorsitzenden unseres Aufsichtsrates oder dem Handbuch der Chemie widersprechen? . . . sagen, daß sie lügen?!?"

Bitte beachten Sie, daß ein Name oder eine Quelle in einem bestimmten Kreis durchaus als Autorität gelten kann, in einem anderen aber als das genaue Gegenteil davon.

123

Der gesunde Menschenverstand und/oder die Zustimmung aller:

„Es weiß doch jeder, daß . . .“

Hierzu eignen sich besonders Sprüche, Sprichwörter und Lebensregeln: „Allen Leuten recht getan . . .“

„Viele Köche . . .“

Ironisch: „Aas muß gut sein. Zehn Milliarden Fliegen können sich nicht irren.“

Der Augenschein:

„Alle Erkenntnis beginnt in den Sinnen.“ (Theophrast)

Eine alte Vertreter- und Lehrerregel lautet: „Erst zeigen, dann sagen. Erst die Sache, dann das Wort.“

Objektiv belegbare Tatsachen
(durch Zahlen, Experimente, Statistik):

Mit die beliebtesten Beweismittel sind Tatsachen.

Seien Sie vorsichtig mit Experimenten, da diese der Manipulation und der Interpretation zugänglich sind. Wenn Sie Statistiken haben, sollten Sie daran denken, daß das Wort Lüge unter Kennern folgendermaßen gesteigert wird: „Die einfache Lüge, der Meineid, die Statistik.“

Sie sehen, daß folgender vielbenutzter Satz nicht unbedingt richtig ist: „Die Tatsachen sprechen für sich.“ Tatsachen, Zahlen, Statistiken . . . beweisen an sich gar nichts oder nicht sehr viel. Man kann mit ihnen aber vieles, ja sogar Sich-Widersprechendes beweisen.

Anwendungsbeispiele im Alltag

Am Telefon:

Sie gerieten soeben in Panik: – Du meine Güte, ich muß ja noch Meyer & Sohn anrufen!!! – Sie heben den Hörer ab, Sie wählen, der andere meldet sich. Vielleicht fällt Ihnen gleich ein, was Sie wollten. Wenn nicht, werden Sie eine Weile „Gulasch" produzieren und sich und dem anderen die Zeit stehlen, bis Sie den Zweck Ihres Anrufes endlich klar formulieren können.

Ist der andere ein wichtiger Mensch, der es sich leisten kann, hat er Ihnen inzwischen das Wort abgeschnitten: „Ich bin in schrecklicher Eile, bitte rufen Sie mich wieder an." (Oder: „Machen Sie einen Bericht draus und legen Sie ihn mir vor.")

Läßt er Sie aber weitersprechen, werden Sie Ihr Anliegen rasch heraussprudeln, um ja nichts zu vergessen. Nun ist es gesagt. Da fällt Ihnen noch etwas ein, und so wird nach und nach Ihr Anliegen von Bedeutungslosem zugedeckt. Am Ende hat der andere viel von Ihnen gehört, aber ob er noch den eigentlichen Grund Ihres Anrufes weiß, ist fraglich.

Haben Sie sich dagegen Ihren Zweck-, Ziel- und Schlußsatz vorher notiert, werden Sie erstaunt sein, wie leicht Sie zum Ziel kommen und mit dem Spickzettel neben dem Telefon stets Herr der Situation bleiben. Übrigens wird Ihre Telefonrechnung geringer werden, da Sie Ihr Anliegen jetzt schneller herausbringen und so weniger Zeit vertelefonieren.

Wollen Sie ein Übriges tun, legen Sie sich zum Zielsatz noch einen Marschplan zurecht mit 1. Ohrenöffner, 2. Sachgrund, 3. Gefühlsgrund, 4. Zusammenfassung und 5. Schlußsatz. Der andere ist vielleicht Ihr Vorgesetzter und liebt es, Sie durch Bemerkungen zu verunsichern („Machen Sie's kurz!"). Es schadet nicht, wenn Sie wenigstens 1. Ohrenöffner, 2. Mittelstück als Schwimmphase und 3. den Schluß- und Zwecksatz vorgeplant haben.

125

Beim Verkaufsgespräch:

Auch hier gilt die Normalgliederung.

Sie müssen Ihr Gegenüber dazu bringen zuzuhören. Und Sie müssen ein Ziel haben. Also:

1. Fangsatz – Ohrenöffner

2. Schwimmphase – Mittelstück

3. Zielsatz – Schluß- und Zwecksatz

Im Gespräch:

Haben Sie viel Zeit, werden Sie die Normalgliederung einplanen, im Normalfall aber, bei einem ungnädigen Gesprächspartner, und wenn Sie unter Zeitdruck stehen, wenigstens Ihren Zielsatz. Ein Spickzettel mit den nötigen Stichworten, oft genügen wenige Kürzel (etwa 5 %), gibt Ihnen Sicherheit und nimmt Ihnen die Angst, den Faden zu verlieren.

Auch die gestrengste Führungskraft wird auf folgenden Ohrenöffner hereinfallen: „Bitte eine Minute, Herr Dr. UV. Sie machten neulich eine Anregung (eine Bemerkung)." – Er ist ausnahmsweise selber verunsichert und denkt, was hab' ich bloß gesagt?!? Er hört deshalb wirklich zu. – „Herr Dr. UV., das wäre bei dem folgenden Problem vielleicht die Lösung . . ." – Und schon haben Sie ihn beim Sachgrund. – Noch ein kleiner Verweis auf die Zukunft („Prinzip Hoffnung"), und Sie haben ihn beim Gefühlsgrund. – „Herr Dr. UV., wir müssen also . . ." – Und Sie wären bei der Zusammenfassung und dem Schlußsatz.

Bitte rechnen Sie damit, daß Ihr Vorgesetzter das vorliegende Buch auch liest. Seien Sie deshalb kreativ, lassen Sie sich etwas einfallen. Planung ist der halbe Erfolg.

In einer größeren Runde (Konferenz, Komitee, Bürgerforum, Elternbeirat, politische Versammlung):

Sie haben sich eine Menge vorgenommen, was Sie alles sagen wollen. Nun ist der wichtige Tag da. Sie sitzen in einem großen Saal zwischen anderen, die auch gekommen sind, um sich „auszukröpfen". Alle sind mit ihren Problemen angefüllt, an ihren Problemen interessiert und möchten ihre Probleme aussprechen. Anderer Leute Probleme anzuhören, solange sie nicht mit den eigenen identisch sind, empfindet man als Zumutung. Sie sitzen da, hören einen Redner nach dem anderen auf die anderen schimpfen und sich selbst loben. Sie ärgern sich, weil keiner Sie lobt, weil die anderen Sie mit ihren Problemen behelligen und zum dritten, weil Sie immer noch nicht an der Reihe sind. Der Druck in Ihrem Inneren steigt. Sie haben mal etwas von „freier Rede" gehört, sind auf Ihr Gedächtnis stolz und beten Ihren schönsten Satz, mit dem Sie Ihr Weh der Welt verkünden wollen, dauernd vor sich hin.

Endlich ruft der Vorsitzende Sie auf. Sie stehen hinter dem Rednerpult. Vor Ihnen sitzt die Volksmenge. Wenn Sie Glück haben, kein zu großes Lampenfieber und wirklich ein so gutes Gedächtnis, wie Sie bisher annahmen, fällt Ihnen jetzt sogar ein, was Sie sagen wollten. Und eruptiv geben Sie es von sich. Nun entdecken Sie, daß man Sie weder mit Beifall überschüttet, noch steinigt; man schaut Sie duldend erwartungsvoll an, und der Vorsitzende nickt aufmunternd mit dem Kopf. Sie äußern also das, was Sie am zweitstärksten bedrängt: „Der Herr dort mit der bunten Krawatte sagte vorhin ... Da muß man aber ..." Und so bekommt dann, je nachdem, wie weit die Geduld des Publikums und des Vorsitzenden reicht, in der Reihenfolge der abnehmenden Wichtigkeit jeder sein Fett weg. Am Ende fällt Ihnen nichts mehr ein. Sie stehen da, ratlos; in Ihrem Kopf tritt eine Art Lähmung ein, und Sie sagen halblaut, aber doch vernehmlich, daß Ihnen nun nichts mehr einfalle.

Da die Zuhörer besonders Ihre letzten Worte im Ohr behalten, sind Sie von nun an der Mann, dem nichts mehr einfällt. Selbst wenn dem nicht so ist und Sie vorher zu den verschiedensten Punkten wirklich eindrucksvolle Argumente brachten, wird Ihre Wirkung doch nicht wesentlich anders sein, denn je besser vorher im einzelnen Ihre Argumente waren, desto eher werden sie sich nachher im Gesamteindruck der Zuhörer gegenseitig erschlagen oder erwürgen, wie die Hühner der Witwe Bolte bei Wilhelm Busch in „Max und Moritz".

Deshalb formulieren Sie *vorher* Ihren Schluß- und Zwecksatz, ordnen dann Ihre Argumente vom schwächeren zum stärkeren zu einer Folge, die zwingend zu Ihrem Schlußsatz hinführt und heben sich alle Argumente, die nicht in diese Folge passen, für eine spätere Wortmeldung auf.

Eine empfehlenswerte Alternative ist folgende Anordnung:

① sei das schwächste und ⑤ das stärkste Argument. Dann werden Sie mit ④ beginnen, dem zweitstärksten, um die Zuhörer aufzurütteln, dann wegen des Kontrasts und auch wegen des Gesetzes der Steigerung ①, das schwächste folgen lassen, dann schließlich ② ③ und ⑤ als das stärkste und als Abschluß, kurz: ④ ① ② ③ ⑤.

Diese Form der Argumentation ist auch bei Verhandlungen unter Kaufleuten gebräuchlich, bei denen man seine besten Argumente für die letzte Viertelstunde vor der Unterschrift aufhebt.

Juristen dagegen verfahren genau umgekehrt: Sie bringen ihre besten Argumente zu Beginn, da man bei dieser Art des Vorgehens, zumindest in der juristischen Sphäre, sich oft alle weiteren Mühen erspart und die Angelegenheit häufig schon nach den ersten Sätzen entschieden ist.

Sollten Sie nun zu Ihrem Sachargument noch einen Ohrenöffner finden, der vom Publikum und seinen Sorgen ausgeht, an der entsprechenden Stelle einen Gefühlsgrund einschieben, der die Probleme und Interessen der Zuhörer einbezieht und auch die Zusammenfassung vor dem Schlußsatz nicht vergessen, wird Ihr Beitrag einer der wenigen sein, die wirklich Aufmerksamkeit finden. Und am Ende wird Ihnen kräftiger Beifall danken.

Kurz:

1. Telefonanrufe, Gespräche und Wortmeldungen vorplanen!

2. Die Verwendung von Spickzetteln als Gedächtnisstütze und die freie Rede schließen einander nicht aus.

3. Die Normalgliederung ist im Alltag anwendbar und sollte im Alltag geübt werden.

4. Haben Sie Mut zur Einseitigkeit!

   „Nicht kleckern, sondern klotzen." (Guderian)

   Möglichst nur zu einer Sache sprechen! Die Argumente konzentrieren und nicht zersplittern! Konsequenz bringt Wirkung!

   Nicht ein ungezielter Schrotschuß, sondern der wohlüberlegte Schuß des Scharfschützen. (Also nicht Schrotschuß, sondern Blattschuß.)

Checkliste

- Sie sprechen nicht nur, um zu informieren (das geht schneller, klarer und unmißverständlicher auf dem Papier). Sie sprechen, um

  1. zu überzeugen,

  2. einen guten Eindruck zu machen,

  3. Gefühle zu übertragen,

  4. Denkprozesse einzuleiten,

  5. Willen zu übertragen und

  6. Handlungen zu veranlassen.

- „Eine Rede, die nicht auf Überredung zielt, ist ein Widerspruch in sich." (Aristoteles)

- Die Überzeugungsmittel des Redners sind:

  1. seine „Gesinnung", seine Glaubwürdigkeit

  2. das Wecken und Übertragen von Gefühlen

  3. das Argumentieren

- Kaum ein Redner lügt je bewußt: Sagen heißt glauben.

- Hüten Sie sich vor der bewußten Lüge. Nichts kann für Sie vernichtender sein, als wenn Ihre Hörer sich auf den Arm genommen fühlen.

- Vergessen Sie den „Tropfen Öl" nie, der ein Getriebe zu rundem Lauf erst bringt.

- Informieren ist zu wenig.

- Haben Sie den Mut, Gefühle zu zeigen.

- Schwächere Furchtappelle sind wirksamer als stärkere.

- Sagen Sie es positiv.

- Sie sind Ihr bestes Argument. Erst der Mensch hinter den Worten gibt den Worten Gewicht.

- Nehmen Sie die Hörer an, damit die Hörer Sie annehmen.

- Durch Argumentieren wollen Sie

  1. Ihre Hörer von Ihrer Sache überzeugen, ihnen etwas *anraten,*

  2. Ihre Hörer von der Unrichtigkeit der gegnerischen Sache überzeugen, ihnen etwas *abraten,*

  3. Ihren *Gegner* vor Ihren Hörern *„auseinandernehmen"*, ihn unmöglich machen oder

  4. Ihren *Gegner* von Ihrer Sache überzeugen, ihn *„bekehren"*.

  zu 1. Anraten:

  1. Zustand: „Ist" schildern

  2. Ziel: „Soll"

  3. Maßnahmen: „Weg"

  Die positive Beweisführung ist die stärkste Form der Argumentation.

  zu 2. Abraten:

  a) Sie schildern unter Umständen den gegnerischen, falschen Zustand, in jedem Fall aber den richtigen Zustand, Ihre Sicht der Dinge,

  b) so auch unter Umständen das gegnerische, falsche Ziel, in jedem Fall aber Ihr eigenes, das richtige Ziel und

  c) daraus folgend unter Umständen den gegnerischen, falschen Weg, in jedem Fall aber Ihren eigenen, den richtigen Weg.

  Bemühen Sie sich auch hier um positive Formulierungen. Sie vermeiden so, in den Ruf eines „Mekkerers" zu geraten. Versuchen Sie, bei Ihrer Beweisführung durchzukommen, ohne Ihren Gegner zu erwähnen: „Man hat vorhin versucht, uns einzureden, ..."

  Angreifen allein genügt nicht. Sie haben erst gesiegt, wenn es Ihnen gelang, die gegnerische Argumentation durch die eigene völlig zuzudecken.

zu 3. Der Angriff auf den Gegner selbst:

Kann ich die Sache des Gegners nicht angreifen, greife ich den Gegner an. Bedenken Sie jedoch: Wenn man jemanden mit Dreck bewirft, bleibt meist etwas hängen; auch an dem, der wirft.

zu 4. Der Versuch, den Gegner zu überzeugen, ihn zu „bekehren":

Machen Sie aus dem Gegner einen Partner, und sei es auf Teilgebieten, dann erst werden Sie Erfolgschancen haben; denn einen Gegner kann man nicht überzeugen.

- Klarheit geht vor Schönheit, denn Klarheit ist immer auch schön.

- Sprechen Sie so, daß man Sie verstehen muß.

  Wenn man Sie nicht versteht, sind immer Sie schuld, niemals Ihre Hörer.

- Die geradlinige (naiv-)einseitige Argumentation ist leicht verständlich, sie ist die erfolgreichere.

- Der *Zwecksatz* enthält den Zweck der Rede.

  Die wirksame Rede ist nichts als eine Folge von Hammerschlägen auf den Nagel „Zwecksatz".

- Erst denken, dann reden.

- Sag's kürzer: Was gestrichen ist, kann nicht durchfallen.

- Der klare Plan erleichtert Ihnen das Reden und den Hörern das Zuhören.

- Bei der Planung Ihres Beitrages beginnen Sie mit dem Schluß:

  Ist das Ziel bekannt, ergibt sich der Rest oft von selbst.

- Wenn der Anfang nicht die Ohren öffnet, wird das Ende nicht gehört werden.

- So lange nicht die Herzen gewonnen sind, ist gar nichts gewonnen.

- Das Gesetz der Steigerung:

  Vom Ohr zum Verstand und von dort zum Herzen.

- *Die Normalgliederung:*

  1. Ohrenöffner

  2. Sachgrund

  3. Gefühlsgrund

  4. Zusammenfassung

  5. Schlußsatz

- Auch die *differenzierende, mehrseitige Argumentation* hat an ihrem Ort ihren Sinn:

  — im Team

  — zur Immunisierung

  — vor „Gegnern"

  — vor „Gebildeten"

- Möglichkeiten differenzierender Argumentation:

  — Der Kompromiß

  — „Ja ..., aber ..."

  — Vorwegnahme und Zurückweisung

  — „Weder ... noch ..., sondern ..."

- Rednerische Beweise:

  — Der Kettenschluß

  — Beispiel und/oder Zeuge

  — Der Autoritätsbeweis

  — Der gesunde Menschenverstand und/oder die Zustimmung aller

  — Der Augenschein

  — Tatsachen

- Am Telefon, beim Verkaufen, im Gespräch und hinter dem Rednerpult:

    — ① Fangsatz, ② Schwimmen und ③ Zielsatz

    Oder: ① Ohrenöffner, ② Sachgrund, ③ Gefühls-grund, ④ Zusammenfassung und ⑤ Schlußsatz

    — Die wirksamste Reihenfolge für Argumente:

    ④ ① ② ③ und ⑤

    — Bei Juristen aber: ⑤ ④ ③ ② und ①

Übungen

Sie sind allein:

1. Diskutieren Sie das letzte Kapitel schriftlich in Ihrem Tagebuch.

2. Sprechen Sie mit anderen darüber.

3. Weiteren Stoff zum Nachdenken enthalten auch die folgenden Arbeitstexte:

Aus dem alten Griechenland:

— Sag's kürzer!

Einst war in Athen eine große Hungersnot. Da schickten die Athener Gesandte nach Sparta, die um Korn bitten sollten. Als nun die athenischen Gesandten in Sparta angekommen waren, traten sie vor die Ratsversammlung und hielten eine wunderschöne Rede. Sie schilderten die alte Freundschaft zwischen beiden Staaten, wie oft schon die Athener den Spartanern geholfen hätten, und daß nun die Reihe an den Spartanern wäre, den Athenern zu helfen.

Man sah den Spartanern an, wie sie durch die Rede mitgerissen wurden. Am Ende brauste überwältigender Beifall auf. Die Vorsitzenden der Versammlung traten auf die Athener zu, um ihnen noch persönlich zu danken.

Zwar hätten sie über die Schönheit der Rede deren Inhalt vergessen aber noch nie seien im Rat der Spartaner so herrliche Worte zu hören gewesen.

„Ja, und das Korn?" fragten die Athener. „Was für Korn?" fragten die Spartaner zurück.

Am nächsten Tag begaben sich die Gesandten wieder vor die Versammlung, schilderten die verdorrten Felder vor der Stadt Athen, das in seiner Not brüllende Vieh und die ausgestreckten Hände und bittenden Augen der Frauen und Kinder. Wieder wurden die

Spartaner von soviel Beredsamkeit hingerissen. Nur war diesmal der Beifall verhaltener, angemessen dem Ernst des Themas.

Wieder traten die Vorsteher auf die Gesandten zu, um ihnen zu danken. Wieder sahen die Athener erstaunte Gesichter, als sie um Korn baten: „Was für Korn? Eure Rede war so schön, daß wir über dem rührenden Schluß den sicher nicht minder rührenden Anfang vergessen haben."

Am nächsten Tag traten die Gesandten der Athener zum dritten Mal vor die Versammlung. Sie trugen große leere Säcke und riefen: „Gebt uns Korn!" „Was soll das Geschrei? Wir sehen auch so, was ihr wollt. Geht zu den Vorratshäusern und laßt euch geben, was ihr braucht." war die Antwort der Spartaner.

— Der Lügner:

Einst sagte ein Kreter: „Alle Kreter sind Lügner."

Das kann nicht stimmen, denn stimmt, was er sagte, hat er gelogen, ist er doch selbst ein Kreter. (n. Epimenides, um 700 v. Chr.)

— Eine Leiche oder ein Gott?

„Ich bin eine Leiche. Eine Leiche ist Mist. Mist ist Erde. Die Erde aber ist ein Gott. So bin ich denn keine Leiche, sondern ein Gott." (n. Epicharmos v. Krastos, um 500 v. Chr.)

— Achilles und die Schildkröte:

„Einst wettete eine Schildkröte mit Achill, dem schnellsten der Helden von Troja, daß er sie nie einholen würde, wenn er ihr nur einen Vorsprung von einer Meile gäbe.

Auf die Plätze! – Fertig! – Los! – Sie rennen.

Achill sei zwölfmal so schnell wie die Schildkröte.

Nach einer bestimmten Zeit hat Achill den Punkt erreicht, von dem die Schildkröte abgelaufen war.

Gleichzeitig ist die Schildkröte schon wieder $\frac{1}{12}$ Meile weitergelaufen.

Ist Achill nun an dem Punkt angekommen, an dem die Schildkröte war, als er ihren Ablaufpunkt erreichte, ist sie $\frac{1}{144}$ Meile weiter ... Aber erreichen wird er sie nie."

Der jeweilige Vorsprung der Schildkröte in Bruchstücken einer Meile:

$$\frac{1}{12^0} ; \frac{1}{12^1} ; \frac{1}{12^2} ; \frac{1}{12^{n-1}}$$

(n. Zeno v. Elea, um 400 v. Chr.)

— Frömmigkeit und Bargeld:

Die Ratsversammlung verhandelt über den Etat der öffentlichen Opfer. Der erste Redner spricht für eine Verringerung des Opferetats: „Die Götter sehen nicht auf die Kosten des Opfers, sondern auf die Frömmigkeit des Opfernden."

Der zweite ist für die Erhöhung des Opferetats:

„Wie sollen die Götter an unsere Frömmigkeit glauben, wenn wir an den Opfern sparen? Frömmigkeit erweist sich in Taten, nicht in Worten."

Der dritte möchte, daß es bleibt, wie es war:

„Wie will man den fromm nennen, dem die Achtung vor den Bräuchen der Väter fehlt? Schlimm genug, zu welchen Auswüchsen Protzerei und Neuerungssucht im Alltag führen. Doch vor den Altären der Götter und dem Heiligsten der Tempel sollte der Mutwillen seine Grenzen finden." (n. Aristoteles, Rhetorik an Alexander, § 3)

Aus der Talmud-Schule:

— Was ist Dialektik?

Zwei Juden fragen einen Rabbi: „Was ist Dialektik?"

Sagt der Rabbi: „Das muß man klären." – Nach einiger Zeit stiller Meditation und des Gebetes antwortet er:

„Zwei Juden stehen vor der Mikwe (dem Badehaus). Der eine ist schmutzig, der andere sauber. Wer wird baden?"

Die Zuhörer: „Der Schmutzige!"

Rabbi: „Nein, der Saubere! Er badet gerne. Wer also wird baden?"

Zuhörer: „Der Saubere!"

Rabbi: „Nein, der Schmutzige! Er muß sich reinigen. Wer also wird baden?"

Zuhörer: „Der Schmutzige!"

Rabbi: „Nein, beide. Der Saubere badet gerne. Und der Schmutzige muß sich reinigen. Wer also wird baden?"

Zuhörer: „Beide!"

Rabbi: „Nein, keiner! Der Schmutzige ist das Baden nicht gewöhnt. Und der Saubere braucht es nicht. Wer also wird baden?"

Die Zuhörer erbost: „Du red'st grad' wie du's brauchst!"

Rabbi: „Und das ist Dialektik."

— Rauchen und Beten:

Zwei Juden kommen zum Rabbi.

Fragt der eine: „Darf ich beim Beten rauchen?"

Sagt der Rabbi voll Wut: „Nein! Nein!! Nein!!! Es heißt:

ER ist ein eifriger Gott und läßt seiner nicht spotten."

Fragt der andere: „Darf ich beim Rauchen beten?"

Sagt der Rabbi voll Wohlwollen: „Ja! Ja!! Ja!!!

Es heißt: ... Wenn du in deinem Hause sitzest und auf deinem Wege gehest, bei deinem Niederlegen und bei deinem Aufstehen."

— Wer ist mehr wert, der Bauer oder der Kaufmann?

Fragt einer den Rabbi:

„Wer ist mehr wert, der Bauer oder der Kaufmann?"

Sagt der Rabbi: „Es heißt: Sie werden herabsteigen von ihren Schiffen und das Land bebauen. – Du hörst doch: Sie werden herabsteigen. – Wer also ist mehr wert, der schon unten ist oder der erst herabsteigen muß?"

— Der schwere Stein:

Der Rabbi fragt die Schüler: „Kann der ALLMÄCHTIGE einen Stein erschaffen, der so schwer ist, daß ER ihn nicht mehr heben kann?"

— Na und?!?

Fragt einer den Rabbi: „Es heißt: Du sollst nicht Tiere quälen. Nun hab' ich aber einen Hahn und eine Henne. Schlacht' ich die Henne, kränkt sich der Hahn. Schlacht' ich den Hahn, kränkt sich die Henne. Was soll ich bloß machen?"

Sagt der Rabbi: „Das muß man klären!" – Er betet wieder in der Stille. Nach einer Weile sagt er: „Schlacht' den Hahn!" Fragt der Mann:

„Aber dann kränkt sich doch die Henne!!" Darauf der Rabbi:

„Na und?!? Soll sie sich kränken!!!"

— Im Frauenhaus des Averoes:

Der Rabbi erzählt: „Einmal wurde einer im Frauenhaus der Averoes (persischer König aus dem Talmud) erwischt. Aber er durfte noch einen Satz sagen und so über seine Todesart entscheiden. Log er, wurde er gehängt, sagte er die Wahrheit, wurde er geköpft. Da sagte er einen Satz, daß sie ihn laufenlassen mußten.

Was sagte er?

Er sagte: Ich werde gehängt.

Hätten sie ihn gehängt, hätte er ja die Wahrheit gesagt, und sie hätten ihn köpfen müssen. Hätten sie ihn aber geköpft, hätte er gelogen und sie hätten ihn hängen müssen. Da ließen sie ihn laufen."

Und in unserer Zeit?

— Lumpen und Verbrecher:

Einst äußerte ein Mitglied des Bundestages am Rednerpult: „Die eine Hälfte dieses Hauses besteht nur aus Lumpen und Verbrechern." Als er daraufhin vom Präsidenten der Versammlung gerügt wurde, verbesserte er sich: „Die eine Hälfte dieses Hauses besteht nicht aus Lumpen und Verbrechern."

— Wer hat gewonnen?

Nach einer heißen Wahlnacht sitzen drei Männer in einer Wirtschaft und streiten sich über das Wahlergebnis. Jeder von ihnen behauptet, daß die Partei, der er angehört, gewonnen habe.

Partei A jetzt 30 000 Stimmen (früher 40 000)
Partei B jetzt 16 000 Stimmen (früher 10 000)
Partei C jetzt 5 000 Stimmen (früher 1 000)

— Ein Kettenschluß:

1. Zur Diskussion gehört der Widerspruch.

2. Ein Chef, der Widerspruch provoziert, sägt an den Beinen seines Stuhls.

3. Also diskutiert ein Chef nicht, sondern befiehlt.

Lösungsvorschlag: Ersetzen Sie „befiehlt" durch „ordnet an" oder „hört zu".

4. Arbeitsaufgaben:

Wo wurden in den Arbeitstexten folgende Tricks verwandt:

— Definitionen je nach Bedarf oder hinterher?

— Veränderung oder Definition der Maßstäbe je nach Bedarf?

— Veränderung der Thesen oder deren Wertigkeit. „Wer will mich daran hindern, jeden Tag klüger zu werden?" (Adenauer)

— Eine je nach Bedarf verschiedene Gewichtung der Werte?

— Unberechtigte Annahmen:

  1. Statistische Wahrscheinlichkeit als absolute Wahrheit?

  2. Allgemeine Vorurteile, der „gesunde Menschenverstand", die „Zustimmung aller" als absolute Wahrheit?

— Der Autoritätsbeweis?

— Die Interpretation von „Tatsachen"?

— Wechselnde Interpretation des gleichen Wortes oder eine Interpretation, die nicht falsch ist, die aber vom allgemeinen Sprachgebrauch abweicht?

— Welche weiteren Tricks haben Sie noch erkannt?

Versuchen Sie folgende Wörter zu definieren oder Sprüche zu erläutern:

— Wahrheit

— Wirklichkeit

— Notwendigkeit

— Kompromiß

— „Vier Augen sehen mehr als zwei." (Volksmund)

— „Die Wahrheit zu besitzen ist uns nicht gegeben, aber wer an sie glaubt und ihr dient, baut an ihrem Reich." (Martin Buber)

— „Keiner von uns sage, er habe die Wahrheit schon gefunden. Laßt sie uns vielmehr so suchen, als ob sie uns beiden unbekannt sei. Wenn keiner sich anmaßt, sie schon gefunden und erkannt zu haben, dann werden wir sie gewissenhaft und einträchtig gemeinsam suchen können." (Augustinus, 354–430 n. Chr.)

— „Sei nüchtern und lerne zweifeln." (Epicharmos v. Krastos, um 500 v. Chr.)

— „Wenn alles wahr sein kann, erhält die Ahnung ihr Recht zurück." (unbekannt)

— „Alles ist relativ." (Volksmund)

5. Neue Aufgaben für Ihre Strichliste:

— Sie fragen sich bei jedem Zeitungsartikel, den Sie lesen, was daran das Wichtigste und was der Zwecksatz ist.

Lernziel: „Sag's kurz!"

— Sie machen aus dem Zeitungsartikel einen Wortbeitrag, der vom Aufbau her der Normalgliederung entspricht.

Dazu ein Tip:

Da Redakteure einen Zeitungsartikel gewöhnlich von hintenherein streichen, um ihn auf die passende Länge zu bringen, schreiben Journalisten das Wichtigste meist in den Anfang.

Wenn Sie also einen Zeitungsartikel in unser Schema bringen wollen, müssen Sie ihn völlig umstellen.

Lernziel: Einübung der Normalgliederung.

— Sie überlegen sich bei jeder negativen Formulierung, wie man das positiv sagen könnte:

- Schreiben Sie Listen von Wortpaaren in Ihr Tagebuch:

  verlorene Schlacht – Frontbegradigung

  alter Spinner – jugendlicher Endfünfziger

  Pleite – finanzielle Konsolidierung oder Gesundschrumpfen

  rücksichtslos – dynamisch

  vorschnell – entscheidungsfreudig

  unentschlossen – verantwortungsbewußt

- Versuchen Sie das auch mit Wortbeiträgen, etwa zum Thema „Trimm dich fit!":

  Angstmotivation:

  „Wenn Sie nicht Sport treiben, dann bekommen Sie einen Herzinfarkt, werden fett, leben kürzer ..."

  Positive Motivation:

  „Sie werden mehr Lebensfreude finden, gesteigerte Leistungsfähigkeit, Geselligkeit, nette Leute, Flirt, Abwechslung ..."

  Lernziel: „Sag's positiv!"

— Überlegen Sie sich zu Zeitungsartikeln, auch Fabeln oder Märchen jeweils einen passenden Ohrenöffner, eine wirkungsvolle Einleitung für Menschen unserer Zeit, so auch einen passenden Schluß, je nach der Länge des vorausgehenden Textes mit einer Zusammenfassung, auf jeden Fall mit einem kraftvollen Schlußsatz (möglichst rasch und aus dem Handgelenk).

  Lernziel: „Übung macht den Meister!"

— Führen Sie Selbstgespräche:

- Diskutieren Sie dabei mit sich selbst.

- Versetzen Sie sich in Rollen hinein und vertreten Sie vor sich selbst deren Standpunkte:

„Wie würde das ein Betriebsrat sehen? ... der Firmeneigner? ... der Leiter der Entwicklung? ... der Leiter der Produktion? ... die Verkaufsleiterin? ... und ein PR-Mann?"

● Üben Sie sich im präzisen, anschaulichen Sprechen:

Beschreiben Sie sich selbst genau Ihren Weg zur Arbeit, die Entwicklung des Apfels von der Blüte bis zum Gegessenwerden; unter Berücksichtigung aller Sinne, des Tastsinnes – wie faßt sich die Blüte an, der Apfel, ein Blatt ... –, des Geruchs – wie riecht ein Apfelbaum, die Knospe, ... –, des Gehörs – das Rauschen der Blätter, das Summen der Bienen, das Schimpfen des Besitzers, der einen Buben erwischt ... –, des Geschmacks ..., die Zubereitung eines Schnitzels oder wie ein Auto funktioniert. Suchen Sie sich hier selbst weitere Aufgaben, etwa Fertigungsabläufe, Entwicklungsreihen oder sonstige Strukturen und Zusammenhänge.

Lernziel: Übung im Abschätzen von Standpunkten, anschauliches Denken und Sicherheit im Formulieren.

— Schulen Sie Ihre Augen für Spitzfindigkeiten, für das Erkennen der Schwächen der eigenen und der gegnerischen Argumentation. Ein herrliches Übungsfeld für geistige Kniebeugen ist Hegels „Phänomenologie des Geistes", doch dabei sollten Sie einen Führer haben, der Ihnen durch die Feinheiten der Hegelschen Sprache hindurchhilft.

Auch Kants „Kritik der reinen Vernunft", Marx' „Kapital", Wittgensteins „Tractatus" und „Der babylonische Talmud", 12 Bde, eignen sich zum Stärken Ihrer Denk- und Formulierungskraft.

Zwar ist auf dieser Stufe Spitzfindigkeit und Scharfsinn im Gebrauch der Sprache das Lernziel, doch gleichzeitig auch Toleranz und Gelassenheit. Werden Sie bitte nicht einer jener unerträglichen Zeitgenossen, bei denen sich Scharfsinn, Dialektik und Wissen zur Kommunikationsbremse entwickelten, die dauernd auf der Lauer liegen, um ihre Mitmenschen als Unwissende, Unlogische und Sprachstümper zu entlarven, während sie selbst dabei zeigen können, daß sie Wissende, Logiker und Sprachkünstler sind, gemäß dem Spruch von Wilhelm Busch: „Wenn andre klüger sind als wir, das macht nur selten uns Pläsier, doch die Gewißheit, daß sie dümmer, erfreut uns immer."

Ein beliebtes Mittel solcher Diskussionstöter ist die Frage:

„Ja, ja, aber was verstehen Sie eigentlich unter . . ."

Dabei sind ihre Hintergedanken: „Ich weiß es zwar, wollen aber mal sehen, ob du es auch weißt?!?" Und dann haut man sich Definitionen und lexikalisches Wissen um die Ohren, als wären es Knüppel. Bereiten Sie sich auf solche Fälle vor, indem Sie stets ein Büchlein bei sich haben, in das Sie Worte, Formulierungen und Sachverhalte einschreiben, über deren Bedeutung Sie sich unsicher sind, um sie daheim nachzuschlagen. Außerdem können Sie so auf eine Frage dieser Art gleich zwei zurückgeben.

6. Was macht übrigens Ihre Strichliste?

Wie viele Blätter haben Sie inzwischen gefüllt?

Sind anderen bereits positive Veränderungen an Ihnen aufgefallen?

Haben Sie auch schon selbst etwas bemerkt?

Sie sind unter Menschen:

1. Beobachten Sie aufmerksam Diskussionskanonen, deren Vorgehen und deren Wirkung auf die Umwelt. Fragen Sie sich jeweils, ob dieser verbale Raufbruder seiner Sache mehr genutzt oder mehr geschadet hat.

2. Suchen Sie bewußt die Diskussion mit solchen Routiniers. Verarbeiten Sie bitte das Erlebte hinterher in Ihrem Tagebuch.

3. Nehmen Sie bitte Ihre Tageszeitung, Ihren lokalen Anzeiger oder Ihr örtliches Amtsblatt zur Hand, streichen Sie sich alle Veranstaltungen an, die mit Diskussionen verbunden sind und gehen hin, um wenigstens einmal je Abend das Wort vor anderen zu ergreifen, um mit einem zündenden Schlußsatz aufzuhören und vierzehn Tage lang jeden Abend zu erleben, wie süß Beifall und Bewunderung schmecken. Besonders leicht haben Sie es in Wahlkampfzeiten: Die von den Parteien eingesetzte Garde der Redner ist in jedem Fall begrenzt und somit auch die Art und Zahl der gehaltenen Reden. Wenn Sie geschickt vorgehen, können Sie eine Woche lang jeden Abend die gleiche Rede hören, sich im voraus auf bestimmte Stellen „einschießen" und, wenn Sie wollen, sogar jedes Mal die gleichen Sprüche erproben, um so an ihnen zu feilen. Mit Sicherheit werden Sie dabei den maßgebenden Herren auffallen, ob im Guten oder Bösen, liegt an Ihnen.

4. Drücken Sie sich nicht mehr, wenn in Ihrer Firma eine Gruppe für die Schulung der Mitarbeiter von Kundendienststationen, für eine Werbekampagne oder die Einführung eines neuen Artikels zusammengestellt wird. Nehmen Sie bitte die Herausforderung, die Chance zur Erprobung Ihrer Fähigkeiten, bewußt an. Es sollte aber noch eine Gruppe sein; für den totalen rhetorischen Einzelkampf sind Sie erst am Ende dieses Buches fit.

Übungen mit Freunden:

Die präparierte Diskussion:

Lernziele:

1. Die Teilnehmer sollen begreifen, daß rednerisches Tun stets in einen Zusammenhang verflochten ist und nie für sich steht.

   – Diskussion als „Mannschaftssport" –

2. „Abtrainieren" von Hemmungen

3. Gewöhnung an das Auftreten und Diskutieren unter erschwerten Bedingungen

4. Vorbereitung ist der halbe Erfolg!

a) Einer von Ihnen nimmt die Wahlkampfrede eines gegnerischen Matadors möglichst zu Beginn einer Veranstaltungsserie mit dem Tonbandgerät auf. (In jedem Fall aber sollten Sie wissen, daß das Mitschneiden auf Tonband vor Ort außerhalb der Legalität steht, weil Sie dabei Persönlichkeitsrechte des Redners verletzen.) Stenographieren ist in jedem Fall erlaubt.

b) Nun sperren Sie sich mit Freunden über das Wochenende in eine abgelegene Wanderhütte oder ein Jagdhaus ein. Es sollte kein Entrinnen geben.

c) Sie hören sich mit der Gruppe die Rede mehrmals an und untersuchen sie gemeinsam auf Schwachstellen. Das Band läuft. Jeder, der glaubt, etwas gefunden zu haben, ruft: „Halt!" Man schreibt sich den Gedanken auf, spricht ihn aber nicht aus, und das Band läuft weiter. Das wird so lange wiederholt, bis nichts mehr kommt.

d) Jetzt gehen Sie nach dem üblichen Entscheidungsschema vor:

   1. Zielangabe oder Lage (Ist) und Auftrag (Soll)

   2. Sammeln

3. Ordnen

4. Ergänzen und Überprüfen

5. Auswählen (Weg, Maßnahmen)

Sie besprechen, was man gefunden hat und versuchen, es in eine Ordnung zu bringen.

e) Die Teilnehmer suchen sich aus, was immer ihnen zusagt.

Greifen Sie aber nicht zuviel auf, verzetteln Sie sich nicht.

f) Hierauf zimmert man gemeinsam nach dem Schema

1. Fangsatz

2. Schwimmen und

3. Zielsatz die einzelnen Diskussionsbeiträge zusammen.

Dringen Sie wenigstens auf Arbeit in Zweiergruppen, die Ergebnisse werden deutlich besser als bei Einzelarbeit.

g) Nun spielt man die Abfolge der Beiträge mit verteilten Rollen durch, zeichnet sie auf, mit Video oder Tonband, und analysiert die Aufzeichnung. Halten Sie sich bitte mit Kritik zurück. Die erste Arbeitsfreude ist eine sehr zarte Pflanze.

Gerade die, die auf Kritik bestehen, sind besonders empfindlich. Man sagt „Kritik" und meint „Lob".

h) Wiederholung des Vorganges bei g) bis zur Perfektion.

i) Wenn Sie mit dem Wochenendseminar am Samstagmorgen oder spätestens nach dem Mittagessen begonnen haben, können Sie Ihre Arbeit gleich am Samstagabend in der Praxis erproben.

j) Sie werden also am Ort der umzufunktionierenden Versammlung eine befreundete Gruppe alarmieren. Je Diskutant brauchen Sie wenigstens zwei Helfer.

k) Sie sollten so frühzeitig dort sein, daß Sie Ihre „Mannen" gleichmäßig über den ganzen Saal verteilen können. In den Ecken, in die Mitte und auch in die hinteren Sitzreihen. Die gleichmäßige Verteilung zähmt Ihre Leute. Ihr Ziel muß es sein, Ihre Mitglieder zu schulen, nicht aber Krawall zu machen.

Die Helfer setzen sich jeweils rechts und links neben Ihre Diskutierer, um sie später gegen den Ordnungsdienst oder das „gesunde Volksempfinden" abschirmen zu können.

l) Während der gegnerische Redner spricht, sind schon *kurze, sparsame* Zwischenrufe erlaubt.

m) Wenn sich die Ordner in eine Ecke in Bewegung setzen, sollte es dort still und in der entgegengesetzten Ecke laut werden.

n) So, daß der Gegner zwar dauernd herumrennt, aber nie einen aus Ihrer Gruppe erwischt.

o) Noch einmal: Hüten Sie sich vor Massierungen. Sie provozieren so nur Saalschlachten und unliebsame Schlagzeilen in den Zeitungen.

p) In der anschließenden Diskussion können Sie ohne Mühe bei rechtzeitiger Meldung die Redeliste völlig mit Ihren Männern und Frauen durchsetzen. Da Sie in der fremden Gemeinde vom Namen her unbekannt sind, wird Ihnen das auf Anhieb gelingen.

q) Wenn Sie ihre Diskutierer nur taktisch geschickt genug einsetzen, und diese sich gegenseitig die Bälle zuspielen, werden Sie mit Leichtigkeit den gegnerischen Redner völlig auseinandernehmen und die Veranstaltung zu Ihren Gunsten umfunktionieren. Aber hüten Sie sich davor zu „geifern" und hüten Sie sich vor Hysterie, das hätte eine gegenteilige Wirkung. Je aufgeregter, humorloser und hektischer sich der Gegner gebärdet, desto humorvoller, ruhiger und überlegener müssen Sie werden.

r) Am Sonntag werden Sie den Ablauf der Veranstaltung vom Samstagabend analysieren, Einzelheiten verbessern und dem Ganzen den letzten Schliff geben.

s) Am Sonntagabend wird das Spiel wiederholt.

t) Ein Abgeordneter etwa hält in einer Wahlkampagne die gleiche Rede bis zu vierzigmal; sie können ihm also mit zwei, drei Autos von Station zu Station folgen und Ihre Zusammenarbeit immer mehr perfektionieren.

Sie haben Ihrer Gruppe den Geschmack des Erfolges verschafft, deren Diskussionskünste geübt und Ihren Spaß gehabt. Übrigens lassen sich in entsprechender Weise auch Gemeinderatssitzungen, Bürgerforen, Generalversammlungen von Parteien oder Vereinen und Vorstandswahlen vorbereiten.

Straßenagitation (canvassing):

Lernziele:

1. Reden und Diskutieren als Mannschaftssport
2. Abtrainieren von Hemmungen
3. Gewöhnen an das Auftreten vor Publikum
4. Reden und Diskutieren unter erschwerten Bedingungen.

a) Die Gruppenmitglieder, die sich schon weit genug in ihren rhetorischen Künsten fühlen, üben jeder eine kurze Rede mit gemeinsamem Zwecksatz ein, die mit den anderen Beiträgen auch thematisch in einem Zusammenhang stehen sollte. Achten Sie darauf, daß nach einiger Zeit jeder einmal an die Reihe gekommen ist.

b) Anlässe finden sich genug: der Wahlkampf, eine Demonstration, eine Spendenaktion ...

c) Sie gehen mit Ihrer Gruppe an einen Ort, von dem Sie wissen, daß dort viele Leute vorbeikommen: eine La-

denpassage, eine Einkaufs- und Fußgängerzone ...
Von Parks ist abzuraten. Dort ist der Raum zu weit-
läufig. Die Leute sind zu wenig zum Zuhören aufge-
legt. Sie schlendern herum und bleiben jeweils nur
kurz stehen. Die beste Zeit, so lehrt die Erfahrung, ist
der Abend gleich nach Ladenschluß oder der Samstagnachmittag.

d) Gut als Kristallisationspunkt ist ein von Ihrer Gruppe
erstellter Verkaufs- und Informationsstand.

e) Zur Not genügt auch ein Transparent, eine Fahne
oder eine Musikkapelle, ein Banjo oder ein Susaphon
... Seien Sie kreativ.

f) Wenn Sie Ihre Veranstaltungen bei der Polizei anmel-
den, vermeiden Sie Ärger.

g) Der jeweilige Redner stellt sich auf eine Kiste, damit
ihn auch weiter hinten Stehende sehen können.

h) Er redet zu den Leuten, die um ihn herumstehen und
nicht zu irgend einem Straßenschild in der Ferne.

i) Er spricht etwas lauter und langsamer als sonst, vor allem langsamer. Teilen Sie Teilnehmer ein, die auf
Lautstärke und Tempo achten.

j) Vermeiden Sie das Megaphon, die „Flüstertüte", Sie
wecken sonst bei Ihren Zuhörern Aggressionen, einmal, weil Sie durch die Technik viel an Differenzie-
rungsmöglichkeiten verlieren und zum zweiten, weil
Sie dann undeutlicher sprechen und den Zuhörern
durch zu große Lautstärke auf die Nerven gehen.

k) Auf ein Stichwort des Vorgängers folgt die nächste
Rede. Lassen Sie niemanden auf der Kiste „schmo-
ren", sondern sorgen Sie für eine Reserve, die auch
außer der Reihe ablösen kann, falls es unvorhergese-
hene Zwischenfälle geben sollte oder eines der Gruppenmitglieder sein Stichwort verpaßt oder in Panik gerät.

l) Die Gruppenmitglieder stehen zu Beginn um den jeweiligen Redner herum und mimen ein interessiertes Publikum.

m) Auf verabredete Zeichen hin stellen Sie an den Redner vorher ausprobierte Fragen, die aber nicht eingeübt werden dürfen, um jeden Anschein von Künstlichkeit zu vermeiden.

n) Das Ziel dabei ist, eine allgemeine Diskussion in Gang zu bringen.

o) Wenn genügend Neugierige angelockt worden sind, wandern die einzelnen Gruppenmitglieder unauffällig nach außen, um die Schar der Zuhörer um den Redner zusammenzuhalten und um die besten Plätze bei der Kiste für die Gäste freizumachen.

p) Sobald die Diskussion läuft, mischen sich die Gruppenmitglieder ein und bemühen sich, Widersprechende vom Redner ab und auf sich zu lenken, so daß in kurzer Zeit viele kleine Diskussionsgruppen entstehen.

q) Begreifen Sie die Diskussion hier bewußt als „Mannschaftsspiel". Helfen Sie Ihren Kameradinnen und Kameraden, indem Sie einander in schwierigen Situationen beispringen oder sich auch nur dazu stellen, um durch Bemerkungen oder auch Zwischenrufe Interesse zu zeigen und die Stimmung anzuheizen.

r) Störenfriede und Betrunkene verwickeln Sie möglichst in ein anteilnehmendes persönliches Gespräch und drängen sie in freundlicher und humorvoller Weise an den Rand des Geschehens.

s) Vergessen Sie nie hinterher die Nachbereitung.

t) Ihre ersten derartigen Veranstaltungen werden unter Garantie von Hektik und Unsicherheit geprägt sein. Lassen Sie sich nicht entmutigen. Der Appetit kommt beim Essen. Nur die Übung kann uns Sicherheit bringen.

u) Wenn Ihre Veranstaltungen am gleichen Ort zur gleichen Zeit zu einer regelmäßigen Sache werden, können Sie bald mit einem Stamm von treuen Hörern rechnen, da bei einem großen Teil unserer Bevölkerung ein unbefriedigtes Bedürfnis nach Kommunikation besteht, dem Sie so entgegenkommen.

v) Erlauben Sie Ihren Gruppenmitgliedern das Recht, Fehler zu machen. Kein Meister fällt vom Himmel. Wenn man keine Fehler machen darf, wird nichts mehr getan; so vermeidet man dann auch mögliche Fehler.

Anmerkung:

Manche Leser werden nun einwenden, das hier klinge stark nach „Heilsarmee"; sie haben nicht ganz Unrecht, denn „canvassing", Straßenagitation dieser Art, und die Heilsarmee kommen beide aus dem angelsächsischen Bereich. Formulieren wir es positiv und sagen, es klinge nach „Hyde Park", dann stimmt es auch.

In großen Organisationen wird „canvassing" beim Vergleich von Aufwand und Ergebnis als zu ineffektiv abgelehnt. Wenn man nur die dafür notwendige Zeit umgerechnet in Stundenlöhne und die Ergebnisse vergleicht, ist auch das nicht falsch, aber was an der Politik lohnt sich dann überhaupt noch für den schlichten Marschierer?

Die Vorteile liegen in einem ganz anderen Bereich, nämlich auf dem Gebiet der rhetorischen Schulung Ihrer „jungen Garde". Von der Kiste und vom Autodach herunter hat sich einst der junge Winston Churchill seine Sporen als Politiker verdient. Dabei lernte er volksnah und wirkungsvoll zu sprechen. Und auch Ihre „jungen Leute" könnten so den pseudoelitären Universitätsseminarton loswerden, der Reden angehender Politikerinnen und Politiker heute teilweise unerträglich macht. Bei der Straßenagitation kann man nur Erfolge haben, wenn man volksnah, hautnah spricht: „Erst zeigen, dann sagen!"

1. *Ohrenöffner (Zeigen – Ist):* eine Situation aus dem unmittelbaren Erlebnisbereich der Zuhörer und des Redners, also nicht „Der Untergang von Babylon" oder „Die Erschaffung der Welt (neu)", sondern „Krach in der Straßenbahn" oder „Erpressung im Betrieb"

2. *Sachgrund (Sagen – Ist und Soll):* klare, einleuchtende Thesen, abgeleitet aus der vorausgegangenen Schilderung, dargestellt in einfacher, drastischer Sprache

3. *Gefühlsgrund (Zeigen – Soll):* plastische, eingängige Schilderung des zu erstrebenden Zustandes und der dazu notwendigen Maßnahmen

4. *Zusammenfassung (Sagen – Weg):* klare und zwingend einleuchtende Thesen zum Weg

5. *Schlußsatz („Schluß-Wumm"):* Aufruf, Appell

Die einfachste Form für den Anfang und zum Einüben ist, Sie zerlegen die Normalgliederung und verteilen Sie auf die einzelnen Gruppenmitglieder. Einer übernimmt jeweils einen „Zeige-Part" und der nächste den dazu passenden „Sage-Part", einer schildert also, und der Folgende zieht Schlüsse. Mit wachsender Sicherheit der Teilnehmer wird man weiter zusammenfassen, so daß schließlich jeder eine volle Rede zu halten vermag. Vermeiden Sie um jeden Preis, Ihre Gruppenmitglieder in Überforderungen und Mißerfolge zu führen.

Geben Sie dabei jedem, der will, und nicht nur Ihren „Stars", eine Chance.

Die Kiste ist unbarmherzig. Sie entlarvt rasch Nieten, sie zeigt uns aber auch genauso schnell unentdeckte Begabungen. Sie ist ein strenger Lehrmeister, der sofort belohnt und sofort bestraft. Warum gibt es den „Hyde Park" nur in England und nicht auch in Ihrer Stadt? Der rhetorischen Kultur bei uns würde das sicher gut tun.

Beurteilungsbogen

In der Arbeit mit vielen Kursteilnehmern ist der folgende Beurteilungsbogen entstanden und in vielen Kursen erprobt worden.

Er enthält in konzentrierter Form den gesamten bisherigen Stoff. So ist auch jede Beurteilung einer Rede oder eines Redners anhand dieses Bogens zugleich eine Wiederholung des bisher Gelernten.

Durch diesen Bogen werden Ihre rhetorischen Leistungen vergleichbar gemacht. Nun können Sie Schwachstellen erkennen und sehen, wo Sie noch an sich arbeiten müssen.

Wir haben von uns selbst oft falsche Vorstellungen, die zum Hindernis beim Lernen werden können. Fremde Augen helfen uns, über uns Klarheit zu gewinnen. Wenn uns einer seine Meinung über uns sagt, sind wir versucht, mit ihm zu rechten, sollten wir uns falsch, zu schlecht oder zu gut beurteilt fühlen. Kommen drei verschiedene Leute über uns zum gleichen Urteil, und sind wir nicht mit diesem Urteil einverstanden, entsteht in uns vielleicht der Gedanke, daß unter Umständen wir uns geirrt haben könnten; die Beurteilung wird intersubjektiv nachprüfbar.

Für Sie ist wichtig, was andere von Ihnen denken, mag es richtig oder falsch sein. Was Sie von sich denken, ist für den Redeerfolg weitgehend unerheblich. Deshalb sollten Beobachter sich nicht um einen übergeordneten Standpunkt, Objektivität oder Gerechtigkeit bemühen, sondern schlicht und einfach ihren subjektiven Eindruck zum Maßstab machen, denn das Publikum wird sich im Ernstfall auch nicht um Objektivität bemühen, sondern Ihre Rede eben fürchterlich finden.

Anfänger in der Rhetorik beurteilen sich meist zu schlecht. Es stärkt das Selbstbewußtsein, wenn einem andere sagen, daß man besser ist, als man glaubt. Das fremde Urteil kann uns vor Hochmut bewahren und zum Anstoß für eigene Anstrengungen werden.

Indem wir andere beurteilen, schärfen wir unser Urteil gegenüber der eigenen Leistung.

Beurteilungen und Lernerfolg:

Wenn die Teilnehmer nach einer Rhetorikveranstaltung ihre verschiedenen Beurteilungen nebeneinanderlegen, wird ihnen ganz klar, wo ihre Stärken und Schwächen liegen. Die verschiedenen Beobachter urteilen zwar verschieden scharf, der eine milder und der andere strenger, aber sie erkennen Höhen und Tiefen meist an der gleichen Stelle. Entscheidend ist also nicht der Wert einer Note, sondern ihre Plazierung.

So wie sich die rhetorischen Fähigkeiten des einzelnen entwickeln, entwickelt sich auch seine Fähigkeit zur Kritik, und steigen seine Ansprüche an Reden.

Lob und Tadel:

Viele Rhetorikschüler beschweren sich, die Beurteilungen seien zu milde. Sollten Sie zuerst als Beobachter eingesetzt werden, kann man Ihnen nur raten, scharf zu urteilen. Sucht man aber milde Richter, braucht man nur selbst ein milder Richter zu sein. Hierzu eine pädagogische Regel: Das Lob sei die Suppe und die Kritik das Salz dazu.

Ein scharfes Urteil dürfen sich nur Leute mit wirklichen Spitzenleistungen erlauben; im anderen Fall stürzen sich die Teilnehmer gemeinsam beim geringsten Zeichen von Schwäche mit solchem Geheul auf den gestrengen Richter, daß Sie, wenn Sie Übungsleiter sein sollten, in äußerst unangenehme Situationen geraten können. Lassen Sie sich deshalb als Trainer nie den einleitenden Satz, das heißt die Einstimmung zu einer Beurteilung nehmen.

Kriterien, die schon von anderen vermißt wurden:

Wenn Sie die Kriterien „Kleidung" oder „Äußeres" vermissen, antworten wir Ihnen wie folgt: In einer Gruppe oder bestimmten Kreisen regelt sich die Kleiderordnung weitgehend von selbst.

So werden auch oft die Kriterien „Sprache", „Wortwahl" und „Satzbau" vermißt. Sie wurden mit Absicht weggelassen, weil sie nach unserer Meinung zu stark auf Einzelheiten hindeuten und Dinge bewußt machen, die auf dieser Stufe besser noch unbewußt bleiben sollten und sonst die Gefahr enthalten, zum Zerfall der Erlebnissituation und zum Zerfall der Ganzheitlichkeit der Persönlichkeit zu führen.

Beurteilungsbogen

Die Notenstufen

Wegen der Übersichtlichkeit gibt es hier nur drei Notenzeichen:

(−) heißt: sollte unbedingt verbessert werden

(0) heißt: hat seine Pflicht erfüllt (im Sinne des Dienstes nach Vorschrift)

(+) heißt: anscheinend sein Optimum

Sie können aber auch weiter differenzieren und die Skala nach oben und unten ausdehnen:

(− −) heißt: absolut schlechteste Leistung des Tages

(−&) heißt: Minus mit Trauerschleife

(− −) und (−&) werden so gut wie nie vergeben und stehen hier nur der Vollständigkeit wegen.

(−) bis (0) heißt: „Minus bis Null"

(0) bis (+) heißt: „Null bis Plus" (wird wohl die Regelnote sein)

(+*) heißt: „Plus mit Sternchen"

(+ +) heißt: „Zwei Plus", entspricht dem „summa cum laude" (die absolut beste Leistung des Tages, hat Maßstäbe gesetzt) und wird an einem Tag möglichst nur einmal vergeben.

Ein Teilnehmer, der in einer Sparte schlechter als (0) bewertet wird, sollte hierzu Verbesserungsvorschläge erhal-

157

ten. Auch ein (+) oder eine bessere Note ist zu begründen.

Die einzelnen Kriterien:

1. *Auftreten.* Wirkte es sicher oder unsicher, locker oder verkrampft?

2. *Partnerbezug:* Wie war der Kontakt zum Hörerkreis? Blickkontakt? Sprach er für sich oder zum Publikum? War die Sprache du-zentriert?

3. *Gestik:* War die Gestik der rednerischen Situation, dem Zuhörerkreis, dem Thema und vor allem der Persönlichkeit des Redners angemessen?

4. *Lautstärke:* War sie der Größe des Raumes und der Zahl der Zuhörer angemessen? Oder wurden die Hörer durch zu lautes und/oder zu leises Sprechen genervt?

5. *Sprechtempo:* Konnte man während der Rede mitdenken? Oder verlor man den Faden, weil zu schnell und/oder zu langsam gesprochen wurde?

6. *Sprechweise:* Sprach er so, daß man ihn verstehen mußte?

7. *Stimmführung:* War sie lebendig und belebend? Glich sie einem eintönigen Kanal oder mehr einem abwechslungsreichen Bergbach, der sich einmal auf der Stelle zu drehen scheint, dann wieder daherschießt, der einmal gemütlich murmelt und dann wieder bedrohlich rauscht?

8. *Einleitung:* Die gute Einleitung nimmt die Hörer gefangen.

9. *Mittelstück:* Das Mittelstück hält die Hörer fest. Es gleicht dem „Schaschlik", bei dem verschiedene Fleischsorten, Speck und Zwiebeln abwechselnd auf einen geraden Spieß gesteckt sind, sinnvoll geordnet

und genüßlich zu verzehren. Der Begriff „Gulasch" meint hier nicht wohlschmeckendes ungarisches Gulasch, sondern jene schlecht abgeschmeckte, meist versalzene, undefinierbare, braun-schwärzliche Mehlpampe aus mancher Bahnhofswirtschaft, in der Sehniges, Zähes, Faseriges herumschwimmt und bei dem man manchmal an zerkochtes Fleisch, manchmal auch an glitschigen Kunststoff oder uralte Brötchen denkt.

10. *Schlußzusammenfassung:* Hier das einzige Kriterium, das man auch weglassen kann. Sie als Übungsleiter werden das jeweils vorher mit Ihrer Gruppe vereinbaren müssen. Denn bei kurzen Beiträgen, etwa einem Statement, kann die Zusammenfassung sogar stören.

Hat man sich aber auf das Kriterium Zusammenfassung geeinigt, tauchen folgende Fragen auf:

Machte die Zusammenfassung den Eindruck, als gehöre sie zu einer anderen Rede, als der, die gehalten wurde und verwirrte so die Zuhörer? Suchten sie vergeblich nach einem Zusammenhang mit dem Vorausgehenden? Oder rief die Zusammenfassung den Hörern die Rede noch einmal kurz, klar und folgerichtig ins Gedächtnis, um sie so zwingend zum Schlußsatz hinzuführen?

11. *Schlußsatz:* Glich der Schlußsatz dem Balkon vor einer zugemauerten Balkontür, das heißt, war er schlicht an die Rede angeklatscht? Oder erwuchs er zwangsläufig aus der vorausgehenden Rede und traf beim Hörer wohlgezielt ins Schwarze?

12. *Zwecksatz:* Er enthält das rednerische Wollen. Die Zuhörer sollten am Ende wissen, was mit der Rede beabsichtigt wurde.

Der Beobachter, der den Zwecksatz zu beurteilen hat, sollte ihn grundsätzlich zu formulieren versuchen. Ist das im einzelnen Fall nicht möglich, ist das Urteil schon gesprochen.

Bitte beachten Sie, daß der Zwecksatz mit dem Schlußsatz identisch sein kann, aber nicht muß. Ja, es sind Reden denkbar, in denen der Zwecksatz zwar am Ende jedermann klar ist, doch nicht ein einziges Mal ausgesprochen wurde, wie in der Rede des Marc Anton in „Julius Caesar" von William Shakespeare.

13. *Länge des Beitrags:* Hier ist nicht nach der zeitlichen Dauer gefragt, sondern nach dem Spannungsbogen. Eine Rede von zwei Stunden kann kurz sein und eine von drei Minuten Dauer um genau drei Minuten zu lang. Denken Sie dabei an den Anlauf beim Weitsprung: Ist der Anlauf zu lang, wird der Sprung zu kurz.

Eine Rede, bei der Sie Wesentliches vermissen, war zu kurz, und eine, bei der Sie glauben, streichen zu können, war sicher zu lang.

14. *Langweilig oder interessant:* Hier ist nach der Meinung des Schiedsrichters gefragt, ob er die Rede als langweilig oder interessant empfand. Ein übergeordneter Gesichtspunkt oder eine höhere Warte würden das Urteil verfälschen.

15. *Überzeugend oder nicht überzeugend:* Der Beobachter wird hier nicht gefragt, ob er zu den gehörten Thesen bekehrt wurde, sondern ob er das Auftreten glaubwürdig fand, ob er davon überzeugt wurde, daß der Redner selbst glaubt, was in der Rede behauptet wurde. Dieses Kriterium entspricht dem, was Aristoteles die „Gesinnung" nennt.

16. *Gesamteindruck:* Zu diesem Kriterium sollte der Beobachter in freien Worten seinen ganz persönlichen Eindruck wiedergeben und sich nicht scheuen, Dinge ruhig zum zweitenmal zu erwähnen. So bekommen sie erst das entsprechende Gewicht. Er soll aber nicht versuchen, das Urteil der anderen Beobachter zusammenzufassen. Wenn der Posten des Beobachters richtig besetzt ist, kann so dem Übungsleiter eine ergänzende und abschließende Beurteilung der Beiträge erspart werden.

Beurteilung/Musterbogen

Name: .... Thema: .... Datum: ....

Kriterien		–	0	+	
Redner optischer Eindruck:					
1. Auftreten	unsicher				sicher
2. Partnerbezug	zu wenig				intensiv
3. Gestik	zu wenig zu viel				angemessen
Redner akustischer Eindruck:					
4. Lautstärke	zu laut zu leise				angemessen
5. Sprechtempo	zu langsam zu schnell				angemessen
6. Sprechweise	undeutlich				deutlich
7. Stimmführung	monoton				abwechslungsreich (laut und leise, hoch und tief)
Beitrag:					
8. Einleitung	nicht erkennbar				Ohrenöffner
9. Mittelstück	„Gulasch"				„Schaschlik"
10. Schlußzusammenfassung	verwirrend				zwingend
11. Schlußsatz	ungezielt				gezielt
12. Zwecksatz	nicht erkennbar				klar erkennbar
13. Länge des Beitrags	zu lang zu kurz				angemessen
Wirkung auf den Beobachter:					
14.	langweilig				interessant
15.	nicht überzeugend				überzeugend
Gesamteindruck:					

Checkliste

- Durch die Beurteilungsbögen werden die rhetorischen Leistungen vergleichbar gemacht.

- So wie die rhetorische Leistung wächst, wächst auch die Fähigkeit zur Kritik. Gleichzeitig steigen die Ansprüche an Redner und Reden.

- Das Lob sei die Suppe und die Kritik das Salz dazu.

- Wer scharf beurteilt werden will, muß nur selbst scharf urteilen.

- Indem ich andere kritisiere, schärfe ich meine Augen für die eigenen Fehler.

- Die Beurteilung selbst ist eine rhetorische Übung.

- Der Beurteilungsbogen und die Beurteilung sind letztlich eine Wiederholung des bisherigen Stoffes.

Übungen

Sie sind allein:

1. Diskutieren Sie die 16 Kriterien des Beurteilungsbogens schriftlich in Ihrem rhetorischen Tagebuch und

2. versuchen Sie mit Hilfe des Kriterienbogens Redner und Reden zu beurteilen (Predigten, Fernsehdiskussionen . . .).

Übungen mit Freunden:

1. Von nun an werden bei Ihren Gruppenübungen jeweils Beobachter eingesetzt, die während der Übungen auf Kriterienbögen an den entsprechenden Stellen Kreuzchen machen. So werden die Nachbereitungen überprüfbar.

2. Es können drei Beobachter parallel auf drei verschiedenen Bögen die gleiche Leistung bewerten. Aus gleichen und besonders aus verschiedenen Ergebnissen erwachsen fruchtbare Diskussionen.

So kann man auch die Einschätzung einzelner Kriterien auf verschiedene Beobachter verteilen. Die Geschmäcker sind von Person zu Person verschieden und ändern sich auch bei der gleichen Person von Tag zu Tag. Wenn aber der gleiche Beobachter beim gleichen Kriterium nacheinander zehn verschiedene Redner beurteilt, gewinnt man einen annähernd objektiven Maßstab, eine Rangfolge der Wertigkeit der Beurteilungen. Hier kann man dann sagen: „Max fand heute bei Ernst die Einleitung besser als bei Karl und bei Karl besser als bei Fritz."

So lassen sich die Gruppenmitglieder zu weiteren Leistungen motivieren.

3. Sie können auch in der Gruppe gemeinsam Redner und Reden beurteilen (Fernsehen, Predigten, Wahlveranstaltungen, Tagungen ...). Gute Vorbilder sind die besten Lehrer. Zwar sollten Sie niemanden nachäffen, aber es macht Sie sicherer, wenn Sie plötzlich erkennen, worauf der rhetorische Erfolg beruht, daß diese Dinge nachvollziehbar sind, nichts mit Zauberei zu tun haben und auch Ihnen zugänglich sind.

4. Vielleicht gewinnen Sie in den betreffenden Rednern sogar Lehrmeisterinnen oder Lehrmeister, denn auch Menschen, die bereits gut reden können, möchten noch besser werden und sind deshalb für fundierte Kritik dankbar.

2.
Der längere Beitrag

Rede und Stoff

Die Rede selbst

Vorbereitung auf die Diskussion nach der Rede

Die vorläufige Gliederung Ihres Stoffes

Die endgültige Gliederung Ihrer Rede

Wie schreibe (entwerfe) ich eine Rede?

Der Spickzettel

Wie lerne ich die Rede?

Tips aus der Praxis

Großer Kriterienkatalog zur Beurteilung von
Reden und Sachvorträgen sowie Rednern

Checkliste

Übungen

Die Bedeutung der Form für die Rede:

„Erfasse die Sache, und die Worte werden folgen", dieser Satz des älteren Cato gilt nur für den kurzen Beitrag.

Beim längeren Beitrag hat wohl Cicero Recht, wenn er sagt:

„Niemand kann in dem beredt sein, was er nicht weiß, aber wenn er es auch noch so gut weiß und nicht versteht, die Rede zu bilden und zu glätten, so kann er selbst das, wovon er Kenntnis hat, nicht beredt vortragen." (Cicero)

Mit anderen Worten: Sachwissen allein genügt nicht, man braucht außerdem noch die Fähigkeit, es an den Mann oder die Frau zu bringen. Dazu gehört auch die Beherrschung der Form, die Beherrschung der günstigsten Ordnung für die Darbietung.

Redearten der Antike:

Die Antike unterscheidet drei Arten von Reden, nämlich

— die Gerichtsrede, meist die Rede vor einem Schöffengericht, weniger die Beweisführung vor Berufsjuristen,

— die Beratungs- und Ermahnungsrede, besonders vor Volksversammlungen oder vor sonstigen großen Beschlußgremien, nicht so sehr die bloße Sachargumentation vor reinen Fachleuten und

— die Lob- und Tadelrede, etwa bei Personaldebatten, aber auch bei Feiern, so dem Auszug von Truppen, bei Ehrungen von Siegern und bei Staatsbegräbnissen.

Redearten heute:

Heute unterscheidet man noch

— die Meinungsrede, in der eine bestimmte Meinung vertreten wird; diese Redeart zielt besonders auf die Willensübertragung,

— den Sachvortrag, er will vor allem informieren, und

— die Gesellschaftsrede, sie möchte Stimmungen wecken oder auch unterhalten, etwa bei Hochzeiten, Ordensverleihungen oder Verabschiedungen.

Keine dieser drei Arten tritt jemals rein auf. Es gibt sie nur in Mischformen. Hängen Sie bitte nicht dem Aberglauben an, ein Sachvortrag müsse *nur* sachlich sein, dann wird er nämlich langweilig, eine Meinungsrede ziele *nur* auf Willensübertragung, dann wird sie aufdringlich und ist nicht mehr ernstzunehmen, und eine Gesellschaftsrede wolle *nur* unterhalten oder *nur* Stimmungen wecken, dann wird sie entweder zum „Kasperletheater" oder zum „Schmalzbad".

Alle drei Redearten enthalten, wenn auch oft bloß in Spuren, die beiden anderen; das heißt, sie unterscheiden sich nur in der Weise, wie jeweils der Schwerpunkt gelegt wird.

Eigentlich gibt es nur zwei Arten von Reden, die trockenen, langweiligen und die interessanten, mitreißenden. Sehen Sie zu, daß Ihre Reden jeweils zu den letzteren gehören.

Merke: Die Leute wollen in erster Linie gut unterhalten sein. Sie verzeihen Ihnen fast alles, außer der Langeweile.

Rede und Stoff

Es wird hier vorausgesetzt, daß Sie Ihren Stoff schon beherrschen und ihn sich nicht erst erarbeiten müssen. Wählen Sie deshalb nur ein Gebiet, das Ihnen liegt.

Es ist besser, Sie bekommen eine Grippe oder einen Kreislaufkollaps, als daß Sie sich vor dreihundert Leuten blamieren und nachher ein Jahrzehnt härtester Arbeit brauchen, um Vorurteile abzubauen, die Sie gegen sich durch eine Stunde belanglosen Gewäschs aufgebaut haben.

Oft können Sie sich aber Ihr Gebiet nicht aussuchen. Dann trösten Sie sich: Jedes Thema wird interessant, wenn man sich nur gründlich genug damit auseinandersetzt. Fangen Sie deshalb möglichst früh mit der Vorbereitung an. Sie müssen nämlich über Ihr Thema mehr wissen als jeder andere im Saal. Fassen Sie Ihr Thema nur eng genug, dann ist das weiter kein Problem (vgl. S. 64 „Die Entwicklung des Maikäfers"), alles andere ist Umfeld, das Sie zwar kennen müssen, auf das Sie aber in Ihrem Vortrag und in der Diskussion danach nicht einzugehen brauchen.

In jedem Fall müssen Sie soviel Stoff haben, daß er für die folgenden Punkte reicht:

— Motivieren

— Strukturieren

— Aktivieren

— Ohrenöffner

— Sachgrund

— Gefühlsgrund

Motivieren: Machen Sie dem Publikum klar, warum Sie sprechen, warum Ihr Wort Gewicht hat, und warum Ihre Hörer gut daran täten, Ihnen zuzuhören. Und schließlich, warum es in deren Interesse liegt, Ihrem Rat zu folgen.

Strukturieren: Schaffen Sie ein Gewebe aus den Hörern, Ihrem Beitrag und Ihnen selbst. Geben Sie Ihren Worten eine logische, zwingende Form, bei der ein Argument aus dem anderen erwächst und eines auf das andere aufbaut.

Aktivieren: „Wenn Du einem das Herz triffst, läßt er sich's wohl merken." (Jes. Sirach)

Bitte beachten Sie, daß Motivieren, Strukturieren und Aktivieren keine Teile der Redegliederung sind, die es nacheinander abzuhaken gilt, sondern Grundsätze, die Sie möglichst in jeder einzelnen Minute Ihrer Rede verwirklichen sollten.

Die Rede selbst

Der Zwecksatz:

Wie heißt Ihr Zwecksatz?

Geben Sie eine klare und ehrliche Antwort auf die Frage: „Was will ich durch meine Rede, mein Referat, den Vortrag bewirken?" Wollen Sie belehren? Das hat niemand gerne. Wollen Sie die Hörer auf Ihre Klugheit neidisch machen? Wollen Sie verblüffen, jemanden ärgern, Ihre Eitelkeit kitzeln? Oder wollen Sie Ihre Zuhörer unterhalten, sie aufklären und/oder mitreißen und überzeugen?

Was ist Ihr rednerisches Wollen? Was ist das Ziel Ihrer Rede?

Formulieren Sie dieses *eine* Ziel in *einem* kurzen und klaren Satz, *Ihrem Zwecksatz.*

Übrigens sollte Ihre Rede wirklich nur *ein* Ziel haben; Sie wollen doch nicht „mit Schrot" schießen?!

Schreiben Sie diesen einen Satz auf ein Kärtchen und stellen Sie es so auf, daß Sie es bei der weiteren Arbeit an Ihrer Rede stets vor Augen haben.

Konsequenz bringt Wirkung!

Ihre Rede ist nichts, oder sollte nichts anderes sein, als eine Folge von Hammerschlägen auf diesen einen Nagel Zwecksatz.

Ihre Begegnung mit den Hörern und der Sache:

Sie wissen nun, was Sie wollen. Jetzt suchen Sie sich Gesprächspartner, die möglichst Ihren zukünftigen Hörern entsprechen.

Welche Interessen bringen diese Ihrem Thema entgegen?

Bei der Vorbereitung teilen Sie Ihre Zeit zwischen Hörer und Stoff 50 : 50. Versuchen Sie, den Standpunkt Ihrer Hörer zu erkunden und diesen dann selbst einzunehmen.

Schaffen Sie bei sich die Betroffenheit, die Sie bei Ihren Hörern auslösen möchten. „Und willst Du zu Tränen mich rühren, weine sie selber zuerst." (Horaz) Und überlegen Sie sich, wie Sie bei den Hörern Betroffenheit gegenüber Ihrem Thema schaffen können. Das nur theoretisch zu erreichen ist unmöglich.

Zum Thema „Abgasentgiftung bei Verbrennungsmotoren" etwa werden Sie Verkehrspolizisten befragen, Stadtgärtner, Autofahrer und Zeitungsverkäufer, die auf einem verkehrsreichen Platz mitten in einer Großstadt ihre Blätter ausrufen. Und stellen Sie sich einmal während der Rush-hour für eine Stunde dazu. Wenn Ihr Vortrag im Rahmen des VDI stattfindet, fragen Sie Ihre zukünftigen Hörer, was sie von Ihrem Vortrag erwarten? Sind es Autobauer, dann sind sie vielleicht an den Abgasentgiftungsbestimmungen der wichtigsten Ausfuhrländer interessiert? Sind es Chemotechniker, dann wollen sie vielleicht etwas über das Alterungsverhalten von Kunststoffen in der Großstadtluft hören? Sind es Stadtplaner ...

Es kommt auf die richtige Mischung von „Grimms Märchen" und „Wirkdiagrammen" an. Seien Sie nicht nur doppelbödig, seien Sie „polybödig". Bieten Sie jedem etwas, Frau Lieschen Müller und Frau Dr. Lisette Meunier.

Versuchen Sie, sich selbst zu konzentrieren, mögliche Gegner aber zu zersplittern; beeindrucken Sie durch eine Flut von Material und Einzelheiten. Dies wächst jedoch nicht in wenigen Tagen, das braucht Zeit. Sie müssen wenigstens zehnmal mehr wissen, als Sie nachher sagen.

Bedenken Sie dabei jedoch, daß Perfektion heute selbstverständlich ist und immer weniger beeindruckt.

Das Unfertige – nicht der Pfusch! – dagegen nimmt uns gefangen, reizt unsere Neugier und verlockt uns zum Weiterdenken.

Das können Blaupausen, Diagramme, Studien zu Statistiken sein oder auch Vorentwürfe, Rohmodelle und Nullserienexemplare.

Die Arbeit an der Rede:

„Eine Rede ist keine Schreibe." (Theodor Vischer)

Und eine Rede soll auch keine Lese sein.

Deshalb erarbeiten Sie sich Ihr Sachgebiet, Ihre Rede, Ihr Referat im Zwiegespräch, dialogisch, rednerisch und nicht als Schulaufsatz, als beschriebenes Papier. So wird es sich am Ende in Ihrer Ausdrucksweise, Ihrer Sprache darstellen und nicht künstlich, aufgesetzt, wie Theaterdonner wirken, der niemanden berührt.

Die Worte werden Ihnen zuströmen, und Sie müssen nicht gequält und Ihre Zuhörer quälend nach Formulierungen suchen.

Dann gibt es keine Überraschungen, derart, daß Sie an den Zuhörern vorbeireden, die Zuhörer überfordern, unterfordern oder schlicht und einfach langweilen.

Bringen Sie Ihre zukünftigen Hörer dazu, sich *Ihren* Kopf zu zerbrechen, sich mit *Ihren* Problemen abzumühen, dann werden sie Ihnen Ihre Rede ausbrüten, so wie letztlich dieses Buch von unseren Kursteilnehmern mitverfaßt wurde. Haben Sie also keine Angst, „mit den Augen und den Ohren zu stehlen". Guter Rat ist billig; daß er teuer sei, ist eine Lüge.

Sammeln Sie zu Beginn vor allem Fragen; auch eine dumme Frage ist eine Frage. Denn tatsächlich gibt es keine dummen Fragen, sondern nur dumme Antworten.

Halten Sie immer und überall Papier und Bleistift bereit. Ein Gedanke, den man nicht aufschreibt, der ist vergessen. Die besten Gedanken kommen Ihnen an vielen Orten: beim Duschen, vor dem Einschlafen, beim Kochen.

Aber beschreiben Sie Ihre Zettel nur einseitig. Das günstigste Format sind Papierfahnen, DIN A4, längsgeteilt. Beginnen Sie nach jedem Gedanken auch eine neue Zeile.

Seien Sie locker!

Lernen Sie, mit dem Unterbewußtsein zu arbeiten:

Archimedes fand das Archimedische Prinzip beim Planschen in der Badewanne.

Für uns ist das Sofa ein „Produktionsmittel" des geistigen Menschen, wie die Kneipe ein „Mistbeet", ein „Saatkasten" für die Kreativität sein kann. Treiben Sie nicht Tiefenbohrung. Zu Beginn ist es einfacher und leichter, Ihr Thema in Spiralen zu umrunden und Felder abzustecken.

„Nichts ist im Geist, was nicht zuvor in den Sinnen war." (Aristoteles zugeschrieben)

Wir verknüpfen also nur Vorgegebenes. Und unsere einzige wirkliche Leistung bei geistiger Arbeit liegt in einer neuen Verknüpfung. Schaffen Sie deshalb nicht zu früh Ordnung.

Lob sei dem Durcheinander; es ermöglicht erst neue Verknüpfungen. Auf dem Friedhof herrscht Ordnung; alle Leichen liegen in Reih und Glied; Form und Größe der Grabsteine bestimmt das Friedhofsamt.

Auf einer Wiese dagegen ist zwar auch Ordnung, eine Ordnung in höherem Sinne, die Lebensgemeinschaft „Wiese"; doch für den Betrachter entsteht, verglichen mit dem Friedhof, der Eindruck der Unordnung, des Durcheinanders. Aber auf der Wiese ist produktives Leben, und wir finden ständig neue Verbindungen. Lernen Sie von der Wiese, lernen Sie, wie Sie Ihre Gedanken wachsen lassen müssen.

Vorbereitung auf die Diskussion nach der Rede

Wenn Sie vor einem strittigen Thema stehen, taucht die Frage auf, wie Sie sich auf mögliche Einwände Ihrer Gegner und die Diskussion nach der Rede vorbereiten können?

Dazu sagt uns Cicero: „Ich meinerseits pflege dafür Sorge zu tragen, daß jeder selbst mich über seine Angelegenheiten belehre und kein Fremder zugegen sei, damit er sich um so freimütiger ausspreche, und ich versuche dabei, die Sache des Gegners zu führen, damit der Klient die seine verteidige und alle seine Gedanken über seine Angelegenheit mitteile.

Hat er mich nun wieder verlassen, so übernehme ich allein mit der größten Unparteilichkeit drei Rollen, meine eigene (etwa die des Verteidigers), die des Gegners und die des Richters.

Findet sich ein Umstand, der für die Sache mehr Vorteile als Nachteile bietet, so bin ich der Ansicht, denselben in der Rede geltend machen zu müssen; worin ich aber mehr ungünstige als günstige Seiten finde, das gebe ich auf und verwerfe es ganz."

Die Welt kennt im konkreten Fall weder Schwarz noch Weiß, sondern nur eine Mischung von Grautönen. Entscheidend ist, was überwiegt, das Licht oder die Schatten. In Ihrer Rede entscheiden Sie sich entweder für das Licht oder für die Schatten. Und in Ihrer Vorbereitung sollten Sie an beides denken, nicht wie jene Verkaufsleiter, die ihren Vertretern einzureden versuchen, ihre Waren seien die besten, ein Verfahren, das bei alten Verkaufshasen zwar Gelächter erzeugt, dem Neuling aber fürchterlichen Ärger einbrockt. Deshalb sollten Sie zwar vom Licht sprechen, aber auf die Schatten vorbereitet sein.

Wie ist das zu schaffen?

Während Sie Stoff für Ihre Rede sammeln, legen Sie sich eine Liste besonders kraftvoller Worte und Argumente an:

Sie nehmen ein Blatt DIN A4, halbieren es senkrecht in der Mitte und schreiben

    rechts ein + und

    links ein – hin.

Nun versuchen Sie, alle Worte und Argumente, die Ihnen bei Ihrer Vorbereitung begegnen, in „+" oder „–" einzuordnen.

Die Reihenfolge spielt dabei keine Rolle.

Worte und Sätze, die Ihnen paarweise einfallen, werden auch paarweise aufgeschrieben, so daß hier einem Satz auf der „–"-Seite einer auf der „+"-Seite entspricht. Finden Sie einen Satz, ein Wort, die ergänzend zu einem Satz oder einem Wort passen, die Sie schon früher aufgeschrieben haben, setzen Sie die an die entsprechende Stelle.

So füllt sich nach und nach Ihre Liste gleichmäßig auf beiden Seiten. Ist ein Blatt gefüllt, kleben Sie das nächste unten an. Nach einiger Zeit entsteht eine unter Umständen meterlange Schlange. Sie lesen diese Liste öfter durch und versuchen, jeweils die noch leeren Stellen zu füllen, so daß schließlich jedem Wort oder Satz auf der „–"-Seite ein Wort oder Satz auf der „+"-Seite entspricht. Meditieren Sie über dieser Papierschlange; durch das Zusammenkleben bleibt der Zusammenhang gewahrt.

Und memorieren Sie auch den Inhalt, indem Sie einmal die eine Seite und ein andermal die andere Seite zuhalten und in der Art, wie Schüler Vokabeln, Wörter lernen, das Zugedeckte zu ergänzen suchen.

Bei Ihrer späteren Rede vergessen Sie die „+"-Seite oder die „–"-Seite. Trotzdem haben Sie in einer auf die Rede folgenden Diskussion für jeden Einwurf sofort die passende Antwort.

Ihre künftigen Hörer haben im günstigsten Fall eine Stunde Zeit, sich Einwände gegen Ihre Rede einfallen zu lassen. Ihre Gegner werden also nie so viele und so scharfe Argumente finden können, wie Sie in Wochen angestrengter Arbeit auf Ihrer Liste gesammelt haben. Wenn Sie sich nur gründlich genug vorbereitet haben, mag kommen, was will, Sie werden immer gerüstet sein.

Ihre Gegner können dann einwenden, was sie nur wollen, Sie werden stets in der Erinnerung auf Ihrer Liste eine passende Erwiderung finden oder wenigstens eine, die man passend machen kann.

So werden Sie ruhig und gelassen in den Kampf ziehen können, und man wird Ihre Schlagfertigkeit bewundern.

Wenn Sie gar nach Ihrer Rede mit Diskussion Ihre Liste verbessern und ergänzen, werden Sie bald als unschlagbar gelten, denn Schlagfertigkeit ist letztlich das, was einem hinterher einfällt, und woraus man einen Vorsprung für das nächste Mal macht.

Die vorläufige Gliederung Ihres Stoffes

Vorarbeiten:

Nach jedem Großeinkauf bleiben heute zahlreiche leere Pappschachteln übrig. Diese Pappschachteln kleben Sie mit Kaltleim so zusammen, daß große, glatte, doppelschichtige Pappflächen von guter Festigkeit entstehen. Bei stetem Sammeln haben Sie davon bald eine ganze Menge. Weiter brauchen Sie eine Anzahl kräftiger Stahlstecknadeln, wie sie Dekorateure verwenden, und einen Fingerhut.

Sammeln:

Sie leeren die Schachtel mit den bisher gesammelten Lesefrüchten, Gesprächsfetzen, Geistesblitzen und Fragen in Ihrem Zimmer aus, möglichst zu einer Zeit, die Ihnen mehrere Stunden ungestörter Arbeit verspricht.

Sie schneiden die Zettelfahnen auseinander, jeder Gedanke ein eigener Papierstreifen. Diese Papierstreifen heften Sie mit den Nadeln wie Schmetterlinge einer Schmetterlingssammlung auf die Pappflächen. Die mit Zetteln bedeckten Pappflächen breiten Sie auf Tisch, Bett, Fußboden oder auch senkrecht an der Wand aus.

Bei Bedarf sind diese Pappen samt den auf ihnen geordneten Zetteln rasch aufgeräumt und leicht auf einem Kleiderschrank oder an sonst einem ungestörten Ort gestapelt, von dem man sie bei günstiger Gelegenheit schnell wieder hervorgeholt hat.

Wir haben in unserer Wohnung stets mehrere solcher Pappstapel verteilt, auf denen Gedanken darauf warten, sich in Vorträge oder bedrucktes Papier zu verwandeln. (So entstand übrigens auch dieses Buch.)

Ordnen:

Nun meditieren Sie über Ihren Gedankenzetteln, bis Sie eine Möglichkeit der Strukturierung gefunden haben, irgend ein Ordnungsprinzip (noch nicht Ihre endgültige Redegliederung!), das Ihnen eine Überschau erlaubt, etwa nach Sachgebieten oder Ober- und Unterbegriffen.

Nachdem Sie Ordnung in Ihre Zettel gebracht haben, erkennen Sie Übergewichte, Lücken, was doppelt ist, was fehlt, was wichtig und was unwichtig ist.

Aber werfen Sie nichts voreilig weg; Sie könnten es noch brauchen.

Ergänzen und Überprüfen:

Im Angesicht all Ihrer Zettel, nun geordnet wie eine Schmetterlingssammlung, fragen Sie sich noch einmal

— *nach dem Sinn und Zweck der Rede:*

Warum rede ich?

Wie heißt mein Zwecksatz?

Wie heißt mein Thema?

Was will ich erreichen, sowohl persönlich als auch inhaltlich?

— *nach dem Zuhörerkreis:*

Wer werden meine Zuhörer sein?

Was kann ich bei meinen Zuhörern voraussetzen?
– Es ist meist weniger als Sie annehmen!

Was erwarten die Zuhörer von meinem Vortrag?

Wodurch sind sie motiviert oder zu motivieren?
– Ehrgeiz, Informationsbedürfnis, Neugier ...

Wie wird ihre Stimmung sein?
– zustimmend, reserviert, vorsichtig, ablehnend ...

— *nach dem Inhalt der Rede:*

Wie kann ich den Stoff interessant gestalten?
– durch Beispiele, Fallstudien, Anschauungsmaterial ...

Fehlen mir noch wichtige Informationen?
– genaue Quellen, letzte Zahlen ...

— *nach den äußeren Bedingungen:*

Findet der Vortrag in einem kleinen oder großen Kreis, einem kleinen oder großen Raum statt?
– Kann ich das natur- und größengetreue Modell der Hydraulik eines Doppelschraubenmotorschiffes einsetzen oder wäre ein Film angebrachter?

Sind technische Vorbereitungen zu treffen? Wenn ja, welche?
– Hausmeister, Filmgerät, Filme, Folien, Kopien, Bücher ...

Wie sind die zeitlichen Verhältnisse?
– Ab wann kann man aufbauen? Bis wann muß man wieder abgebaut haben? Bis wann muß der Raum verlassen sein?
Essenszeiten? Feierabend des Hilfspersonals? ...

Bei der Betrachtung der einzelnen Zettel vorversprachlichen Sie möglichst auf ein Tonband, um es sich später anhören zu können. So decken Sie Schwächen und Lücken auf, und die Zahl Ihrer Zettel wird sich vervielfachen.

Sollte Ihnen noch Stoff fehlen, fragen Sie sich bei den einzelnen Zetteln:

— Warum?

— Wer?

— Was?

— Wo?

— Womit?

— Wie?

— Und weiter?

Jeder einzelne Zettel und sein Inhalt sind sowohl zeitlich als auch räumlich in Zusammenhänge verwoben.

Er ist zeitlich begleitet von einem

— „Früher" (?)

— „Zugleich" (?)

— „Später" (?)

Er hat räumlich Nachbarn im

— „Vorher" (?)

— „Links" (?)

— „Rechts" (?)

— „Hinterher" (?)

Auswählen:

Nun werden Sie mit der Stofffülle zu kämpfen haben. So sichten Sie denn nach

— Muß?

    Was sollen die Zuhörer noch in zwei Jahren von Ihrer Rede, Ihrem Vortrag wissen?

— Soll?

    Was sollen sie noch in zwei Wochen von Ihrer Rede wissen?

— Kann?

Die Soße, die Ihre Worte schmackhafter macht.

— Sicherheit?

Sie dürfen nur Dinge sagen, die Sie auch in einer Diskussion mit Fachleuten leicht verteidigen können.

— Eindeutigkeit?

Sagen Sie *nie* „jein" oder „sowohl als auch".

Entscheiden Sie sich für „ja" oder „nein".

— Konsequenz?

Vermeiden Sie alles, was Ihrem rednerischen Wollen entgegensteht und was seine Wirkung mindert.

Bejahen und stärken Sie alles, was seine Wirkung begünstigt und stärkt.

Haben Sie Mut zur Konzentration, zur Beschränkung.

Bilden Sie Schwerpunkte.

Nicht kleckern, sondern klotzen!

Wer sein Thema erschöpft, erschöpft nur seine Zuhörer.

Kurz:

Der Ablauf Ihrer Vorbereitung läßt sich mit dem Schema für die Entscheidungsfindung vergleichen:

1. *Lage (Ist):*

Bedürfnisse der Hörer, mein Stoff, mein Wissen, ich als Fachmann

Auftrag (Soll):

Mein Zwecksatz, mein rednerisches Wollen ...

2. *Sammeln:*

Stoffsammlung, Zettelkasten ...

Vorgespräche mit zukünftigen Hörern, Fachleuten, möglichen Gegnern

Schaffen eigener Betroffenheit von Stoff und Hörern.

3. Ordnen:

Überblick darüber, was ich habe und was ich noch brauche, die „Schmetterlingssammlung" ...

4. Ergänzen und Überprüfen:

Klärungsfragen ...

5. Auswählen:

Wie und womit werde ich meine Rede aufbauen (Weg, Maßnahmen)?

Die endgültige Gliederung Ihrer Rede

„Das Schaffen selbst ist eitle Bewegung,
das stümpert sich leicht in kurzer Frist.
Jedoch der Plan, die Überlegung,
das zeigt erst, wer ein Meister ist." (Heinrich Heine)

Eine Rede ist geordnete Sprache, vergleichbar einer Perlenkette. Wie bei einer Perlenkette sollen die Farben wechseln. Aber wenn bei einer Perlenkette die dicksten Perlen in der Mitte sind, sind sie bei der Rede am Ende. Die Perlen der Kette sind klar eine von der anderen getrennt, doch durch einen gemeinsamen Faden verbunden und am Anfang und Ende durch die Schließe zusammengehalten, so auch die Teile Ihrer Rede.

Cicero sagte, ein Gewölbe aus sauber behauenen Steinen halte auch ohne Mörtel. Das gilt in gleicher Weise für Ihre Rede. Wenn die Teile Ihrer Rede leicht zu unterscheiden sind, wenn Sie mit dem Mörtel sparen, wird es dem Hörer leichter zu folgen und sich die Struktur Ihrer Rede zu merken, als wenn er vor einer einförmigen Wand aus Beton steht. Kleistern Sie nicht alle Fugen zu! Hörer und Redner behalten dann leichter den Überblick. Lassen Sie bewußt Kanten und Ecken stehen, an denen der Hörer hängen bleibt.

Vermeiden Sie Übergewichte!

Platon schreibt in seinem Dialog „Phaidros": „Jede Rede muß wie ein lebendiges Wesen (ein Organismus) zusammengefügt sein und gleichsam einen Körper haben, so daß sie weder ohne Haupt noch ohne Füße ist, sondern Rumpf und Glieder hat, die zueinander und zum Ganzen passend abgefaßt sind."

Je klarer die Gliederung, desto angenehmer für Hörer und Redner. Klarheit geht vor Schönheit, denn Klarheit ist immer auch schön. Jede Rede hat eine Einleitung, ein Mittelstück und einen Schluß. Die Einleitung gewinnt, stimmt ein, nimmt gefangen, schafft Gemeinsamkeit des Denkens, durch eine Schilderung, eine Schmeichelei, einen Witz, durch das Erstaunliche, das Erwünschte oder das Erschreckende.

Steigern Sie langsam: Es ist schlecht, wenn auf einen guten und kräftigen Anfang nicht mehr viel folgt.

Keine Entschuldigungen zu Beginn: Bringen Sie die Leute nicht auf schlechte Gedanken; man merkt auch so, wenn Sie ungenügend vorbereitet sind und Ihren Stoff nicht beherrschen.

Das Mittelstück spricht erst zum Verstand und dann zum Gefühl. Der Schluß muß sich aus der Rede ergeben. Er ist der langen Rede kurzer Sinn, enthält die dicksten Rosinen und wirkt nach. Wie die Pfeilspitze die Kraft des Schußes in sich birgt und mit Widerhaken im Ziel haftet, so soll es mit dem Schluß Ihrer Rede sein, so soll er in den Herzen Ihrer Hörer haften. Der Schluß enthält in jedem Fall eine Zusammenfassung und den Appell an das Gefühl der Zuhörer, den Aufruf zur Tat.

15 einfache Gliederungen

Die folgende Übersicht will Ihnen Möglichkeiten zeigen, aber keine Vorschriften machen. Sie werden auswählen müssen, was Ihnen am geeignetsten erscheint.

1. AIDA:
   A: Aufmerksamkeit
   I: Interesse
   D: Drang nach weiteren Informationen
   A: Aktion

2. „Hey! You! So!"
   „Hey!": „He, Sie! Hören Sie mal her!"
   „You!": „Das geht Sie an!"
   „So!": „So wird's gemacht!"

3. Erst auf die Schulter klopfen und dann in die Tasche greifen.

4. Gewinnen – Überrumpeln – Mitreißen

5. Positiv – Negativ – Fazit
   Wenn Sie den Hörern gesagt haben, was sie gerne hören (positiv), können Sie ihnen sagen, was sie ärgert (negativ), und aus der Gegenüberstellung von beidem ergibt sich, was Sie wollen, und was die Hörer machen sollen (Fazit).

6. Ist – Soll – Weg

7. Was war? – Was ist? – Was wird oder was sein soll?

8. Vorteil – Nachteil – Fazit

9. Absicht – Ergebnis – Fazit

10. Theorie – Praxis – Fazit

11. Einzelner – Gemeinschaft – Fazit

12. Mehrheit – Minderheit – Fazit

13. Wort – Tat – Fazit

14. Naturrecht – Gesetz – Fazit

15. Wunschziel – Erreichbarkeit – Fazit

Drei kompliziertere Gliederungen

1. Die Fünf-Stufen-Methode (n. Wittsack):

    1. Warum spreche ich?   _____

    2. Was ist?   _____

    3. Was müßte sein?   _____

    4. Wie läßt sich das erreichen?   _____

    5. Aufforderung zum Handeln   _____

2. Aus der neueren Denktheorie (n. Dewey):

    1. Man begegnet einer Schwierigkeit.   _____

    2. Sie wird lokalisiert und präzisiert oder definiert.   _____

    3. Ansatz möglicher Lösungen   _____

    4. Logische Folgen dieses Ansatzes   _____

    5. Weiteres Beobachten   _____

3. Der didaktische Fünfschritt: _____

    (vgl. Dewey, J., How we think, New York/Wie wir denken, Zürich; Geissler, G., Das Problem der Unterrichtsmethode: Herbart und seine Schule)

    1. Begegnung mit dem Problem – Stufe des Staunens und des Betroffenwerdens – *Zeigen* und Selbertun

    2. Erarbeitung der Frage- oder Problemstellung – Stufe der Analyse – *Zeigen und Sagen*

    3. Erarbeitung der Problemlösung – Analyse und Synthese – *Zeigen und Sagen*

    4. Ebene der Abstraktion, der Strukturen und Gesetze – Stufe der Synthese – *Sagen*

    5. Erprobung der Lösung, erneute Begegnung mit dem Problem – Ebene der Erfolgssicherung und der Übertragung – Synthese – *Zeigen* und Selbertun

Redegliederung aus der Antike

(vgl. Krauss, W., Grundprobleme der Literaturwissenschaft, Hamburg auch Aristoteles, Rhetorik III/13–19; Aristoteles, Rhetorik an Alexander §§ 30–39, und M.T. Cicero, de Oratore, II/§§ 307–333)

1. Exordium: Aus dem Beginn der Rede, Zielangabe

2. Captatio benevolentiae: Gefangennehmen des Wohlwollens

3. Prolepsis: Vorwegnahme gegnerischer Einwände (nur vor einem feindlichen Publikum)

4. Narratio: Erzählung, etwa des Falles vor Gericht – *Zeigen*

5. Argumentatio, auch Confirmatio: Argumentation, auch Bekräftigung – *Sagen*

6. Refutatio: Zurückweisung, Widerlegung gegnerischer Einwände

7. Conclusio, auch Epilogus: Folgerung, Schluß, auch Nachwort

Sie werden jetzt mit Recht fragen: „Was sollen diese verstaubten antiken Formeln? Wo bleibt der Praxisbezug?" Nun, der Wortgottesdienst der Sonntagsmesse ist zum Beispiel nach diesem Schema gebaut und sollte danach gebaut sein.

Auf die „narratio", die Erzählung, das Evangelium, folgt die „confirmatio" oder „argumentatio", die Bekräftigung, die Ableitung und Übertragung auf den Hörer, dann die „refutatio", die Zurückweisung, die Einwandentkräftung und schließlich die „conclusio", die Folgerung, die Nutzanwendung für die Hörer, für die Gemeinde. Nur muß man leider allzu häufig feststellen, daß Evangelium und folgende Predigt kaum einen Sinnzusammenhang haben und die Zusammenfassung und Übertragung auf den Hörer schlicht vergessen werden. Da entsteht dann die Frage, ob der betreffende Geistliche seine Geistesblitze für besser als das jeweilige Tagesevangelium hält.

Auch Sie werden sich bei einer Tagung etwa nur angenehm profilieren, wenn Sie Ihr Referat mit einer Fallstudie oder einer Geschichte beginnen, aus dem dann Abstraktionen mühelos und verständlich abzuleiten sind, anstatt Ihre Zuhörer gleich mit einem Schwall von Theorie zu erschrecken.

In der Praxis könnte das so aussehen:

1. Exordium: „Meine sehr verehrten Damen und Herren, mein Thema heute lautet ..."

2. Captatio benevolentiae: „Ich spreche hier vor Fachleuten und kann deshalb auf Verständnis hoffen, denn ..."

3. Narratio: „Jeder von uns kennt doch aus der Praxis folgenden Fall ..."

4. Confirmatio: „Daraus wird eindeutig klar, daß ..."

5. Refutatio: „Nun gibt es aber Leute, die behaupten allen Ernstes, daß ... Aus dem ... und dem Grund ... ist jedoch mit Entschiedenheit zu erwidern ... Wer da noch ..."

6. Conclusio: „Deshalb rufe ich Sie auf (Ihnen zu) ..."

Die Normalgliederung

(vgl. S. 116 ff.)

Auch hier gelten die drei Grundsätze:

Motivieren! Strukturieren! Aktivieren!

Wir müssen versuchen, sie in jeder Minute unserer Rede zu verwirklichen.

So haben wir denn mit der Einleitung die *Ohren geöffnet*, Wohlwollen errungen und erste Hindernisse ausgeräumt. Unter Umständen brauchen wir eine Überleitung, die uns zum Mittelstück führt.

Nun müssen wir auf das Hirn der Zuhörer zielen, ihnen *Beweggründe, Sachgründe* liefern, ihnen zeigen, daß wir

185

wohlinformiert, Fachleute und vertrauenswürdig sind. Jeder vernünftige Mensch, die Wissenschaftler eingeschlossen, muß wollen, was wir wollen. Dazu gehören Fachausdrücke, Zahlen, Statistiken und ruhig etwas fachliche Langeweile und Unverständlichkeit, etwas Fachchinesisch, das erst verleiht uns in den Augen mancher Zuhörer wirklich den Heiligenschein des Fachmannes. Doch darf Schwerverständliches stets nur Gewürz bleiben, ein Hauch, ein leichter Nebel, ein Weichzeichner, einige Worte, höchstens kurze Sätze, Formeln. Wehe, wenn es zum wesentlichen Bestandteil wird und in fünfminütigen Knödeln auftritt; die Hörer werden die Gefolgschaft verweigern und sanft entschlummern oder in Tagträume verfallen.

Wiederholungen als Variationen über ein Thema, bewußt eingesetzt, wie hier bei der Normalgliederung, erleichtern dem Publikum das Verständnis und steigern den Erfolg bei der Vermittlung von Sachproblemen.

Sind die Hirne überzeugt, müssen die Herzen gewonnen werden. Hirne sind treulos; es hat meist der Recht, der zuletzt sprach. So müssen wir denn die Herzen zu unseren Verbündeten machen. Bei den Menschen ist meist das vegetative Nervensystem und das Bündel der Gelüste und Strebungen der Herr und das Hirn das Dienstmädchen, das unseren Gelüsten bei Bedarf jede Quantität fauler Ausreden liefert, so daß wir auch den größten Blödsinn stets in der festen Überzeugung begehen können, nur der Vernunft zu gehorchen.

Um aber die Herzen zu gewinnen, müssen wir zu den Herzen sprechen. Zeigen wir Gefühle, dann werden wir *Gefühle wecken*. Appellieren wir also ungeniert an Liebe, Haß, Träume, Begehrlichkeit, Wir-Empfindungen und den Spieltrieb oder die Neugierde. Es wird Ihnen plötzlich eine Woge der Zustimmung und der Dankbarkeit entgegenschlagen, weil Sie den modernen Aberglauben der „Sachlichkeit" verlassen haben und zu den Leuten sprechen, wie diese es gerne hören. Nun wird nicht einer mehr schlafen.

Die bisherige Gelassenheit Ihrer Zuhörer ist einer gewissen Erregung gewichen. Natürlich dürfen Sie, wenn nötig, jetzt in den „Schmalztopf" greifen. Aber sie müssen nicht, denn die Gefühle der verschiedenen Zuhörerschaften sind durch die verschiedensten Mittel zu erregen: So kann unter Juristen ein besonders verzwicktes juristisches Problem, das Nichtjuristen zum Einschlafen brächte, die Hörer von den Stühlen heben. So wäre der Laie verwirrt, wenn er wüßte, womit man Chirurgen, Oberförster oder Chemiker erfreuen kann. Schließlich gibt es ja auch Leute, die gerne Skat spielen, oder die vor Schachproblemen, Kreuzworträtseln oder schwierigen Bergtouren in Entzücken ausbrechen. Bei VDI-Vorträgen etwa ist die unvollendete Konstruktionszeichnung – „Was meinen Sie wohl, welche Lösung unser Haus gefunden hat?" – ein Trick, mit dem man das Publikum zum Rotieren bringt.

Der wirksame Gefühlsgrund muß also gar nicht wie ein Gefühlsgrund aussehen und kann doch zu den besten gehören.

Damit die Vielzahl Ihrer guten Argumente nicht wieder vergessen wird und die Zuhörer sich erholen können, um Ihren Schlußsatz voll und ohne Mühe zu verinnerlichen, folgt jetzt die *Zusammenfassung,* bei der Sie in ein, zwei Sätzen alle wesentlichen Punkte Ihrer Rede noch einmal streifen, um so zwingend zu Ihrem *Schlußsatz* hinzuführen, der Krönung und dem Abschluß Ihrer Rede. Verderben Sie seine Wirkung nicht, indem Sie, durch die Ergriffenheit der Zuhörer überrascht, glauben, noch etwas anfügen zu müssen: Kleckern Sie nicht nach!

Wenn die Zuhörer keinen Beifall spenden, weil die durch Ihre Rede zu sehr erschüttert sind, sagen Sie nach Ihrem Schlußsatz: „Ich danke Ihnen." Dann wissen alle: Es darf geklatscht werden.

Sie können diese Form des Aufbaus mit einem Wechselbad vergleichen auf *Zeigen* folgt *Sagen,* darauf *Zeigen* und schließlich wieder *Sagen.* Oder auf den *gefühlvollen Ohrenöffner* folgt der *ruhige Sachgrund,* auf ihn der *er-*

regte *Gefühlsgrund,* dann die *sachliche Zusammenfassung* und endlich der *gefühlvolle Schlußsatz.* So werden Ihre Zuhörer hin- und hergeschüttelt, kommen nicht zum Einschlafen und werden Ihnen am Ende mit brausendem Beifall danken.

Die Normalgliederung gleicht einer ballistischen Kurve. Am Anfang, dem Abschuß, hören wir einen Knall, den Ohrenöffner am Ende, dem Einschlag, wieder einen Knall, den Schlußsatz. Wenn es am Anfang nicht knallt, wird die Granate nicht abfliegen. Und wenn es am Ende nicht knallt, war es nur ein Blindgänger. Die Flugbahn der Granate besteht zu zwei Dritteln aus einem steigenden Ast, dann kommt der Gipfel und zum Schluß aus einem Drittel fallenden Ast, so auch die Erregungskurve Ihrer Rede. Diese Gliederung ist für jeden Redezweck verwendbar.

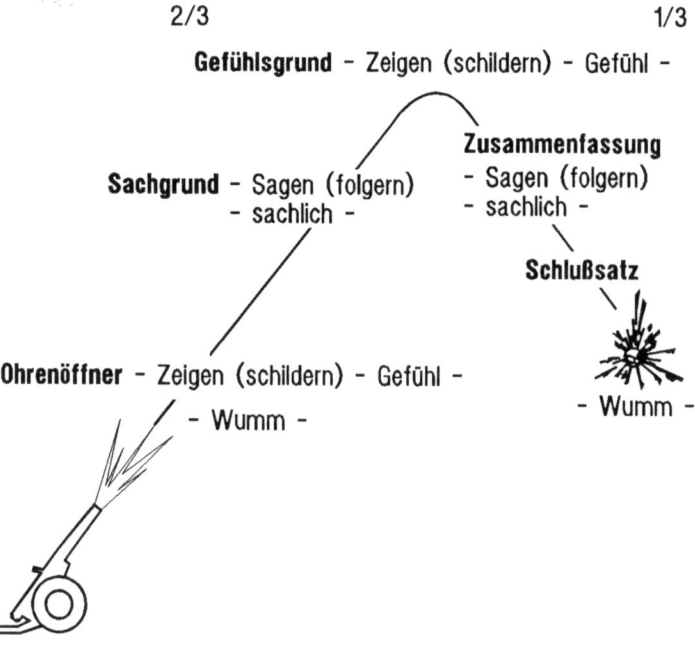

2/3   1/3

Gefühlsgrund – Zeigen (schildern) – Gefühl –

Zusammenfassung – Sagen (folgern) – sachlich –

Sachgrund – Sagen (folgern) – sachlich –

Schlußsatz

Ohrenöffner – Zeigen (schildern) – Gefühl – – Wumm –

– Wumm –

Bei der Meinungsrede, der politischen Rede etwa, werden Sie fest auf den Schlußsatz zielen.

Bei der Gesellschaftsrede, Ordensverleihung, Beerdigung oder bei einem Richtfest werden die Gefühlsmomente stärker ausgebaut, obgleich der Sachgrund nicht ganz verschwindet: „Unser Dank gebührt auch den Elektrikern, die zweihundertsiebenundvierzig Kilometer Kabel verlegten ...“

Selbst der Fachvortrag verträgt eine anhörliche Einleitung, Fallstudie, und kurz vor dem letzten Drittel eine Gefühlsspritze, Zurückweisung und/oder „Prinzip Hoffnung“, den Ausblick in eine „schönere Zukunft“, die auch den letzten Schläfer wieder weckt. Professoren zum Beispiel schimpfen in Vorlesungen dann gerne auf Kollegen oder greifen „heilige Kühe“ an, Hegel, Marx oder scheinbar gesicherte Lehrmeinungen.

Die Normalgliederung in Kürze

Einleitung:

1. Der Ohrenöffner – Gewinnen des Wohlwollens (captatio benevolentiae) und der Aufmerksamkeit, etwa durch eine Schmeichelei, einen Witz oder eine Geschichte (Fallstudie)
2. Gegebenenfalls Vorwegnahme gegnerischer Einwände
3. Wenn nötig auch eine Überleitung

Mittelstück:

1. Der Sachgrund – sachlich, Zahlen, Fachausdrücke
2. Der Gefühlsgrund – der Tropfen Öl, der auch komplizierte Getriebe zu rundem Lauf bringt

Schluß:

1. Die Zusammenfassung – kurz und klar
2. Der Schlußsatz – ein Aufruf, ein Appell
   Mut zum Schluß, nicht nachkleckern!!!

Noch kürzer:

1. Ohrenöffner
2. Sachgrund
3. Gefühlsgrund
4. Zusammenfassung
5. Schlußsatz

Wie schreibe (entwerfe) ich eine Rede?

Sie sind sich über das Thema Ihrer Rede und den Stoff klargeworden und möchten sie gerne zu Papier bringen. Sie wählten die Normalgliederung in der Langform.

Dann beginnen Sie zunächst mit dem leichtesten Teil, dem *Sachgrund,* denn über Tatsachen ist man sich rasch einig. Und das Aneinanderreihen von Tatsachen in logischer Folge macht bei der richtigen stofflichen Vorbereitung kaum Schwierigkeiten.

Aus dem fertigen Sachgrund ergeben sich oft ein neues Thema und ein neuer Zwecksatz; tragen Sie es mit Fassung und fügen Sie sich in das Unvermeidliche. Wenn Sie nun die Tatsachen haben, wird Ihnen auch einfallen, wie man sie mit den Interessen der Zuhörer verknüpfen kann (etwa „Prinzip Hoffnung" oder „Geld macht sinnlich"), und der *Gefühlsgrund* entsteht fast von selbst.

Vom Gefühlsgrund finden Sie ohne Anstrengung zum *Ohrenöffner,* etwa eine Fallstudie, eine Geschichte (Erzählung). Und Ihre Rede ist beinahe fertig.

Die *Zusammenfassung* ergibt sich nun fast von selbst.

Daraus entsteht zwangsläufig der *Schlußsatz,* der Aufruf, der Appell („So rufe ich Ihnen denn zu . . .!" „So wollen wir denn . . .!" „So hoffe und wünsche ich denn, mit Ihnen . . .!" „Möge denn . . .!").

Kurz:

Sie schreiben die einzelnen Redeteile in der Reihenfolge:

1. Sachgrund

2. Gefühlsgrund

3. Ohrenöffner

4. Zusammenfassung

5. Schlußsatz

Der Spickzettel

„Eine abgelesene Rede ist wie gemaltes Feuer."
(M. Weller)

Doch zwei Dinge dürfen Sie ablesen:

— Die Anrede, die Begrüßung, damit Sie niemanden vergessen, der Ihnen nachher böse sein könnte, und

— den Schlußsatz, wenigstens als Anfänger im Reden, damit Sie nicht durch einen möglichen Versprecher den gesamten Erfolg Ihrer Rede gefährden.

Kaum einer Ihrer Hörer wird Sie bewundern, wenn Sie durch Gedächtniskunststücke glänzen wollen und Ihre Rede aufsagen wie „Klein Erna" Ihr Weihnachtsgedicht, stets gefoltert von dem Gedanken, das nächste Stichwort zu verlieren, unfähig, auch nur auf einen Zwischenruf einzugehen.

Doch man wird über Sie die Köpfe schütteln, wenn Sie zu oft steckenbleiben und sich dauernd verhaspeln, Unsicherheit ausstrahlen, an Ihrem Thema vorbeireden oder gar in Panik geraten und das Podium fluchtartig verlassen.

Haben Sie deshalb Mut zur schriftlichen Gedächtnisstütze, zum Spickzettel, der Ihren Kopf von Ballast befreit, der Sie befähigt, auf Fragen, Ergänzungen und Widersprüche einzugehen, weil Sie die Gewißheit haben, durch den geeigneten Spickzettel jederzeit wieder den „roten Faden" zu finden und nichts Wesentliches zu vergessen.

Vier verschiedene Arten von Spickzetteln:

1. *Der erschlossene Text:* (Er ist wohl die häufigste Form des Spickzettels und zugleich die unhandlichste, da man leicht den Überblick verliert, sich wiederholt oder Zeilen überspringt.)

   Im fortlaufenden Text Ihrer Rede sind Worte verschiedenfarbig, dick, dünn oder gestrichelt unterstrichen oder eingekreist und wichtige Passagen durch senkrechte Striche am Rand herausgehoben. Sie lesen vor und versuchen sich hie und da vom Blatt zu lösen.

2. *Der aufgeschlüsselte Text:* (Hier finden wir die bequemste Form des Spickzettels, geeignet für einen längeren Sachvortrag, bei dem es auf Zahlen, Formeln ... ankommt, vielleicht einen Vortrag vor dem VDI, ein Seminarreferat während Ihres Studiums, einen Rechenschaftsbericht vor der Geschäftsleitung Ihrer Firma, eine Argumentation vor dem Finanzausschuß Ihres Gemeinderats, ein Gutachten ...)

Ihr Blatt (Blätter) ist halbseitig beschrieben mit dem fortlaufenden Text Ihrer Rede (rechte Hälfte des Blattes). Sie haben an ihm gearbeitet, als solle es ein „erschlossener Text" werden (unterstrichen, eingekreist ...). In die freie Hälfte (linke Seite des Blattes) schreiben Sie kurz vor dem Termin Ihrer Rede die dann noch notwendigen Stichwörter, jeweils in gleicher Höhe wie der zugehörige Text.

Wenn Sie den Text Ihres Referates vervielfältigt an die Hörer austeilen müssen, etwa auf einer Tagung, heften Sie über die Manuskriptseiten Blattfahnen (halbierte Blätter), auf denen Sie in gleicher Weise wie vorher auf den freien Blatthälften Ihre Stichwörter notieren. Je öfter Sie zuvor Ihre Rede vorversprachlicht haben, desto weniger Stichwörter werden Sie brauchen und desto leichter wird Ihnen nachher der Vortrag Ihrer Rede fallen. Sie versuchen dann beim Reden, den verbindenden Text aus dem Augenblick heraus zu schaffen („Methode Tarzan": im freien Flug von Ast zu Ast ...) und können bei Unsicherheit auch ablesen, bis Sie merken, „die Erde hat mich wieder".

3. *Die Gliederung in Stichworten:* (Sie war einst die Form des Spickzettels, die von den Praktikern bevorzugt wurde. So gibt es heute noch in Archiven Stichwortzettel von F. Lassalle aus dem Hatzfeldprozeß oder auch Stichwortzettel von A. Hitler. Diese Form entspricht etwa dem Tafelbild bei Vorlesungen.)

Sie haben Ihre Rede übersichtlich gegliedert in Stichworten, möglichst auf einem Blatt wegen der Überschau, mit Zwischenüberschriften, Pfeilen, Ausrufezeichen, Blitzen ... unterschiedlich markiert und verdeutlicht, und extemporieren beim Reden den verbindenden Text.

4. *Die Kärtchenmethode:* (Ihr entspricht etwa die Bildfolge bei einem Dia-Vortrag, die Abfolge von Anschauungsmitteln im Unterricht, die Folienfolge bei einem Vortrag mit dem Overheadprojektor oder bei einer Präsentation die Folge von Blättern auf dem Flip-chart-Ständer.)

Ein Stichwort steht groß auf jeweils einem kleinen Kärtchen, vielleicht von Visitenkartengröße. Dazu in noch kleinerer Schrift, etwa mit der Zeichenfeder geschrieben, Ergänzungen, Zahlen, Formeln, Gesetzestexte, Quellen ... Die Kärtchen können Sie unauffällig in der Hand halten oder von einer Jackentasche in die andere befördern. Sie haben so die Möglichkeit, noch kurz vor der Rede Ihren Text umzustellen oder zu ergänzen – bei einem Stichwortzettel alter Art wäre das eine recht mühselige Geschichte.

Während Sie die Kärtchen kurz anschauen, extemporieren Sie den verbindenden Text.

Bitte numerieren Sie mit Bleistift Ihre Kärtchen durch, damit sie rasch zu ordnen sind, sollte Ihnen während der Rede der ganze Stoß zu Boden fallen.

Bei der Diskussion nach Ihrer Rede legen Sie die Kärtchen nebeneinander vor sich auf das Rednerpult, so wird es Ihnen leichter, zu erwidern.

Die Kärtchenmethode ist die heute bei Praktikern am häufigsten anzutreffende Form des Spickzettels und entspricht unserer Meinung nach am besten den Erfordernissen der freien Rede.

Erproben Sie alle vier Methoden, suchen Sie die für Sie geeignetste aus, und üben Sie diese bis zur Perfektion ein. Denn ohne Übung nützt Ihnen der schönste Spickzettel nichts.

Wie lerne ich die Rede?

Zwei Arten des Lernens einer fertigen Rede:

1. Das schriftliche Ausfeilen mit anschließendem Auswendiglernen:

   Es gibt Menschen, die gut auswendig lernen, sogar die einzelnen Gesten einüben und damit Erfolge feiern (u. a. W. Churchill oder J. Goebbels). Sollten Sie dazugehören, seien Sie trotzdem vorsichtig vor schönen, ausgesuchten Worten oder gar schönen, ausgesuchten Sätzen, denn diese fallen Ihnen auf dem Katheder oft nicht mehr ein und werden so zu „Hängern". Verwenden Sie Ihre Alltagssprache, in gereinigter und für die reifere Jugend bearbeiteten Form, über diese verfügen Sie nämlich auch dann, wenn hundert Augenpaare Sie anschauen.

2. Das freie Vorversprachlichen nach Stichworten:

   Auch „Methode Tarzan" genannt – im freien Flug von Stichwort zu Stichwort. Dieses Vorversprachlichen nach Stichworten hält Sie flexibel. Bei der auswendiggelernten Rede dagegen gleichen Sie einer Eisenbahn auf einer kurvenreichen Strecke ohne Ausweichmöglichkeiten. Sie sind dann unflexibel und fürchten bei jeder Kurve, zu entgleisen und den Faden zu verlieren.

   Die unserer Meinung nach beste Methode ist das Vorformulieren, das Vorversprachlichen, wenn möglich mit Zuhörern, das heißt, mit Echo. Besser als gar nichts ist das Selbstgespräch im Gehen; man ist dabei körperlich und geistig locker und in Bewegung. Manche Redelehrer empfehlen auch das Versprachlichen in den Spiegel hinein oder vor leeren Stühlen.

Kurz:

Sie versprachlichen zu Partnern während Ihrer Stoffsammlung, während Ihre Redegliederung entsteht und beim Einüben der Rede.

Rede und Zeit:

Das dauernde Versprachlichen liefert Ihnen soviel Stoff, daß Ihre Rede dazu neigt, zu lang zu werden. Zwischenrufe können Sie dann leicht vom roten Faden abbringen, so daß Sie nun für den einen Zuhörer interessant gesprochen haben, aber Ihr Thema restlos verfehlten und das übrige Publikum unter Umständen verärgerten. Deshalb halten Sie Ihre Rede in der letzten Phase der Vorbereitung mehrfach nach der Uhr, wobei Sie auch die einzelnen Redeabschnitte zeitlich festlegen.

Beim Reden läßt einen oft das Zeitgefühl im Stich, besonders wenn man bei den Zuhörern ankommt, ein positives Echo findet. Nebensächlichkeiten gewinnen dann leicht ein Übergewicht.

Schreiben Sie sich auf den Rand Ihres Spickzettels die konkrete Uhrzeit, wann Sie einen einzelnen Punkt beginnen wollen, und wann er beendet sein soll. Zum Zeitpunkt der Rede sind Sie zu nervös, um aus dem üblicherweise am Rand des Spickzettels stehenden Zeitaufwand in Minuten auf die jeweilige tatsächliche Uhrzeit umzurechnen. Ein Lob auf Opas Taschenuhr: Sie ist auch für den aufgeregtesten Redner leicht abzulesen.

Lassen Sie zwischen den einzelnen Abschnitten Luft, freie Zeit, die Sie nicht ausnützen müssen, denn niemand ist Ihnen wirklich böse, wenn am Ende zehn Minuten mehr für die Diskussion bleiben.

Das Feilen an der fertigen Rede:

1. Wenn die Rede zu lang geraten ist – sie ist es meist –, streichen Sie nicht Worte oder Sätze, sondern Abschnitte, ganze Manuskriptseiten. Es wäre eine wirkliche Sünde gegen den Geist der Wirksamkeit, wenn Sie einfach den Vorsatz fassen, im Ernstfall eben schneller zu sprechen.

2. Berücksichtigen Sie bei der Planung bitte auch folgende Situation: Sie sollen auf einer Tagung das letzte

Referat vor dem Mittagessen halten. Ihre Vorredner haben die Zeit überzogen, so daß Sie Ihr Referat kürzen müssen. Der Vorschlag, das Mittagessen zu verschieben, wird selten auf Gegenliebe treffen. Sie *müssen* also kürzen. Auf diesen und ähnliche Fälle, etwa bei Seminarreferaten, wenn für eine Sitzung mehrere Referate vorgesehen sind, können Sie sich vorbereiten, indem Sie sich *vorher* überlegen, was Sie nun streichen könnten.

3. Zeichnen Sie in der Schlußphase Ihre Redeübungen mit dem Tonbandgerät oder dem Videorecorder auf. Sie haben Kriterien für die Beurteilung von Reden bekommen, messen Sie daran auch Ihre eigenen Aufzeichnungen.

Wichtiger als das Was, der Inhalt, ist dabei das Wie, die Redeweise, die Art des Vortrags.

4. Geben Sie Ihre Kriterienliste auch möglichen Zuhörern bei Ihren vorbereitenden Redeübungen. Kritik erst mobilisiert unsere Reserven und bringt uns so zu Spitzenleistungen.

Der Zeitaufwand für ein Versprachlichen Ihrer Stichworte, Ihres Spickzettels, ist erwiesenermaßen geringer, als wenn Sie aus den Stichworten erst einen fertigen, schriftlichen Text nach Art eines Schulaufsatzes machen, der ja auch gelernt und wenigstens einmal mit der Uhr vor Augen vorgetragen werden muß.

Tips aus der Praxis

Die Kurzfassung Ihres Referats:

Machen Sie Ihren Zuhörern das Zuhören leicht. Schreiben Sie auf eine DIN-A4-Seite Thema und Gliederung nebst wichtigen Kernsätzen, vervielfältigen Sie dieses Blatt und lassen Sie es an die Zuhörer austeilen, bevor Sie zu reden anfangen.

Der Arbeitsaufwand ist sehr gering, aber Sie erreichen damit dreierlei:

1. Ihre Zuhörer sind dankbar für Material, das in kurzer Zeit gelesen werden kann.

2. Ihre Hörer sind sicher, daß sie das Wesentliche schwarz auf weiß besitzen und können sich deshalb auf das Zuhören konzentrieren.

3. Bei der anschließenden Diskussion werden Sie sich an die Reihenfolge der Punkte auf Ihrem Blatt halten–das sind natürlich Punkte, bei denen Sie sich sicher fühlen.

Bitte verwechseln Sie diesen Vorschlag nicht mit den in Tagungsberichten üblichen Kurzfassungen von Referaten, die in den wenigsten Fällen tatsächlich das Wichtigste in Kürze wiedergeben.

Vor der Rede:

Der große Abend ist gekommen.

Sie sind daheim rechtzeitig losgefahren, lieber zu früh als zu spät. Sie haben Ihre Spickzettelkärtchen eingesteckt und auch eine wirklich funktionierende Taschenlampe, falls die Beleuchtung am Rednerpult zu schwach sein sollte.

Die Punkte auf der nun in langer Zeit gewachsenen Checkliste wurden abgehakt. Jetzt sind Sie am Ort der Tat.

Ihre Stimme ist weg. Ihrem Hals entrinnt nur ein heiseres Krächzen. Was tun? Lassen Sie sich vom Wirt einen großen Krug heißer Milch geben, in der recht viel Honig gelöst ist und, trinken Sie das Gebräu ganz langsam. Oft hilft es schon, wenn Sie einen Löffel Erdbeer- oder Himbeermarmelade langsam im Mund zergehen lassen.

Sollten Sie etwas mehr Zeit haben, gehen Sie rasch zu einem Hals-Nasen-Ohren-Arzt. Sie werden staunen, wie

197

der Fachmann oder die Fachfrau durch die Behandlung der Stimmbänder oder durch eine Injektion in den Hals Ihre Stimme in kurzer Zeit wieder klar bekommt. Aber Vorbeugen ist besser als Heilen. Vermeiden Sie deshalb vor Reden, auf dem Motorrad zu fahren, vermeiden Sie zugige Orte und kalte Getränke.

Wenn Ihnen noch einige Minuten bleiben, klären Sie bitte mit dem Veranstalter folgende Punkte:

1. Wurde das Mikrophon schon ausprobiert?

   Kein Mikrophon zu verwenden ist besser als eines, das übersteuert ist oder Rückkopplungspfeiftöne erzeugt.

2. Wird während Ihrer Rede im Saal geraucht und serviert?

   Das Rauchen kann Ihnen Ihre Stimme rauben und das Servieren den Erfolg Ihrer Rede.

3. Wenn der Saal sich überhaupt nicht füllen will:

   Ob man nicht lieber ins Hinterzimmer umzieht?

   Denn ein überfülltes Hinterzimmer ist für den Erfolg Ihrer Rede besser als ein halbleerer Saal.

4. Wer spricht das Schlußwort nach der Diskussion?

   Bestehen Sie darauf, das Schlußwort selbst zu sprechen, damit nicht ein herrschsüchtiger Versammlungsleiter Ihre Rede zerredet.

5. Erfragen Sie jetzt auch die für diesen Abend passendste Anrede:

   „... Frau Stadtpfarrerin Dr. Sulz, die weiteren Geistlichen beider Konfessionen, Herr Stadtdechant Häufele und ..., die Damen und Herren der Presse ...“

6. Und das Wichtigste:

   Jetzt können Sie noch Anregungen, die sich aus diesem Gespräch ergeben, in Kärtchen umwandeln, die Sie an entsprechender Stelle in Ihre Rede einschieben.

Die Rede selbst

Schweigeminute:

Vergessen Sie nicht die Schweigeminute am Rednerpult. Nehmen Sie den Saal und seine Menschen an. Beginnen Sie erst, wenn wirklich Ruhe eingekehrt ist, wenn Sie die Verbindung zwischen Ihnen und Ihrem Publikum, den Konnex, körperlich empfinden.

Lächeln:

Wenn Ihnen nicht zum Lächeln zu Mute ist, zwingen Sie sich trotzdem dazu. Und halten Sie dieses Lächeln, bitte herzlich und nicht gefroren, während Ihrer ganzen Rede fest.

Rednerpult:

Soll man dahinter in Deckung gehen oder um das Pult Runden drehen? Das Pult ist als Deckung sicher gut, wenn man Ihnen Blumen zuwirft, an denen noch die Töpfe hängen. Doch wenn Sie wirklich glauben, daß der gute Redner auch „mit den Fußsohlen spricht", dann verschenken Sie hinter dem Pult wohl die Hälfte Ihrer Wirkung. Das Pult als Deckung, als Schranke, als Bollwerk erschwert den Kontakt zum Publikum. So benutzen Sie es denn als Ablage für Ihre Spickzettel, lehnen sich dagegen oder stellen sich davor. Aber Sie werden sich nicht dahinter verkriechen.

Pult und Körpersprache:

Sollte auf dem Pult das Mikrophon montiert sein, müssen Sie sich wohl oder übel dahinter stellen. Versuchen Sie dann wenigstens durch Gestik und beweglichen Oberkörper die hölzerne Schranke zu überwinden. Die Grenze der ausdrucksvollen Körpersprache ist dann erreicht, wenn spontan aus Volkes Mitte, wie von manchem berühmten Kanzelprediger verbürgt, der Ruf ertönt: „Karle, baß uff, er hopft raa!" – ... springt runter!

Das „Äh":

Wenn Sie frei sprechen, geschieht es hin und wieder, daß Sie beim Reden einen Gedanken ändern oder gar verlieren. Diese Gedankensprünge werden oft mit „äh" kaschiert. Das passiert besonders gerne, wenn man sich zu wenig konzentriert, wenn man einen Gedanken zum ersten Mal äußert, oder wenn man sich einfach angewöhnt hat, bei jeder Sprechpause „äh" zu sagen.

Gegen mangelnde Konzentration, gegen schweifende Gedanken hilft ein guter Spickzettel und gegen stockenden Sprachfluß das fleißige Vorversprachlichen.

Ist das „Äh" einfach eine dumme Angewohnheit, so achten Sie einmal darauf, ob es Ihre Zuhörer stört. Erst wenn das der Fall ist, sollten Sie etwas dagegen tun.

Sprechen Sie dann nur nach gründlichster Vorbereitung, damit Sie sich darauf konzentrieren können, weniger „äh" zu sagen.

Fallen Sie Ihren Zuhörern mit dem „Äh" dagegen nicht auf die Nerven, vergessen Sie es ganz schnell als Problem und wenden sich Dingen zu, die für den Erfolg Ihrer Rede wichtiger sind, wie etwa Blickkontakt und du-zentriertes Sprechen.

Kurz: Das „Äh" ist nicht schön, aber der Erfolg oder Mißerfolg Ihrer Rede hängt nicht von der Anzahl der „Ähs" ab.

Wenn Sie in einer Rede statt 93mal nur noch 87mal „äh" sagen, ist das ein deutlicher Fortschritt.

Auf gleicher Ebene wie das „Äh" liegt das Räuspern:

Jedes einzelne Räuspern reizt Ihren Kehlkopf. Dauerndes Räuspern überanstrengt Ihre Stimmbänder unnötig.

Husten Sie lieber vor Ihrer Rede einmal kräftig, und gewöhnen Sie sich daran, in der restlichen Zeit Ihren Speichel zu schlucken oder aus dem Glas auf Ihrem Rednerpult zu trinken. Das Schlucken schafft auch Erleichterung, reizt aber die Stimmbänder nicht.

Was tun bei Hängern?

Als Grundregel gilt hier, nicht in Panik geraten, nicht ins Publikum sehen, das würde nur die Panik verstärken, und nicht nach dem nächsten Stichwort suchen, das fällt Ihnen bestimmt nicht ein.

Es folgen fünf Möglichkeiten, wie Sie solche Schwachstellen überwinden können:

1. Verwenden Sie Rettungsringe oder Schwimmblasen:

   „Eine letzte Frage bleibt uns zu beantworten . . ."

   „Wenn ich mich nicht irre . . ."

   „Um es ganz deutlich zu sagen . . ."

   Diese Formulierungen sind Leerformeln, die man bei Bedarf einschiebt, um eine kurze Atempause zu gewinnen.

2. Suchen Sie nicht nach dem nächsten Stichwort, sondern wiederholen Sie den letzten Satz mit Nachdruck. Bei den Hörern entsteht dann der Eindruck, das sei ein besonders wichtiger Satz. Auch Ihnen wird es leichter, den Anschluß zu finden.

3. Fassen Sie kurz das bisher Gesagte zusammen. Die Fortsetzung ergibt sich dann meist zwangsläufig.

4. Wiederholen Sie noch einmal Ihr Thema.

5. Und wenn gar nichts mehr hilft,

   geben Sie zu, daß Sie im Augenblick den Faden verloren haben, und bitten Sie einen der Hörer, Ihnen Ihre letzten Worte zu wiederholen. Gönnen Sie dem Publikum, Sie einmal menschlich zu erleben.

Versprecher:

Wenn Sie sich nur überzeugt genug versprechen, wird der Zuhörer eher annehmen, er habe sich verhört, als daß Sie sich versprochen haben. Verbessern Sie sich deshalb nie ohne Not, lächeln Sie dafür lieber einmal mehr.

Selbst der harte Versprecher wird kaum jemals dem Redner übelgenommen. Häufig aber erfreut er die Zuhörerschaft. Oder haben Sie sich schon einmal darüber geärgert, wenn sich der Sprecher der „Tagesschau" auch für Sie bemerkbar versprach?

Der einzige, der Ihnen Versprecher übelnimmt, sind Sie selbst. Verbessern Sie sich nur, wenn der Versprecher wirklich sinnentstellend war. Wiederholen Sie das versprochene Wort einfach verbessert, ohne sich groß zu entschuldigen, und fahren Sie in Ihrer Rede fort.

Entschuldigen müssen Sie sich nur, wenn Sie durch Ihren Versprecher jemanden beleidigten, oder wenn die Reaktion des Publikums Ihnen eine Entschuldigung nahelegt.

Grundhaltung:

Voltaire: „Jede Redeweise ist gut, außer der langweiligen." Steigen Sie voll ein, stellen Sie sich mit Haut und Haaren hinter Ihre Worte. Wenn Sie nicht für Ihre Sache eintreten, wer soll es dann tun? Die Generation unserer Väter wurde durch Redner mit falschem Pathos genervt; uns nerven Redner, die gar keines haben, die es schick finden, ganz cool zu sein, und die sich dann wundern, wenn es Ihnen nicht gelingt, die Hörer mitzureißen. Glauben, Feuer und Überzeugungskraft sind Geschwister.

Sprechen Sie nicht, wenn Sie *reden* sollten.

Dazu ein Tip für Leute mit niedrigem Blutdruck:

Lassen Sie sich die auf dem Rednerpult übliche Sprudelflasche mit Sekt füllen. Deren Inhalt mäßig, aber regelmäßig in kleinen Schlucken getrunken hält Sie munter und stärkt Ihre Ausstrahlung.

Laufen Sie dem Beifall nicht davon, sondern halten Sie ihn aus, nehmen Sie ihn dankbar entgegen. Er wird dann merklich stärker.

Die Diskussion nach der Rede

Viele Leute gehen zu Veranstaltungen mit Referenten vor allem wegen der Diskussion nach der Rede. Andere wieder finden Diskussionen fürchterlich. So gibt es denn in jeder Zuhörerschaft Leute, denen eine Diskussion stets zu kurz und andere, denen sie in jedem Fall zu lang ist. Beide Gruppen sind unangenehm, da sie Ihnen am Ende Ihre Veranstaltung durch Schimpfen vergällen können.

Schieben Sie deshalb zwischen Rede und Diskussion eine Pause ein. Weil es sich nachher in kleinem Kreis besser diskutiert, können Sie oder der Veranstaltungsleiter etwa folgendes sagen:

„Meine sehr verehrten Damen und Herren, wir machen jetzt eine Pause von fünf bis zehn Minuten. Diejenigen von Ihnen, die nach Hause gehen müssen, mögen das bitte jetzt tun. Die anderen bitten wir, sich Fragen zum Referat zu überlegen und sich weiter nach vorne zu setzen. Vielen Dank."

Als Referent müssen Sie in der nun folgenden Diskussion stets bemüht sein, Zeit zu gewinnen, um in den ganzen Vorgang Klarheit bringen zu können und um selbst unausgegorene Antworten zu vermeiden. Schlagen Sie deshalb vor, daß man sich im Ablauf der Diskussionspunkte an die von Ihnen vor Ihrer Rede verteilte Kurzgliederung hält und daß Ihnen eine zusammenfassende Beantwortung der Fragen erlaubt wird. Bemühen Sie sich auch in Ihrer Sprache um Einfachheit, Verständlichkeit und Klarheit. Verärgern Sie die Hörer nicht durch eine hochgestochene Sprache.

Es wird vom Publikum dankbar vermerkt, wenn Sie die Diskussion durch einen Witz eröffnen. Bemühen Sie sich auch im weiteren Verlauf um eine heitere, aufgeschlossene und gelassene Grundhaltung. Strahlen Sie Ruhe und Sicherheit aus. Durch Scherz und Lachen vermögen Sie gegnerische Argumente zu entkräften, die mit Verstandesgründen beiseite zu schieben schwer sein dürfte. Aber machen Sie bitte keine Witze auf Kosten anderer. Sie vermeiden so, sich treue Feinde zu schaffen, die aus ihrer Verärgerung heraus den weiteren Verlauf ernsthaft zu stören vermögen.

Lernen Sie aus dem gleichen Grund auch Tabus zu erkennen und zu respektieren. Das können tabuisierte Wörter sein, Herrenwitze oder Fäkalsprache, der weltanschauliche, der religiöse Bereich ... Nach unserer Meinung hat sich die Zahl der Tabus in den verschiedenen Epochen und Zeitaltern kaum geändert, höchstens verlagert ...

Bemühen Sie sich stets, für Ihr Auftreten einen aggressionsfreien Raum zu schaffen, und vermeiden Sie, Aggressionen zu wecken.

Dazu gehört schon die Art, wie Sie an Ihre Hörer Fragen stellen. Erfragen Sie nicht Worte. Erfragen Sie Felder. Problematisieren Sie. Geben Sie Impulse, Denkanstöße. Vermeiden Sie eine belehrende, besserwisserische, auf einzelne Worte versessene Fragetechnik:

„Wie heißt der Wagen, auf dem die Küche ist? – Das ist der Kü (?), das ist der Kü (?), das ist der Küchenwa (?). – Ja? – Küchenwagen? – Sehr gut, Müller! – Das ist natürlich der Küchenwagen!"

Strahlen Sie eine Ruhe und Gelassenheit aus, an der Haß und Gift abprallen, ja überhaupt keine Angriffsfläche finden.

Seien Sie auch in der Diskussion du-zentriert.

Argumentieren Sie möglichst von Ihren Hörern aus.

Um Ihre Stellung gegenüber dem Publikum zu festigen und zu sichern, empfiehlt sich für Sie folgender Dreischritt:

1. Sie müssen den Sinn der Fragen, der Einwürfe erfassen.

2. Sie müssen ihn gestalten, ihn in eine für Sie sinnvolle Ordnung und Abfolge bringen.

3. Und schließlich müssen Sie den Sinn gestaltet vermitteln.

Das sollen folgende Beispiele verdeutlichen:

Wenn jemand Sie giftig angreift, wiederholen Sie ihn, zwar inhaltlich korrekt, aber in den Formulierungen freundlich und positiv: „Sie wollten, wenn ich Sie richtig verstanden habe, doch sicher fragen, ob ..." Oder: „Sie haben hier zugleich drei Fragen gestellt. Um mit der wichtigsten zu beginnen ..."

Sie werden dabei den für Sie positivsten Aspekt in den Vordergrund stellen.

Ob Sie die unangenehmeren Aspekte der Frage kürzer behandeln oder schlicht vergessen, müssen Sie selbst entscheiden.

Dieser Trick klappt einmal oder auch zweimal. Beim dritten Mal aber wird man Sie durchschauen und auslachen.

Andererseits kann niemand von Ihnen verlangen, freiwillig Ihre eigene Hinrichtung zu vollziehen. Man muß nicht auf alles antworten. An einen unsachlichen Einwand, den der Opponent vergaß, brauchen Sie sich auch nicht mehr zu erinnern.

Denn Schweigen als Argument kann man kaum widerlegen.

Wenn man versucht, Sie durch gemeine Fragen in die Enge zu treiben, bemühen Sie sich, die Diskussion zu versachlichen, indem Sie den strittigen Sachverhalt auf einer höheren Ebene der Abstraktion behandeln. Ab einer gewissen sprachlichen Höhe läßt sich alles gut erörtern, selbst zwischen extremen Fanatikern.

Gewöhnen Sie sich daran, bei unangenehmen Fragen sich selbst einzuschließen, das nimmt ihnen den Stachel:

Lob: „*Ihr* seid doch tolle Burschen!"

Tadel: „*Wir* müssen alle noch sehr an uns arbeiten!"

Alle diese Erfahrungssätze und Regeln lernen Sie nicht, indem Sie diese Seiten lesen, sondern indem Sie üben, üben, üben.

Die Nachsitzung

Besonders für Anfänger ist die Nachsitzung im Anschluß an Ihre Rede oft wichtiger als das Vorausgehende.

Ihre Gastgeber schwingen noch nach in der Begeisterung des Beifalls, und man nimmt Sie, den vielleicht bisher bedeutungslosen jungen Mann endlich ernst.

Nutzen Sie die Chance, den rasch zerfließenden Erfolg der letzten neunzig Minuten wirklich abzusichern. Menschen die Sie vorher kaum eines Blickes würdigten, verkehren plötzlich mit Ihnen von gleich zu gleich. Ich weiß kaum eine andere Gelegenheit, bei der Sie sich so rasch und eindrucksvoll zu profilieren vermögen wie hinter dem Rednerpult, außer vielleicht durch Spitzenleistungen im Sport. Deshalb können Sie die Situation jetzt kaum ernst genug nehmen.

Seien Sie nun nicht hochmütig und verschlossen und mimen den Bedeutenden, Sie sind es noch nicht, man hält Sie nur dafür. Seien Sie statt dessen lieber bescheiden, herzlich und offen.

Sie sind noch etwas aufgedreht. Lassen Sie sich nicht hinreißen, Ihre Rede hier im kleinen Kreis zu wiederholen. Spitzen Sie lieber die Ohren, und hören Sie Ihren Gastgebern zu. Sie bekommen so eine für Sie äußerst interessante Widerspiegelung Ihrer Rede. Aber nehmen Sie nicht alles wörtlich: Das Lob erwächst oft aus Höflichkeit und die Kritik aus Neid.

Außerdem können Sie so Freunde gewinnen:

„Wer sprechen darf, wird Speis und Trank vergessen. Wer hören soll, wird endlich matt." (J.W. v. Goethe)

Wenden Sie hier alles an, was Sie im ersten Teil dieses Buches bei Ihren Übungen auf Parties erworben haben.

Lernen Sie auch hier wackligen Boden zu erkennen und rechtzeitig zu verlassen. Lassen Sie sich nicht durch die Situation, daß wichtige Leute Sie ernst nehmen, zu unklugem Geschwätz verführen. Unter Umständen spielen die „alten Füchse" mit Ihnen, wie die Katze mit der Maus.

Werden Sie auch selber nicht zum Witzbold oder zur Nervensäge. Humor ist gut, aber Witzbolde nimmt niemand ernst. Gefährlicher noch sind Geistreicheleien. Hie und da mal ein Wortspiel oder ein Kalauer sind ganz nett. Doch in Wirtschaft, Politik und Technik kann man Sie kaum vernichtender treffen, als wenn man Ihnen anzuhängen vermag, Sie seien ein Schöngeist.

Sparen Sie nicht mit Händeschütteln, und schreiben Sie Namen und Telefonnummern auf, denn man kennt nie genug Leute.

Zwar sind für Anfänger die Nachsitzungen oft wichtiger als die vorausgehenden Reden, doch kommt man durch sie in Gefahr, seine Kräfte unnötig zu überanstrengen und seinen lebenswichtigen Schlaf einem oft sinnlosen Ritual zu opfern.

Bei Veranstaltungsreihen, wie Wahl- oder Werbekampagnen, kosten die Nachsitzungen oft mehr Kraft als die Reden. Und man ist verwundert, wenn am nächsten Tag der rednerische Erfolg ausbleibt. Lassen Sie sich deshalb nicht von Stimmungen leiten, sondern haben Sie den Mut zum „Nein", wenn Sie der Meinung sind, Ihr Schlaf sei wichtiger.

Ging der ganze Abend daneben, endete Ihre Rede in Buh-Rufen, oder lagen Sie nach dem anschließenden Umtrunk schnarchend unter dem Tisch, geben Sie trotzdem nicht auf, sondern machen Sie eine desto gründlichere Nachbereitung, die Ihnen in Zukunft hilft, die alten Fehler zu vermeiden.

Sie werden dann zwar andere, neue machen, aber so auch nie vergessen, daß Sie trotz des neugewonnenen Erfolges nur ein sterblicher Mensch sind.

Großer Kriterienkatalog zur Beurteilung von Reden und Sachvorträgen sowie Rednern

Der folgende Kriterienkatalog wurde für die Bedürfnisse der Referenten und Großkundenbetreuer eines namhaften Industrieunternehmens entwickelt.

Er will Anregungen vor der Rede geben, und er will hinterher eine kritische Analyse ermöglichen.

Betrachten Sie ihn bitte nicht als Dogma, sondern als eine mögliche Form von vielen, die Sie ganz nach Ihren Wünschen abändern können.

Es würde den Rahmen dieses Buches sprengen, wollten wir die einzelnen Punkte jeweils herleiten und noch weitergehend erläutern; das wird Aufgabe einer zukünftigen Arbeit über Erwachsenenbildung [1] sein.

Geben Sie zwei Abzüge dieses Bogens zwei Hörern, die möglichst nicht nebeneinander sitzen, und füllen Sie auch selbst einen aus. Aus dem Vergleich der Eigen- und der Fremdbeurteilung entsteht eine für Sie aufschlußreiche Diskussion.

Zutreffendes bitte ankreuzen oder unterstreichen.

Falls bei einem Punkt mehrere Unterpunkte zutreffen, können auch diese angekreuzt und unterstrichen werden.

---

[1]　Heinrich Fey: Sicher und überzeugend präsentieren, Berlin 1993

Punktierte Zeilen bitte ausfüllen. Unzutreffendes streichen. Sollte der Platz nicht ausreichen, heften Sie bitte eine Anlage bei.

Kriterienkatalog

1. Zwecksatz:

Was war der Zweck des Vortrages?

Wurde mehr getan als nur informiert?

2. Allgemeine Grundsätze:

Motivieren!!! Strukturieren!!! Aktivieren!!!

Sind die Zuhörer *motiviert* worden durch

— Verweis auf das berufliche Interesse

— Wecken von materieller Interessiertheit

— Wecken von Neugierde und Spieltrieb

— Ansprechen von Wünschen und Bedürfnissen der Zuhörer

— Schaffen von Wir-Gefühlen

— Schaffen einer gemeinsamen Basis (Partnerschaft)

— Versprechen von ...

— Angstmachen

— Inaussichtstellung von Ruhm und Ehre oder sozialer Vorteile

— Befriedigung motorischer Bedürfnisse

— Machendürfen

War der Vortrag *strukturiert* durch

— die Normalgliederung

— den didaktischen Fünfschritt (Herbart/Dewey)

   1. Begegnung mit dem Problem, Stufe der Betroffenheit

   2. Erarbeitung der Frage- und Problemstellung, Analyse

3. Erarbeitung der Problemlösung, Synthese

4. Ebene der Abstraktion, Stufe der Strukturen und Gesetze

5. Erprobung der Lösung, Verifizierung, erneute Begegnung mit dem Problem, zweiter Durchgang, Erfolgssicherung, Stufe der Anwendung

— eine andere Gliederung

— Schwerpunkte

— Fortschreiten vom Einfachen zum Zusammengesetzten

— Fortschreiten vom Konkreten zum Abstrakten (erst zeigen, dann sagen)

— Steigerung im Aufbau (ballistische Kurve)

— Zwischenzusammenfassungen

— die Zusammenfassung vor dem Schlußsatz

— gezielte Pausen

— Intervalle

— das Aufzeigen von Zusammenhängen

Hat der Redner die Zuhörer *aktiviert,* indem er ihnen Stoff zum Denken gab, durch

— Impulsfragen: Warum? Wozu? Wie? Wie vorher? Wie weiter? Wie besser? Was halten Sie davon? Wie würden Sie das machen? Zusammenhänge? Gleiches und Ähnliches? Unterschiede? Gegensätzliches? . . .

— das Vergeben von Arbeitsaufträgen („Bitte vergleichen Sie!") an einzelne, an Gruppen oder an alle

— Lückentexte, zu ergänzende Zeichnungen, Versuche, Erprobungen . . .

— direktes Ansprechen einzelner Teilnehmer

  („In unserer Mitte ist ein bekannter Fachmann, der . . .") stufenweise Erfolgssicherung

3. Der Vortrag in allgemeiner Beurteilung:

— Du-Zentrierung: ungenügend – ausreichend – gut – hervorragend

— Der Aufbau:

Einleitung: nicht erkennbar – deutlich – „Ohrenöffner"

Mittelstück:

Sachgrund: „Gulasch" – informierend – „Schaschlik"

Gefühlsgrund: fehlt – „Schmalz" – packend und überzeugend

Zusammenfassung: überflüssig – fehlte – verwirrend – unklar – klar – logisch zwingend

Schlußsatz: fehlt – ungezielt – gezielt – mitreißend

— Grundstimmung:

War der Vortrag zu hektisch, zu unruhig und/oder zu langsam?

War er angemessen im Tempo des Fortschreitens?

War der Vortrag langweilig und/oder trocken?
  (Wenn ja, durch geringen persönlichen Einsatz des Vortragenden,
  mangelnden Praxisbezug,
  monotone Sprechweise,
  farblose Sprache . . .)

War der Vortrag humorvoll und lebendig?
  (Wenn ja, durch praxisnahe Problemstellungen, durch
  Beispiele, Fallstudien, durch
  temperamentvolles Auftreten des Redners, durch Witze, durch
  eine bildhafte, verbenreiche Sprache . . .)

War der Vortrag vorwiegend
  du-zentriert, ich-zentriert, sach-zentriert oder form-zentriert?

Was herrschte vor, der Wille

zur Mitteilung, zur Form oder zur Selbstdarstellung?

— Wurden Lehr- und Lernmittel eingesetzt,

Schaubilder, Modelle, bedrucktes Papier, Filme, Dias . . .?

(Wenn ja, war es Ihrer Meinung nach das richtige Material? Wurde es gezielt eingesetzt? Trug es wesentlich zum Erfolg des Vortrags bei, oder war es überflüssig und/oder lenkte es ab?)

— Wurden folgende Grundprinzipien erkennbar verwirklicht?

1. *Prinzip der Anschauung*

2. *Erlebnisprinzip*

3. *Prinzip der Erfolgssicherung*

Wie? Wo? Wann? Selten oder häufig?

....

4. Der Redner:

— Glaubwürdigkeit:

War der Redner von dem überzeugt, was er sagte?

Wirkte er glaubhaft?

(Wenn ja, warum? Wenn nein, warum nicht?)

— Fachlicher Eindruck:

Sachkenntnis allgemein: ungenügend – ausreichend – gut – hervorragend

Vorbereitung speziell: ungenügend – ausreichend – gut – hervorragend

Vermittlungsfähigkeit: ungenügend – ausreichend – gut – hervorragend

— Optischer Eindruck:

    Auftreten: unsicher – wechselnd – sicher

    Blickkontakt: zu wenig – zu aufdringlich – unruhig –
    wechselnd – ruhig und intensiv

    Haltung und Gestik: verkrampft – unruhig – wech-
    selnd – locker und natürlich

    Äußeres: ungepflegt – protzig – ärmlich – gut – ange-
    messen

— Akustischer Eindruck:

    Lautstärke: zu leise – zu laut – wechselnd – angemes-
    sen

    Sprechtempo: zu langsam – zu schnell – wechselnd –
    angemessen

    Stimmführung: monoton – „vermascht" – wechselnd –
    natürlich und belebend

    Aussprache: sollte deutlicher werden – ausreichend –
    gut – vorbildlich

5. Gesamteindruck:

— War die Atmosphäre aggressiv – verkrampft – wech-
   selnd – positiv – heiter und gelöst?

— Wurden die Zuhörer unterfordert – überfordert – richtig und angemessen eingeschätzt?

— Halten Sie die durchgenommene Stoffmenge für zu
   viel – zu wenig – angemessen?

— Welche Form der Darbietung stand im Vordergrund?
   (Vortrag ohne/mit eingeschlossener und/oder anschlie-
   ßender Diskussion, Gruppenarbeit, Lernprogramme,
   Tonbildschau, Flip-chart-Präsentation)

   ....

— Hatte der Vortrag Längen – Verkürzungen –, wurde
   die Zeit optimal genutzt?

— Was fehlte?

....

— Was hätte man Ihrer Meinung nach raffen oder streichen können?

....

— Was ist am Vortrag und/oder am Redner zu loben?

....

6. Die Teilnehmer:

— War die Zahl von ... Teilnehmern zu groß – zu klein – angemessen?

— War die Qualifikation der Teilnehmer im Sinne der Veranstaltung zu gering – zu hoch – unausgeglichen – mit störenden Niveauunterschieden – angemessen?

— Vermittelte die Veranstaltung den Teilnehmern wesentliche Anregungen?

Welche? ....

Wofür? ....

— Ist das Resultat der Veranstaltung auf die alltägliche Praxis der Teilnehmer nicht – eingeschränkt – voll anwendbar?

Warum? ....

— Hat sich im Rückblick der Aufwand für den Besuch der Veranstaltung gelohnt?

Warum? ....

7. Die Organisation:

— Die Leitung? ....

— Der Raum? ....

— Die Zeit? ....

— Der Ablauf? ....

8. Weitere Anregungen?

— Lob? ....

— Kritik? ....

— Verbesserungsvorschläge? ....

Anmerkung:

Der vorliegende Kriterienkatalog ist sehr umfangreich und erschließt sich nicht beim ersten Durchlesen. Bedenken Sie, daß Ihre Beurteiler im Normalfall gut eine Stunde darüber brüten können, bevor die Beurteilung interessiert.

Nicht alle Abschnitte werden für jede Veranstaltung gebraucht. Sie müssen deshalb Mut zum Streichen haben.

Erleichtern Sie Ihren Beurteilern die Arbeit, indem Sie ihnen einen schon bereinigten Kriterienkatalog übergeben.

Die Vielzahl der Abschnitte ist zu Beginn recht verwirrend. Lassen Sie deshalb den Beurteilern genügend Zeit zum Durchlesen und Einarbeiten.

Bei mehrfacher Übung geht aber das Ausfüllen und Auswerten sehr rasch. Machen Sie deshalb daraus eine regelmäßige Angelegenheit.

Nach dem dreißigsten Ausfüllen und Auswerten werden Sie merken, daß die Teilnehmer des Kurses, die mit uns zusammen diesen Katalog entwickelten, sich etwas dabei gedacht haben, eine Menge Erfahrung verarbeiteten, wirkliche Könner auf ihrem Gebiet und Männer und Frauen der täglichen Praxis sind.

Checkliste

- Sachwissen allein genügt nicht. Man braucht auch die Fähigkeit, es an den Mann oder die Frau zu bringen. Dazu gehört die Beherrschung der Form.

- Arten der Rede: Heute unterscheidet man noch

  die Meinungsrede,

  den Sachvortrag und

  die Gesellschaftsrede.

  Doch keine dieser Arten tritt jemals rein auf. Der Schwerpunkt entscheidet, in welche Gruppe sie gehört.

- Sie brauchen wenigstens Stoff für die folgenden Punkte:

  1. Motivieren

  2. Strukturieren

  3. Aktivieren

  4. Ohrenöffner

  5. Sachgrund

  6. Gefühlsgrund

- Wie heißt Ihr Zwecksatz? Ganze Kraft auf ein Ziel.

- Bei der Vorbereitung sollten Sie auf Ihre zukünftigen Hörer wenigstens so viel Zeit verwenden wie auf den Stoff. Schaffen Sie bei sich Betroffenheit von Ihrem Stoff und Ihren Hörern.

- Die Stoffsammlung:

  1. Bereiten Sie sich dialogisch vor, im Gespräch.

  2. Sammeln Sie Zettel und auf den Zetteln Gedankensplitter, erst Fragen und dann Antworten.

  3. Lernen Sie, Ihre Gedanken wachsen zu lassen.

- Jedes Ding hat zwei und mehr Seiten.

● Die dialektische Stoffsammlung bereitet Sie auf die Diskussion vor.

● Das Entscheidungsschema als Ordnungshilfe:

　1. Lage (Ist): Hörer, Stoff, ich . . .
　　 Auftrag (Soll): Zwecksatz

　2. Sammeln:

　　— Gedanken als Schmetterlinge
　　　(Pappen – Nadeln – Zettel)

　　— Die dialektische Papierschlange

　3. Ordnen: Was habe ich? Was brauche ich?

　4. Ergänzen und Überprüfen:
　　 Klärungsfragen (S. 176 ff.)

　5. Auswählen (Weg): Das Entwerfen der Rede

● Die Rede gleicht einer Perlenkette mit Faden und Schließen, jedoch sind die dicksten Perlen am Ende.

　. . . einem Körper mit Kopf, Rumpf und Gliedern.

　. . . einem Gewölbe aus sauber behauenen Steinen, das ohne Mörtel hält, mit Fugen, Kanten und Ecken.

● Die Einleitung lockt an.

　Das Mittelstück hält fest.

　Der Schluß reißt mit. Er gleicht der Pfeilspitze mit Widerhaken, die ins Herz trifft.

● Der beste Gefühlsgrund sieht auf den ersten Blick oft gar nicht wie einer aus.

● Die Normalgliederung ist ein Vorschlag und kein Dogma. (Auf S. 182 ff. finden Sie 19 weitere Gliederungen.)

● Die Normalgliederung gleicht einem Wechselbad,

　auf Zeigen folgt Sagen . . .

　auf Sachlichkeit folgt Gefühl . . .

　Sie gleicht einer ballistischen Kurve

　mit Anfangs-Wumm und Schluß-Wumm.

- Noch einmal die Normalgliederung:

  1. Ohrenöffner

  2. Sachgrund

  3. Gefühlsgrund

  4. Zusammenfassung

  5. Schlußsatz

- Beim Entwerfen einer Rede entstehen die Redeteile in folgender Reihenfolge:

  1. Sachgrund

  2. Gefühlsgrund

  3. Ohrenöffner

  4. Zusammenfassung

  5. Schlußsatz

  Den Anfang erst, wenn die Rede fertig ist. Und den Schluß ganz zum Schluß.

- Vier verschiedene Arten von Spickzetteln

  1. Der erschlossene Text
     (Schulaufsatz mit Unterstreichungen)

  2. Der aufgeschlüsselte Text
     (rechts Schulaufsatz mit Unterstreichungen und links synchron die Stichworte „Marke Tarzan")

  3. Die Gliederung in Stichworten

  4. Die Stichwortkärtchen
     (je Kärtchen ein Stichwort)

- Die uns angenehmste Art des Lernens einer Rede ist das Vorversprachlichen nach Stichworten. Aber achten Sie auf die Uhr!

- Andere lernen dafür lieber ihren Text Wort für Wort.

- Überlegen Sie sich vorher, was man am Abend der Rede streichen kann, wenn gestrichen werden muß.

- Verteilen Sie eine Kurzfassung Ihrer Rede an die Hörer. (Als Redner wissen Sie dann, welche Fragen in der Diskussion gestellt werden.)

- Vor der Rede:

  1. Selbst am Abend der Rede können Sie noch etwas gegen eine rauhe Stimme unternehmen: warme Honigmilch, Erdbeermarmelade, Injektionen . . .

  2. Klären Sie unklare Punkte in einem Gespräch mit den Veranstaltern. Vielleicht entstehen daraus neue Kärtchen?

- Die Rede selbst:

  1. Lächeln Sie.

  2. Lassen Sie sich nicht hinter das Pult sperren.

  3. Es gibt Schlimmeres als das „Äh".

  4. Bei Hängern nicht in Panik geraten, nicht ins Publikum sehen und nicht nach dem nächsten Stichwort suchen. Fassen Sie lieber zusammen, dann ergibt sich die Fortsetzung von selbst.

  5. „Sprechen" Sie nicht, wenn Sie „reden" sollten.

  6. Sekt in der Sprudelflasche macht müde Redner munter.

- Die Diskussion nach der Rede:

  1. Durch eine ausreichende Pause läßt sich Ihr Publikum auf den diskutierfreudigen Teil reduzieren.

  2. Vermindern Sie die Anforderungen an Ihre Schlagfertigkeit, indem Sie sich an die verteilte Kurzfassung Ihrer Rede halten und indem Sie zusammenfassend antworten.

  3. Sie müssen nicht auf alles eingehen.

  4. Sinn erfassen.
     Sinn gestalten.
     Sinn vermitteln.
     „Sie wollten doch sicher fragen, ob . . ."
     „Sie haben soeben drei Fragen gestellt, nämlich . . .
     Um mit der wichtigsten zu beginnen . . ."

Übungen

Sie sind allein:

1. Bereiten Sie in der hier angegebenen Weise eine Rede über ein Thema vor, das Sie interessiert, selbst wenn Sie jetzt schon wissen, daß Sie diese Rede nie halten müssen.

2. Mögliche Denkaufgaben:

   — Teilen Sie den umfangreichen Stoff dieses Kapitels in Dinge, die Sie brauchen können und solche, die Sie nicht brauchen können.

   — Wo und wie könnten Sie die hier aufgeführten Rezepte erproben – Politik, Erwachsenenbildung, Verkauf ...? Das Reden vor vielen Menschen und zu vielen Menschen lernt man nur durch das Reden vor vielen Menschen und zu vielen Menschen. Alles andere gleicht dem Trockenschwimmen. Damit Sie aber beim Üben nichts Falsches einüben, haben Sie auf den vorausgehenden Seiten Maßstäbe und Richtschnuren bekommen.

   — Dieses Nachdenken sollte sich schriftlich in Ihrem Tagebuch niederschlagen.

Sie sind unter Menschen:

1. Öffnen Sie Ihre Augen und Ohren, lernen Sie aus den Fehlern anderer.

2. Nutzen Sie jede Gelegenheit, die hier aufgeführten Rezepte zu erproben, aber vergessen Sie nie die gründliche Nachbereitung.

Übungen mit Freunden:

Lernziele:

1. Abtrainieren von Hemmungen
2. Einüben der Regeln
3. Schärfen der Kritikfähigkeit gegenüber sich selbst, indem man andere kritisiert und selbst kritisiert wird.

Anmerkung:

Jetzt sollten wir nur noch in der Gruppe oder vor der Gruppe üben, unter Umständen auch in der Öffentlichkeit.

Genie ist Fleiß, und Fleiß ist Wille.

Wille aber zeigt sich in Disziplin und Beharrlichkeit.

Bekämpfen Sie nicht nur Schwächen, sondern üben und entwickeln Sie Ihre Stärken. Oft bringt das Letztere mehr. Die hier aufgezählten Übungen werden vom Leichteren zum Schwereren fortschreiten.

1. Die „Alter-Ego-Übung":

   Ein Teilnehmer befragt einen Partner und wiederholt vor der Gruppe, was er glaubt, gehört zu haben. Wenn der Befragte mit der Wiederholung nicht einverstanden ist, ruft er: „Halt!" Der Erzähler muß sich korrigieren, wozu er sich auch an die anderen Gruppenmitglieder wenden darf. Ist der Befragte mit der Verbesserung zufrieden, ruft er: „Weiter!"

   Diese Übung erzieht zum genauen Zuhören und präzisen Ausdruck. Durch sie haben Psychologen schon manche Ehe gerettet.

2. Das „Statement":

   Etwa am Anfang oder Ende eines Übungsabends müssen alle der Reihe nach eine kurze Stellungnahme zu einem vorher festgelegten Inhalt abgeben, nicht länger als zwei Sätze. Wobei der erste Satz die Begründung („Da ich ...") und der zweite Satz die Folgerung enthält („Deshalb stimme ich ... zu" „... lehne ich ... ab.") Ziel ist der knappe, präzise Ausdruck. Wer ins Schwafeln kommt, muß seinen Beitrag am Schluß der Übung zusammenfassend wiederholen.

   Jemand, der in einer Minute Wesentliches sagen kann, hat mit zwei Stunden keine Probleme, während umgekehrt ein Vortrag von zwei Stunden Dauer nicht unbedingt zur kurzen Stellungnahme befähigt.

3. Die „Charme-Schleuder":

Die Gruppe sitzt in Hufeisenform. Ein Mitglied steht am offenen Ende, spricht einen Einleitungssatz (Ohrenöffner), wandert dann langsam und mit festem Blickkontakt an der Innenseite des Hufeisens entlang, wobei es in Rede und Gegenrede zu seiner Einleitung Stellung nehmen muß. Man darf ihm Fragen stellen und es darf mit Gegenfragen antworten. Das Ziel ist bewußte Du-Zentrierung und Interaktion. Zum Schluß nimmt es am offenen Ende des Hufeisens wieder Haltung an und spricht seinen Schlußsatz („Schluß-Wumm").

Dem Anfänger wird es leichter, den Blickkontakt über einen Abstand von 80 cm einzuüben, als gleich mit 3 m zu beginnen. Durch die klare Dreiteilung der Übung, Einleitung, Mittelstück und Schluß, prägt sich die Dreiteilung des Kurzbeitrages noch einmal besonders gut ein.

4. Beschreibeübungen:

(vgl. Brocher, T., Gruppendynamik und Erwachsenenbildung)

Der übende Teilnehmer muß der Gruppe geometrische Figuren oder Gegenstände beschreiben, die dann zu zeichnen oder zu erraten sind.

Wenn man Gegenfragen und Gesten zuläßt, ergibt sich daraus eine augenfällige Begründung für sinnvolle Gestik und die Effizienz zweiseitiger Kommunikation.

5. Schlagfertigkeitsübungen:

— Das „Drei-Worte-Spiel":

Alle schreiben drei möglichst zusammenhanglose Wörter auf einen Zettel (Senfgurke – Düsenjäger – Gartenzwerg). Die Zettel werden unter den Teilnehmern verlost, die darüber eine kurze Rede halten müssen.

— „Ameisen mit Schneeketten":

Es kann auch ein möglichst absurder Satz auf dem Zettel stehen, zu dem dann eine kurze Rede gehalten werden muß.

— „Es stand in der Zeitung":

Die „Vermischten Meldungen" aus der Tageszeitung wurden mit der Schere in Einzelmeldungen zerschnitten und unter den Teilnehmern verlost ...

— „Päckchenauspacken":

Kleine, jeweils in Päckchen verpackte Gegenstände werden verlost (ein Schlüssel, eine alte Zwiebel, ein Stein, ein Plastikherz ...)

— Die „Wundertüte":

Diesmal sind die zu verlosenden Gegenstände nicht verpackt, sondern in einer großen Tüte oder einer Einkaufstasche ...

— Der „heiße Stuhl":

Das Opfer nimmt auf einem in der Mitte des Hufeisens stehenden Stuhl Platz. Jeder der anderen Teilnehmer hat sich zuvor möglichst bösartige, taktlose und persönliche Fragen aufgeschrieben.

Nach einigen Übungstagen ist so rasch eine äußerst amüsante und sehr lebensnahe Liste entstanden, deren einzelne Punkte der Teilnehmer im Alltag wesentlich häufiger hören kann, als man zuvor annahm. Der Übende in der Mitte muß nun die Fragen in Rede und Widerrede möglichst glänzend und aggressionsfrei abschmettern.

6. Übungen im ausdrucksvollen Sprechen (Telefonieren):

Der übende Teilnehmer spricht in den Hörer eines Spielzeugtelefons.

Man wird vorher ausmachen, was der Gegenstand der Übung ist (Lieferanten- und Handwerkerbeschimpfung, Liebesgeflüster, Witzeerzählen, Märchen, faule

Ausreden gegenüber dem Chef, dem Kunden, Verkaufsgespräche . . .).

7. Übungen zur Gestik:
Ein Teilnehmer macht den anderen etwas vor, das diese erraten müssen (Scharaden); zum Beispiel
— Heiratsantrag
— Tätigkeitenerraten:
radfahren, Ski laufen, Kuchen backen . . .
— Wortfeld „bewegen" (körperlich dargestellt):
gehen, schleppen, schlendern, tragen, schleichen . . .

8. Wortschatzübungen:
Wortfelder:
gehen: schlendern, schleichen, schlurfen . . .
essen: schmatzen, fressen, schlabbern . . .
. . .

Wortfamilien:
Hausfrau, Haushund, Hundehaus, Häuschen . . .
Mann, Männchen, mannhaft . . .
. . .

Definitionsübungen:
Was ist „inferior"?
. . .

Assoziationsübungen:
So weich wie Schnee, . . . wie Quark, . . . wie Federn
. . .
Pflaume, Kirsche, Mirabelle . . .
Apfel, Birne, Quitte . . .
. . .

9. Reden im Zusammenhang:
Kurze Sketche oder Theaterszenen . . .
Auch Rollenspiele: „Beim Friseur", „Beim Zahnarzt"
. . .

10. Die „amerikanische Debatte":
Die Gruppe wählt gemeinsam ein strittiges Thema:
„Für und wider Frauen in Führungspositionen"
„Eigentumswohnung versus Mietwohnung"
„Vor- und Nachteile des Großstadtlebens"
. . .

Nun werden die Teilnehmer in eine Pro- und eine Contra-Gruppe eingeteilt.

Die Gruppen diskutieren das Thema im kleinen Kreis vor und verteilen untereinander die Argumente oder auch Zeige- und Sage-Aufgaben. Nun vereinigt sich die Gruppe wieder. Und es spricht mit fester Redezeit erst einer aus der Pro-Gruppe dafür, dann einer aus der Contra-Gruppe dagegen, bis alle an der Reihe waren. Hierauf trennen sich die Mannschaften wieder und besprechen jede für sich die Rückrunde, in der auf die gegnerischen Argumente geantwortet werden muß. Nach den beiden Durchgängen kann das Thema in einer freien Aussprache weiter diskutiert werden.

Dieses Spiel eignet sich besonders für die Aufzeichnung mit dem Video-Recorder. So können Diskussion und Analyse an getrennten Tagen stattfinden.

Die „amerikanische Debatte" hat weiter den Vorteil, daß man für die ersten beiden Durchgänge keinen Diskussionsleiter braucht, da die Schlußdiskussion keine besonderen Anforderungen an einen Diskussionsleiter stellt, weil der erste Druck der Emotion weg ist, und andererseits jeder etwas zu sagen hat, weil genügend vorformuliert wurde.

Diese Form der Diskussion erzieht zur rednerischen Disziplin und zeigt den Teilnehmern ganz deutlich, daß Rede nie für sich steht, sondern stets in größere Zusammenhänge eingebettet ist und nur so auch wirklich sinnvoll ist.

11. Der längere Beitrag:

Wenn genügend Teilnehmer für den längeren Beitrag motiviert sind, Fachreferenten, Wahlkampfredner, ... wird man sich in einer Arbeitsgemeinschaft zusammenfinden, um das bisher Gelernte zu üben und zu vertiefen.

Für einen solchen Übungsabend (etwa zwei Stunden) empfiehlt sich folgende Einteilung:

Zu Beginn Schlagfertigkeits- oder andere Übungen (S. 222 ff.), dann jeweils nur ein längerer Beitrag, der erst von damit beauftragten Kritikern (u. U. anhand eines Kriterienbogens) und anschließend von der Gruppe besprochen wird.

Der jeweilige Redner des Abends sollte das Schlußwort haben. Das für die Kritik übliche Schema ist normalerweise:

Lob – Kritik – Verbesserungsvorschläge.

In einem Wochenkurs, bei dem ein längerer Beitrag auf den anderen folgen würde, wäre die obige Form der Kritik zu ermüdend, zu zeitraubend, ja zu langweilig. Hier wird man Dreiergruppen schaffen, deren Mitglieder so viele Kriterienbögen erhalten (3 + 3 + 3), daß sie jeweils ihren eigenen Beitrag und den der beiden anderen Gruppenmitglieder beurteilen können. An jeden Beitrag schließt sich jeweils eine allgemeine Besprechung in der Großgruppe an.

Wenn alle drei Beiträge vorbei sind, zieht sich die Dreiergruppe in einen gesonderten Besprechungsraum zurück, legt die nun neun Beurteilungsbögen nebeneinander, je drei Bögen pro Beitrag, und eine ins einzelne gehende Besprechung schließt sich an, der Vergleich von Eigen- und Fremdbeurteilung. Sollte über gewisse Punkte Uneinigkeit bestehen, bleibt der Appell an die Großgruppe. Während der Dreierbesprechung laufen die Beiträge vor dem Plenum weiter. Sollten die längeren Übungen mit dem Video-Recorder aufgezeichnet worden sein und ist im Besprechungsraum eine weitere Video-Anlage eingerichtet, kann die Besprechung noch durch die Anschauung vertieft werden.

Üben Sie, üben Sie, üben Sie. Es ist besser, Sie gehen hier einem kleinen Kreis von zehn bis 20 Gleichgesinnten auf die Nerven, als daß Sie nachher einen Saal mit 500 Insassen gegen sich aufbringen. Eigentlich lernt man nur aus eigenen Fehlern. Entscheidend ist, daß man sie rechtzeitig und in ungefährlicher Umgebung macht.

3.
Gesellschaftsreden

Das ganze Gebiet der Gesellschaftsreden ist für Sie vermutlich negativ besetzt.

Bei Tagungen, Schulhauseinweihungen, Goldenen Hochzeiten und Stiftungsfesten liegt vor dem Startschuß zum kalten Buffet die Durststrecke der Begrüßungs-, Dankes- und sonstigen Rahmenreden, bei denen man immer wieder erstaunt ist, wer da alles Belangloses sagen möchte und zu welch fast unerträglicher Dauer sich Zehn-Minuten-Reden addieren können.

Wenn man Ihnen plötzlich eine solche Rede aufdrängt, versuchen Sie bitte nicht, mit aller Macht Belangvolles zu sagen, das erwartet in dem Augenblick bestimmt niemand von Ihnen. Sondern überlegen Sie sich, was hier Ihr Zwecksatz sein könnte.

In 99 von 100 Fällen muß es wohl Ihr Bestreben sein, diese Pflicht ohne Ärger und möglichst *zur Zufriedenheit* Ihrer Auftraggeber zu erledigen. Wenn Sie noch ein Übriges tun wollen, versuchen Sie bitte, bei Ihren Hörern angenehme Gefühle zu erwecken, eine Möglichkeit sich positiv zu profilieren, denn Ihre Kollegen Vor- und Nachredner haben häufig genug unangenehme Gefühle erregt.

Vergessen Sie also Ihren pädagogischen Eros, den Drang, in einem Grundsatzreferat die Fülle Ihres Wissens auszubreiten und durch Bildungssplitter zu prunken, oder gar durch Ermahnungen und Schelten die Menschheit auf den Pfad der Tugend zu führen.

Sie können auch die Welt verbessern, indem Sie durch wenige freundliche Worte einen begrenzten Raum und eine begrenzte Anzahl von Menschen heiterer, freundlicher, heller machen.

Bei feierlichen Anlässen ging ein Raunen der Erleichterung, ein Aufatmen durch die Reihen, wenn der damalige Oberbürgermeister der Stadt Stuttgart, Dr. Arnulf Klett, ans Rednerpult trat und durch einige lockere, heitere Worte, einen zwanglosen Scherz, die Zuhörer entspannte und aufmunterte.

Sie müssen nicht auf hohem Kothurn einhergehen und durch hohles Pathos sich dem „Ernst der Stunde" würdig erweisen.

Witze, Scherze, Wortspiele wird man Ihnen, dem Anfänger, vielleicht verübeln, aber niemand zwingt Sie, auf Stelzen daherzukommen; seien Sie wenigstens in der Sprache, im Wortschatz und Satzbau einfach, klar und knapp.

Wenn die anderen Redner jeweils zehn Minuten brauchen und Sie nur drei, werden Sie alleine dadurch schon positiv auffallen.

„Und willst Du zu Tränen mich rühren, weine sie selber zuerst." (Horaz)

Suchen Sie also Bezüge zu sich selbst, kommen Sie weg vom Belanglosen, Allgemeinen.

Der einstige Ministerpräsident von Baden-Württemberg, Dr. Reinhold Maier, begann seine Reden gerne: „Als ich heute früh am Bahnhof in ein Taxi stieg, erzählte mir der Taxifahrer..."

Oder: „Unlängst unterhielt ich mich mit Weingärtnern aus dem Remstal..."

Und der Altbundeskanzler Dr. Kurt-Georg Kiesinger leitete einmal eine Rede vor einer Lehrerversammlung ein: „Liebe Kolleginnen und Kollegen! Ich darf Sie so nennen, denn auch ich habe einst gerne den Beruf eines Schulmeisters erlernt und lange Jahre als akademischer Lehrer gearbeitet."

Haben Sie Mut, persönliche Bezüge zu suchen – aber bitte ohne Krampf und kurz –, die lassen sich meist ohne Mühen finden oder erfinden.

Sollte es Ihnen schwerfallen, etwa bei einer Ehrung oder Beerdigung, bei sich Betroffenheit gegenüber der Persönlichkeit des zu Ehrenden zu empfinden, dann versetzen Sie sich in seine Lage; stellen Sie sich vor, Ihnen würde noch rasch bevor man Sie aufs Altenteil abschiebt ein Orden umgehängt werden, oder Sie würden plötzlich aus dem Leben abberufen. Haben Sie Ihr Haus bestellt? Haben Sie Ihre Angehörigen versorgt? Haben Sie alle Ihre Träume verwirklicht? Was wäre Ihnen oder Ihren Angehörigen dann tröstlich zu hören?

Versuchen Sie, selbst Übles positiv zu sehen:

So hat der Streitsüchtige sicher Mut zur eigenen Meinung gezeigt, der Vorschnelle war verantwortungsfreudig und der Entschlußlose verantwortungsbewußt – von einem bestimmten Standpunkt aus, etwa dem des Geehrten, wäre das sicher nicht falsch.

Loben Sie, loben Sie, loben Sie!

Kein Mensch auf der weiten Welt ist so schlecht, daß es an ihm nichts zu loben gäbe, oder er an sich nichts zu loben fände.

Ein uns bekannter Dekan begann bei Pfarrvisitationen gerne seine Predigten: „Geliebte, im HERRN versammelte Gläubige! Als ich heute früh über den XY-Berg hinabfuhr in dieses heimelige Tal, in dem gleich den Kücklein um die Gluckhenne sich die Häuser um diese herrliche Kirche scharen, dachte ich, hier muß es schön sein zu leben . . ." Lag der Ort aber auf einem Berg: „. . . aus dunklem Tal hinauffuhr auf den XY-Berg, wo der Blick so frei hinausgeht ins schwäbische Land und sich einem das Herz weitet, dachte ich . . ."

Die Leute haben es gerne, wenn man ihren Ort, Ihr Gewerbe oder die Gruppe, der sie angehören, lobt. Im Dialog „Menexenos" sagt uns Platon durch den Mund des Sokrates – übrigens enthält dieser Dialog das Muster einer Rede für eine Heldenehrung –:

„. . . Ja, wenn man die Athener sollte vor Peloponnesiern (ihren Erbfeinden) rühmen oder Peloponnesier vor Athenern, da bedürfte es wohl eines guten Redners, um zu überzeugen und Beifall zu finden; wenn einer aber vor denen seine Kunst geltend zu machen hat, die er zugleich rühmt, da ist es nichts großes, wenn man gut zu reden scheint." – Deshalb loben Sie, loben Sie! –

Kurz:

1. Lassen Sie alles weg, worüber Sie sich schon bei anderen Reden ärgerten und seien Sie natürlich, klar und kurz.

2. Suchen Sie ohne Krampf persönliche Bezüge zwischen sich und dem Thema, zwischen sich und den Hörern, dem Ort und der rednerischen Situation.

3. Schaffen Sie bei sich Betroffenheit, dann wird das Ihnen auch bei den Hörern gelingen.

4. Loben Sie, loben Sie, loben Sie!

Die Vorbereitung:

Erschrecken Sie Ihre Hörer nicht durch übertriebene Originalität. Ironisch gesagt könnte man als Regel aufstellen:

Für eine gute Gesellschaftsrede genügen 1,5 eigene Gedanken.

Sollte Sie das Schicksal treffen, eine Tischrede auf die „Damen", das „Vaterland", die „Künstler" oder die „Lieben Gäste" halten zu müssen, dann setzen Sie sich zu Freunden, die Ihren zukünftigen Hörern entsprechen, machen ein unschuldig-hilfloses Gesicht und fragen „Ich muß beim Essen am Sonntag eine Rede auf die „Damen" halten, was soll ich bloß sagen?" Die Geistesblitze der anderen notieren Sie sich auf kleinen Zetteln, Visitenkartengröße, von denen Sie stets einen Stoß im Geldbeutel haben sollten. So gibt es am Stammtisch Gesprächsstoff, Sie erfahren, was man gerne von Ihnen hören würde und bekommen ohne eigenen Schweiß die Tischrede zusammen.

Am Abend oder Morgen vor der Rede genügt es dann, die Zettel in eine sinnvolle Reihenfolge zu legen und einige Stichworte herauszuziehen. Sie sollten so viele Zettel haben, daß Sie wenigstens die Hälfte davon wegwerfen können. Dann setzen Sie die zur Rede passende Anrede davor, schieben an den richtigen Stellen verbindende Floskeln ein und schließen mit der jeweils üblichen Formel. Seien Sie versichert, daß Ihnen am Ende kräftiger Beifall danken wird. Einige Ihrer „Bundesbrüder", Parteifreunde oder lieben Kolleginnen und Kollegen werden sogar begeistert aufstehen, um Ihnen die Hand zu schütteln; endlich habe mal wieder einer den Mut gehabt, auszudrücken, was alle im Innersten fühlen. Und genau das will die Gesellschaftsrede.

Wenn wir bisher von Ihnen die freie Rede forderten, so wollen wir Ihnen bei der Gesellschaftsrede einen ausformulierten, maschinengeschriebenen Spickzettel wenigstens für den Anfang erlauben. Im längeren Beitrag vermag man Versprecher wieder auszugleichen, doch in der Gesellschaftsrede können sie wegen deren Kürze vernichtend werden. Sollten Sie etwa statt des „bestirnten Himmels" den „behirnten Stimmel" erwähnen, wird man sich noch Jahre später an Ihre Tischrede erinnern. So wird Sie die ausformulierte Rede, vor Ihnen auf dem Tisch liegend, vor unfreiwilligen Witzen bewahren, selbst wenn Sie überhaupt nicht hineinschauen.

Die Anrede:

Die eine „hochzuverehrende Frau B.", die Sie vergaßen in der Anrede persönlich zu erwähnen, kann Ihnen unter Umständen mehr Ärger machen als die gesamte übrige Versammlung.

Andererseits hat sich in den letzten Jahren manches so gewandelt und wandelt sich immer noch, daß es schwer wird, hier ins einzelne gehende, gültige Regeln aufzustellen.

Fragen Sie erfahrene Kollegen, wie diese es machen, achten Sie darauf, was bei ihnen üblich ist, oder rufen Sie zuvor im Sekretariat des „verehrten Herrn Ministers" oder „Präsidenten" an, wie er's denn gern hätte, aber verlassen Sie sich bitte nicht auf Ihr Glück. Wenn sonst die Rhetorik-Regel gilt: „Erlaubt ist, was gefällt", so müssen Sie hier abwägen, „was *wem* gefällt", ob Sie den einen oder die vielen verärgern wollen, denn was in einem Kreis als Anstand gilt, kann in einem anderen lächerlich sein oder Ihnen den Vorwurf der „Radfahrerei" einbringen; solch schwankenden Boden finden Sie im Umkreis der Universitäten, in politischen Jugendorganisationen, den Gewerkschaften oder bei der Frage, ob man Beamtentitel erwähnen soll oder nicht.

Im allgemeinen gilt die Regel, um so mehr und stärkere Floskeln zu verwenden, je größer der rangmäßige Abstand zwischen Redner und Angesprochenen ist. Man beginnt beim Ranghöchsten und steigt dann in der Rangleiter abwärts.

Bei Ehrungen kann auch mal ein Rangniederer an die Spitze rücken, oder wenn man bei dem Zuletzterwähnten anknüpfen möchte, auch an das Ende der Aufzählung:

„Hochverehrter Herr XY, meine sehr verehrten Damen und Herren!" Oder: „Hochverehrter Herr XY, verehrte Festversammlung!" Auch: „Meine verehrten Damen und Herren, verehrter Herr XY!"

Wenn der Redner ein Herr ist, sind Damen meist „Meine sehr verehrten Damen!" und Herren schlicht „Meine Herren!"

Sind die Herren aber wesentlich ranghöher, auch „Meine sehr geehrten Herren" oder sogar „Sehr verehrte Herren!"

Doch Vorsicht, es sollte nicht ironisch klingen. Üben Sie diese Floskeln, bis sie Ihnen so flüssig von der Zunge gehen, als würden Sie sagen: „Herr Ober, noch'n Bier!"

233

Beispiele:

„Mitbürger!"

„Liebe Mitbürger!"

„Liebe Mitbürgerinnen und Mitbürger!"

„Meine verehrten Mitbürgerinnen und Mitbürger, liebe Gäste!"

„...verehrte Bürger dieser Stadt!"

„Liabe Leut'!"

„Meine verehrten Damen und Herren, liebe Parteifreunde!"

„Hochverehrter Herr Direktor, sehr geehrte Herren der Geschäftsleitung, meine lieben Kollegen!" – Rufen Sie bitte vorher jemanden an, denn diese Formeln sind in jeder Firma (Abteilung, Niederlassung) anders. –

„... liebe Auszubildende unseres Betriebes (... Hauses), liebe zukünftige Mitarbeiter!" – Hüten Sie sich bitte vor den „Lieben jungen Freunden!", diese sind heute recht empfindlich und könnten durch „anti-autoritäres Betragen" die „Weihe der Stunde" stören. –

„Sehr verehrter Herr Minister, geehrter Herr Oberbürgermeister, geehrte Frau Bürgermeisterin, meine Damen und Herren!"

Bei der Versammlung einer sehr alten christlichen Bruderschaft, ich zitiere aus der Erinnerung (es könnte auch etwas anders geklungen haben, auf jeden Fall klang es sehr beeindruckend): „Hochwürdiger Präside, hochwürdige, würdige und geliebte Brüder alle!" – Es gibt also selbst bei uns und in unserer Zeit noch recht exotische Anreden, fragen Sie deshalb lieber einmal zuviel, als daß Sie nachher Ärger bekommen. –

„...Verehrte Festgemeinde..."

„...Trauergemeinde..."

„...Festversammlung..."

„...Trauerversammlung..."

„Hochverehrte Frau XY, hochverehrte Hinterbliebene,
verehrte Trauerversammlung . . .“

„Liebe verehrte gnädige Frau, meine sehr geehrten Damen und Herren, liebe Gäste unseres Hauses!“

„Liebe, verehrte Frau . . .“

„Hochverehrtes Silberbrautpaar . . ., liebe Gäste!“

„. . . Jubelpaar . . .“

„Soldaten (. . . Männer, . . . Kameraden . . .) des Panzer-
grenadierbataillons 521!“

„Bergkameraden!“

„Vereinsfreunde!“

„. . . liebe Sportfreunde!“

„. . . liebe Sängerinnen und Sänger!“

„. . . Sangesbrüder . . .“

„. . . Werkleute am Bau . . .“

„Herr Vorsitzender (. . . Präsident . . .),
meine Damen und Herren!“

Anmerkung:

Man hört noch manchmal „Geschätzter Herr XY“ oder
„Werter Herr XY“ oder „gnädige Frau“; das erscheint
uns nicht mehr in jedem Fall zeitgemäß.

Die „gnädige Frau“ ist dem Handkuß vergleichbar. Wenn
der Baron von Itzenplitz „gnä’ Frau“ sagt, findet niemand etwas dabei, wenn Sie das sagen, mag der eine oder
andere die Nase rümpfen.

Kurz:

Die einfachste Anrede ist

„Meine (. . . sehr verehrten . . .) Damen und Herren“,

die laut Umfrage beliebteste Anrede aber „Liebe Mitbürgerinnen und Mitbürger!“

Und was halten Sie von einem „Guten Morgen, meine
Damen und Herren“?

Redeanfänge und Redeschlüsse:

Zunächst der Versuch einer Aufzählung der verschiedenen Redearten, um die es hier geht:

— Rahmenreden, etwa Eröffnungen und Beschließungen, Begrüßungen, Vorstellungen von Referenten und Danksagungen

— Einweihungen und Feiern allgemeiner Art

— Ehrungen und Gratulationen verbunden mit einer Würdigung, etwa bei Ernennungen, Beförderungen, Ordensverleihungen, Entlassungen, Jubläen, nach gewonnenen Wahlen, bei Beerdigungen ...

— einfache Gratulationen ohne Würdigung

— einfache Danksagungen

— persönliche Vorstellungsreden, etwa bei Aufnahmen in bestimmte Kreise u. ä.

— Tischreden allgemeiner Art („Auf das Vaterland", „Suedia sei's Panier" ...)

— Damenreden

— Feierreden aus besonderen Anlässen, etwa 1. Mai, Weihnachten, Stiftungsfest, Betriebsausflug, Fasching, Sommerball, Weinfest

Allgemeine Redeanfänge:

Wenn Sie Ihre Rede kurz halten wollen, ist durch einen bestimmten Anfang schon der weitere Redeverlauf festgelegt. Auch für den Redeschluß bleibt Ihnen dann nicht mehr viel Freiheit.

— Sie können bei der Situation des Redenden bei Ihnen beginnen:

„Zunächst möchte ich mich bei ... bedanken für die Ehre (Freude, Gelegenheit) ..."

„Als ich vor einer Woche mit der Ehre betraut wurde, diese Tagung (Ausstellung) zu eröffnen ..."

„Es zählt zu den (meinen) angenehmsten Pflichten, einem Mann (einer Versammlung wie dieser, Ihnen, meine verehrten Damen und Herren), dem das ...“

„Glauben Sie mir, es fällt mir schwer, in Worte zu fassen, was ...“

„Zwar spreche ich hier im Namen des ..., doch ist es mir auch persönlich ...“

— Sie können auch die Feier zum Anlaß nehmen:

„Tage wie dieser sind Höhepunkte im Leben eines Verbandes ...“

„Nun jährt sich schon zum hundertzwanzigsten Mal der Tag, an dem ...“

„Seit unserem letzten ... sind wohl schon ... Jahre vergangen. Wenn wir nun heute wieder ...“

„Immer wenn ... ist das ein ..., denn ...“

„Diese Ausstellung (Tagung) ist (in ihrer Art einmalig, bedeutend, wegweisend, sollte die Regel sein) ...“

„Dieser (Der heutige) Tag ist sicher ein Tag der Freude (kein Tag der Freude, der Trauer, des Stolzes). So scheint es denn angebracht, darüber zu sprechen (nachzudenken), wie (wozu, warum) ...“

„Wir haben uns hier zusammengefunden, um ...“

„Zu Ehren des (von) ... sind wir hier versammelt, um ...“

„In froher (ernster, gedrückter) Stimmung sind wir ...“

„Wir sitzen hier in froher Runde ...“

— Beginnen Sie bei der Vorgeschichte dieser Stunde:

„Als wir, der Vorstand der XY-Vereinigung, uns am 14. 5. 19.. trafen, dachte noch niemand (war uns schon allen klar) ...“

„Als wir vor sechs Wochen (Monaten) zu diesem (an diesem) ... den Grundstein legten, war hier an dieser Stelle (noch, schon) ein ...“

— Ein Ausblick, der Hoffnung bringt oder der Rückblick in eine ruhmvolle Vergangenheit werden sicher gerne gehört:

„Tage (Stunden) wie diese werden gerne genutzt, um einen Rückblick zu halten (zurückzuschauen, einen Überblick zu geben) . . .“

„Vor (hinter) Ihnen (uns) liegt . . . Vergessen Sie (wir) nie . . .“

— Bestätigen Sie Ihren Hörern die hohe Meinung, die sie von sich und ihrer Gruppe haben:

„Die deutsche Arbeiterin und der deutsche Arbeiter . . .“

„Die deutsche Wirtschaft . . .“

„Wir leben in einer Zeit, die . . ., da ist es besonders . . ., daß . . .“

„Kritisch gegenüber . . ., aber auch stolz auf . . .“

„Aufgrund meiner Arbeit als . . . weiß ich sehr wohl, wie . . .“

„. . . mit diesen Worten (diesem Fest, dieser Ausstellung) haben Sie gezeigt, daß (den Versuch unternommen, uns allen, den Menschen, Bürgern und Bürgerinnen dieser Stadt, unserer Zeit, in die Zukunft weisend) . . . und bewiesen, daß . . .“

„Hinter einem so einfachen (nur scheinbar so einfachen) . . . steckt mehr als . . .“

„Wenn man wie ich . . . wird einem erst so richtig klar, was es heißt . . .“

„Die Frage nach (Das Problem, das) . . . wird immer drängender. Da ist es wichtig, daß endlich . . . Möge diese . . . eine Antwort . . .“

„Die große Zahl (Die geringe Zahl) . . ., der hier Anwesenden zeigt wohl deutlich, wie . . .“

— Und wenn Sie nach gründlicher Gewissensprüfung glauben, unbedingt ein eigenes oder gar ein allgemeines Anliegen artikulieren zu müssen und wirklich glauben, es bringe Ihnen und der Menschheit außer Ärger noch etwas ein, könnten Sie etwa so beginnen:

„Erlauben Sie mir, hier einmal die Gelegenheit zu nutzen, Ihnen in aller Deutlichkeit (mit der gebotenen Ehrlichkeit) . . ."

„Wenn ich heute anläßlich . . . das Wort ergreife, möchte ich nicht versäumen (nicht nur . . ., sondern auch, gleichzeitig) . . ."

„Ihre . . . gibt mir den Mut, hier . . ."

Kurz: Der richtige Anfang ist das halbe Gelingen.

Allgemeine Redeschlüsse:

Am einfachsten haben Sie es, wenn die vorausgehende Rede nur die Einleitung zu irgendeiner Handlung ist, und die Handlung selbst für jedermann erkennbar den Schluß der Rede bedeutet, etwa ein erster Spatenstich.

So ist vielleicht ein Grundstein zu legen, ein Kranz niederzulegen, eine Schaufel Erde hinabzuwerfen, ein Schlüssel, ein Orden, ein Geschenk (Blumen, Fußbälle . . .), eine Urkunde zu überreichen oder ein Band zu durchschneiden. Unter Umständen stimmen Sie auch ein Lied an, geben der Kapelle ein Zeichen, bringen ein Prosit aus oder schütteln jemandem demonstrativ die Hand.

— Entscheidend für den Beifall ist die Eindeutigkeit, der Aufforderungscharakter Ihrer Handlung:

„. . . Wenn wir nun in diesem Augenblick (in wenigen Sekunden) . . . bitte ich Sie, sich mit mir zu erheben (Ihr Glas zu erheben) und mit mir auszurufen (in Schweigen zu gedenken) . . ."

„. . . Allen denen, die . . ., widme ich dieses Glas. Allen zum Wohl!"

„. . . Prosit!"

„. . . Ich erhebe mein Glas und trinke auf . . ."

„. . . Erheben wir die Gläser (. . . und leeren sie bis auf den Grund) . . .!"

„... Wenn wir nun zum geselligen Teil übergehen ... Viel Spaß!"

„... Auf daß die Geselligkeit ungehemmt (hemmungslos) ihren Lauf nehme ..."

„... Und damit übergebe ich ... seiner Bestimmung (Ihnen)."

„... die ich hiermit eröffne und der ich gleichzeitig einen vollen Erfolg (guten Verlauf) wünsche."

„Möge dieses Haus ein Haus des ... werden (viele Jahre ...)!"

„... Allen jenen, die hier leben werden, wünsche ich ..."

„... ich bin sicher, daß dieses moderne (mutige, wegweisende) Gebäude (Räume) bald für ein ebenso modernes ..."

„... Geloben wir deshalb an dieser Stelle und zu dieser Stunde ..."

„... Ich beglückwünsche Sie zu ... und spreche Ihnen ..."

„... Im Namen der ... darf ich Ihnen hiermit ... als Anerkennung Ihrer ..."

„... Möge dieses ... Ihnen zeigen ... und Ihnen von jetzt an ..."

„... In diesem Sinne wünsche ich Ihnen vollen Erfolg (auch weiterhin alles Gute)!"

— Als Redeschluß werden auch einfache Dankesformeln gerne angenommen:

„... Wenn wir heute ..., so gilt unser Dank ... in besonderer Weise (nicht nur ..., sondern auch, soll ein Zeichen sein für) ..."

„... Nachdem ... ein voller Erfolg ..., spreche ich ... Dank (Anerkennung) aus. Gleichzeitig Dank auch allen, die ..."

„... Ich danke Ihnen im Namen ... für Ihre unermüdliche (für Ihre freundlichen und aufmunternden Worte ...) ... auch weiterhin ..."

„... Dank allen, die ...“

„... Von Herzen danke ich Ihnen für ...“

— Wenn Sie am Ende Ihrer Rede keine eindeutige Handlung als Zeichen für den Schluß haben, sind irgendwelche guten Wünsche immer noch wirksame Beifallsbringer:

„... Deshalb wünsche ich Ihnen (der Veranstaltung) ...“

„... Mögen Sie nicht (auch weiterhin nicht) nachlassen im Bemühen ...“

„... Daß Ihnen dieses Vorhaben gelingen möge, ist mein herzlicher Wunsch.“

„... Möge Ihnen gelingen auch in Zukunft ...“

„... Möge dieser Tag denn ...“

„... Möge uns dies in der Zukunft ebenso gelingen, wie in der Vergangenheit (wie es in der Vergangenheit der Fall war) ...“

„... Ich wünsche Ihnen und Ihrer Arbeit viel Erfolg und diesem ... einen guten Verlauf (gutes Gelingen)!“

„... Glück auf für ...!“

„... So hoffe und wünsche ich denn, daß (daß, noch recht oft) ...!“

„... So rufe ich Ihnen denn zu, lassen Sie (nicht nach) sich ...“

— Angenehme Prophezeiungen werden auch gerne gehört:

„... Ich bin sicher, daß es uns (Ihnen) gelingen wird ...“

„... Erwarten wir mit Recht, daß endlich ...“

„... wird uns ein gut Stück weiterbringen auf dem Wege zu ...“

„... Ich freue mich, Ihnen hier sagen zu dürfen, daß Sie bald ...“

„. . . So wird denn Ihr Erfolg für uns alle . . .“

„. . . Wo auch immer . . .“

„. . . Wann auch immer . . .“

— Und wenn Sie gar ein sicheres Formulierungsvermögen besitzen, wird besonders eine zündende Zusammenfassung der für die Zuhörer schmeichelhaften Rede Begeisterungsstürme entfesseln:

„. . . Lassen Sie mich schließen mit dem Ruf . . .“

„. . . Ihnen zurufen . . .“

„. . . So glaube ich denn auszusprechen, was wir alle fühlen, wenn . . .“

„. . . Was Sie hier (sich hier) . . . läßt sich in einem Satz . . .“

Kurz: Sollte Ihnen sonst nichts einfallen, können Sie am Ende wenigstens „hoffen“, „wünschen“, „mögen“, „danken“ oder „rufen“.

Floskeln für Ehrungen, Jubiläen, Aufnahmen, Gratulationen:

„. . . Ein seltenes (großes, ehrenvolles) Fest (Feier, Anlaß . . .) hat uns hier . . .“

„. . . Es ist ein ernster und bedeutender Augenblick . . .“

„. . . So stolz wir alle auf . . . sind, so glücklich sind wir auch . . .“

„. . . einen solchen Mann in unserer Mitte (Stadt, Gemeinschaft, Bund) . . .“

„. . . Wie wir ohne . . . bisher (in Zukunft) . . . ein Rätsel . . .“

„. . . Wir ehren in Ihnen jemanden, der . . .“

„. . . Unsere Zeit braucht Männer (Frauen), die . . .“

„. . . Ihr Schaffen, das wir heute würdigen . . .“

„. . . Heute vor . . . begann für . . .“

„... Wenn man wie Sie schon ...“

„... Zu Ihrer (Ihrem) heutigen ... gratuliere ich Ihnen und ...“

„... So häufig ich ... widerfährt mir doch nicht oft die Ehre ...“

„... Wir alle freuen uns mit Ihnen, wenn ...“

„... In diesen Dienst haben Sie Ihr Schaffen gestellt ...“

„... Und ich bitte Sie daher, Ihr Wissen, Ihre Kraft uns auch weiterhin (noch oft) ...“

„... in all den Jahren Ihre Pflicht, ja mehr als Ihre Pflicht ...“

„... So nehmen Sie denn als ein Zeichen unseres Dankes ... (Hochachtung, Verehrung) ...“

Andere Feiern und Anlässe:

„Im Namen des (der, als) ... heiße ich Sie in unserer ... (hier in) herzlich willkommen ... Ich freue mich, daß ...“

„... erlauben Sie, daß ich Sie zu unserer (auf unserer) ... herzlich willkommen heiße ...“

„... Hier haben sich zwei Menschen gefunden, die ...“

„... Nicht umsonst ist dieser Tag ein Tag der ... im Leben zweier Menschen ...“

„... Wenn zwei Menschen sich die Hände zum Bund fürs Leben reichen ...“

„... Bewahren Sie sich dieses Glück ...“

„... Möge dieses Glück ...“

„... Es duftet nach Tannengrün (Kerzen, Apfelstrudel) ...“

„... Kinderaugen ...“

„... Dies ist ein Fest der Kinder. Wir wollen sie nicht länger warten lassen ...“

„... Was wäre unser Fest (der heutige Abend) ohne Sie, meine Damen ... (Adams Rippe, einstmals im Paradies der Apfel)"

„... Ich trinke auf das Wohl aller unserer Damen ..."

„... Warum wurde dieser Abend zu einem solchen Erlebnis? ..."

„... Verehrte Frau ... (Meine Damen), selbst im Zeitalter der Gleichberechtigung (der Emanzipation) wird man mir verzeihen, wenn ich Ihnen (besonders Ihnen) für ..."

Und zum Schluß Beerdigungen, die unangenehmste und oft auch peinlichste Art von Gesellschaftsreden:

„... Als Vertreter des ... habe ich die traurige Aufgabe (Pflicht) ..."

„... Schreck, Bestürzung und tiefe Trauer haben uns ergriffen, als ..."

„... Tief bewegt ..."

„... Auf das Tiefste bewegt ..."

„... Fassungslos stehen wir ..."

„... Wie schnell kann es geschehen, daß ..."

„... Wir haben uns ..., um von ... Abschied ... (... zu gedenken)"

„... war einer von uns ..."

„... noch lange als ein Vorbild ..."

„... So wollen wir denn wie er ..."

„... wird uns Verpflichtung sein ..."

„... Unser aller Anteilnahme gilt ..."

„... Wir wollen (werden) nicht (nie) vergessen ..."

„... Möge Ihm ewiger Frieden ..."

„... Er ruhe in Frieden!"

„... Auf Wiedersehen!"

„... Fahre wohl!"

„... Schlafe wohl!"

Schluß: „Ein Wort ist oft angenehmer denn eine große Gabe . . .“ (Jes. Sir. 18/17)

Anmerkung:

Pathetische Formulierungen klingen wirklich unerträglich, wenn sie auch noch pathetisch vorgetragen werden. Durch bescheidene, schlichte Stimmführung kann diesen Formulierungen viel von ihrer Peinlichkeit genommen werden. Takt und Liebe werden Ihnen den Erfolg bringen.

Aus der Praxis für die Praxis

„Ein Grußwort sollte nicht länger sein, als man auf einem Bein stehen kann.“ – In einer Minute sprechen Sie etwa hundert Wörter; das wären bei einer Geburtstagsfeier etwa drei Minuten oder dreihundert Wörter.

Sollten Sie besser als Ihr Chef reden, werden Sie Ärger bekommen, reden Sie aber kürzer als er, werden Sie allseits Freude erregen.

Wenn man nach dem Hauptziel der Gesellschaftsrede fragt, sollte der Schwerpunkt auf dem „Erfreuen“, dem „delectare“, liegen; sie sollte also den Eindruck von „Leichtigkeit“, „Heiterkeit“ und „Natürlichkeit“ ausstrahlen, aber keineswegs „Verbissenheit“ oder „Mühen“ und „Schweiß“. Das erreichen wir durch eine nicht zu lange Vorbereitung; die Verfasser denken an etwa 45 Minuten. Und mit etwas Übung werden Sie das auch schaffen.

Keine Lügen!

Vermeiden Sie die Lüge. Vermeiden Sie das sogenannte „Verbandsgeschleime“. Wir können auch höflich und entgegenkommend sein, ohne daß die Hörer an „Radfahrerei“ oder gar Schlimmeres denken. Lernen Sie, positiv zu formulieren. So sind Gläser durch unsere gemeinsamen Bemühungen stets noch halbvoll und nicht schon halbleer.

Sie wollen und Sie sollen erfreuen, lassen Sie deshalb bitte problematische Sachverhalte weg.

Humor ist erwünscht, aber bitte nur Witze auf eigene Kosten.

Und Ironie nie!

„Ironie" (gr.) heißt „verstellte Rede". Haben Sie das nötig? Ihre Glaubwürdigkeit leidet darunter. Die meisten verstehen Ironie häufig überhaupt nicht, manche wollen sie nicht verstehen. Und nur die wenigsten haben daran Freude. Verwechseln Sie bitte eine Dankesrede an die Hausfrau nicht mit einer Kabarettveranstaltung, bei der Sie gegen die „Versklavung durch das Ehejoch" polemisieren wollen.

Durch Ironie erhebt man sich über seine Mitmenschen und kommt so in Gefahr, fremde und eigene Menschenwürde zu verletzen. Meist wird man nur gegenüber Menschen ironisch, bei denen man glaubt, sich das erlauben zu können. – Ist man bei den andern dafür zu feige.

Ein Beispiel für zarte und bereits verletzende Ironie: „Herr XY, von Ihnen sollte man nicht sagen, Sie seien klein aber fein, nein, Sie sind klein aber oho!" Oder: „Lieber Herr XY, wir wünschen Ihnen für Ihren Ruhestand alles Gute und hoffen, daß Sie Ihr Gift künftig nur noch in Ihrem Garten verspritzen."

Besser ist gereimter Humor

Der Stuttgarter Oberbürgermeister Dr. Arnulf Klett bei der Einweihung des Kaufhauses Horten:

„Ob mit Litzen oder Borten,

Ob bei Kuchen oder Torten, ob in Küchen, ob Aborten,

Braucht man Dinge allerorten,

Die Sie kriegen hier bei Horten."

4.
Wie Sie als Redner noch besser werden

Die Sprache

Exkurs zur Entstehung der Hochsprache

Die Sprechweise

Checkliste

Übungen

Da es beim Reden oft genug nicht nur um Ihr Spezialgebiet geht, auf dem Sie Fachmann sind, brauchen Sie als Redner auch heute noch so etwas wie Allgemeinbildung. Die jungen Griechen und Römer schulten zur Untermauerung der Redekunst einst ihre Köpfe in Recht, Philosophie, Strategie und Taktik. Auch Sie werden in Politik, Wirtschaft und Technik merken, daß Kenntnisse aus den genannten Gebieten durchaus von Nutzen sind.

Die Königin aller Wissenschaften aber, wenn auch sonst eine brotlose Kunst, ist die Philosophie, da sie Ihnen zeigt, die Dinge vom Grundsätzlichen her zu verstehen und Ihnen so ganz neue Dimensionen der Sprache und des Denkens erschließt.

Erleben Sie einmal, wie respektiert auf Tagungen und auch sonst im Kreis von Fachleuten der Philosoph ist, der gelernt hat, seine Kenntnisse in den Alltag zu übertragen. Dann werden Sie auch verstehen, warum selbst in unseren Tagen noch Philosophie studiert wird, und das manchmal von fertigen Ärzten und Oberregierungsrätinnen nur einfach so zum Spaß, obwohl häufig ein direkter Nutzen kaum erkennbar ist.

Sie sollten nun nicht schon morgen ein Philosophiestudium beginnen, aber werfen Sie in Zukunft nicht die Flinte ins Korn, wenn sich Ihnen ein Text aus einem Gebiet von außerhalb des Alltags beim ersten flotten Durchlesen nicht gleich erschließt.

Häufig werden uns Kurse in „Schnellesen" angeboten.

Wo bleiben Kurse in „Langsamlesen"?

Die berühmten Bücher, die Marksteine unserer Geistesgeschichte, bekommen Sie für relativ wenig Geld in jeder Buchhandlung.

Sie haben nicht die Zeit, so etwas zu lesen? Sie lesen doch auch Krimis, gehen ins Kino oder lösen Kreuzworträtsel. Lesen Sie in Zukunft nicht nur „Bücher über Bücher", sondern die Bücher selbst. Damit Ihnen aber zu starke Frustrationserlebnisse erspart werden, unterhalten

Sie sich vorher mit Fachleuten, die Ihnen für Ihren besonderen Fall eine Bücherliste schreiben sollen.

Leichter verständlich, wenn auch schwer zugänglich, finden Sie, wovon hier die Rede ist, bei Menschen. Gerade wenn Ihnen die hier vermittelten „Kochrezepte" den großen Erfolg gebracht haben, sollten Sie nun den Umgang mit Leuten suchen von denen Sie noch etwas lernen können, die noch weiter sind als Sie. Sehen Sie sich um. Diese Leute gibt es. Halten Sie sich nicht nur an Bücher, sondern auch an Menschen.

Die Sprache

„Die Sprache ist eines der wichtigsten Instrumente der Beeinflussung des Verhaltens und der Einstellung anderer Menschen." (O.W. Haseloff)

Und doch ist sie manchmal mehr ein Hindernis als ein Instrument der Beeinflussung, weil wir verlernt haben, sie wirkungsvoll einzusetzen, oft genug auch, weil uns die Worte fehlen. Worte finden wir bei Menschen und auf Papier.

Wir brauchen einen großen aktiven und passiven Wortschatz.

Lernen Sie, vom Wortschatz her Milieuschranken zu überwinden. Es wäre gut für Sie, wenn Sie sich auch in Standes- und Berufsjargons auskennen.

Das Tor zur Verständigung ist die gemeinsame Sprache; dafür brauche ich nicht nur meine Worte, sondern auch die des anderen, falls er meine nicht versteht. Sprechen Sie so, daß man Sie verstehen muß, auch vom Wortschatz her. Wenn man Sie nicht versteht, sind nicht die Zuhörer schuld, sondern immer Sie. Seien Sie auch von der Sprache her du-zentriert. Die Worte des anderen sind eine Brücke zu ihm.

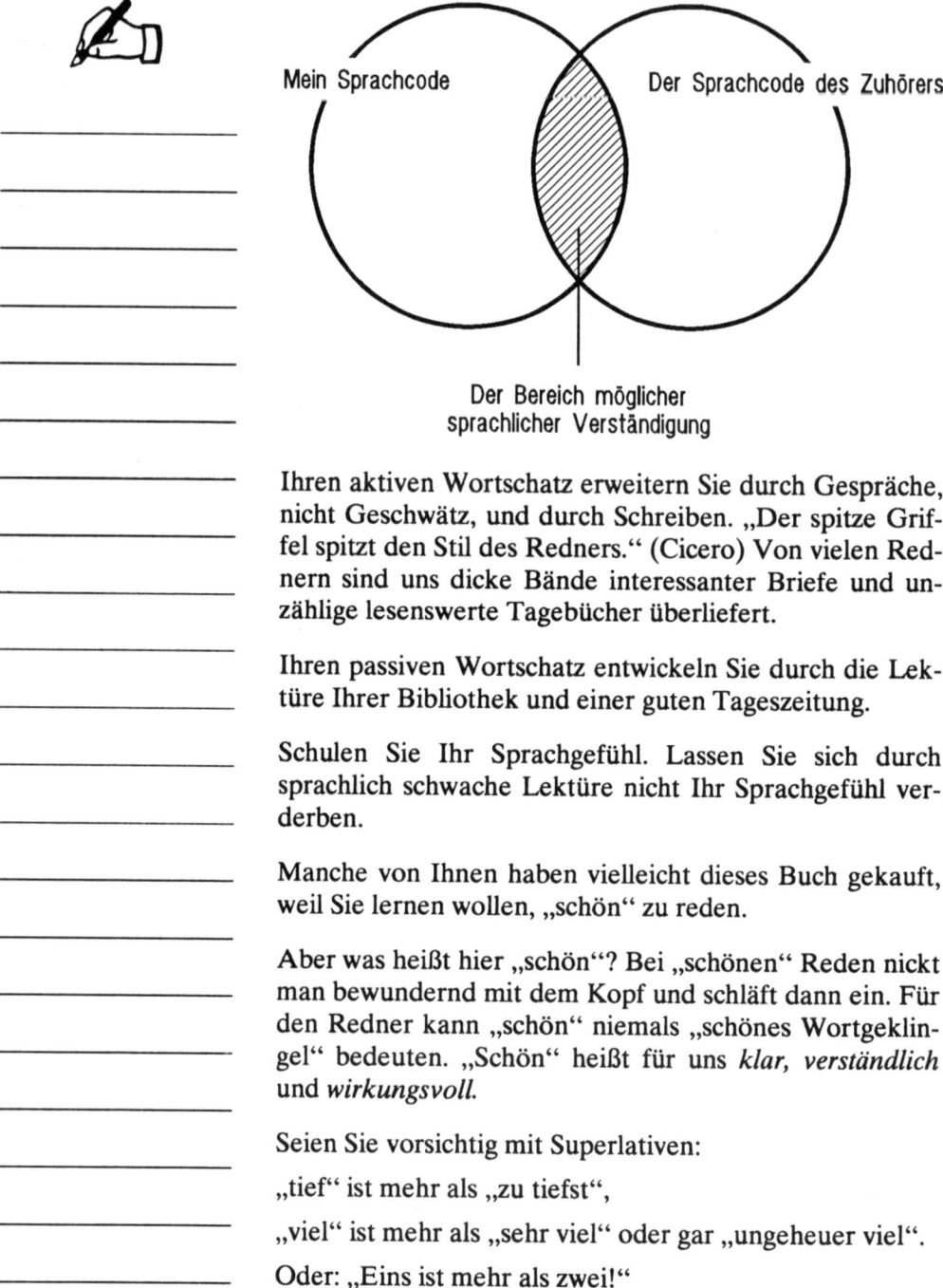

Mein Sprachcode   Der Sprachcode des Zuhörers

Der Bereich möglicher
sprachlicher Verständigung

Ihren aktiven Wortschatz erweitern Sie durch Gespräche, nicht Geschwätz, und durch Schreiben. „Der spitze Griffel spitzt den Stil des Redners." (Cicero) Von vielen Rednern sind uns dicke Bände interessanter Briefe und unzählige lesenswerte Tagebücher überliefert.

Ihren passiven Wortschatz entwickeln Sie durch die Lektüre Ihrer Bibliothek und einer guten Tageszeitung.

Schulen Sie Ihr Sprachgefühl. Lassen Sie sich durch sprachlich schwache Lektüre nicht Ihr Sprachgefühl verderben.

Manche von Ihnen haben vielleicht dieses Buch gekauft, weil Sie lernen wollen, „schön" zu reden.

Aber was heißt hier „schön"? Bei „schönen" Reden nickt man bewundernd mit dem Kopf und schläft dann ein. Für den Redner kann „schön" niemals „schönes Wortgeklingel" bedeuten. „Schön" heißt für uns *klar, verständlich* und *wirkungsvoll.*

Seien Sie vorsichtig mit Superlativen:

„tief" ist mehr als „zu tiefst",

„viel" ist mehr als „sehr viel" oder gar „ungeheuer viel".

Oder: „Eins ist mehr als zwei!"

Seien Sie in Ihrer Sprechweise glaubwürdig, seien Sie sicher und bestimmt. Sagen Sie nicht: „Man könnte hier ...",

sondern: „Hier könnten Sie ..."

Sagen Sie nicht: „Man kann sich vielleicht vorstellen, daß ...",

sondern: „Stellen Sie sich einmal vor, Sie ..."

Sprechen Sie nicht in Grundsätzen, sprechen Sie in Bildern:

Zwei Blinde bitten Sie auf der Straße um eine Gabe.

Der eine trägt ein Schild: „Helft den Blinden!"

Und der andere: „Es ist Frühling. Und ich bin blind."

Welchem von beiden werden Sie eher etwas geben? (n. M. Weller)

Füttern Sie die Phantasie Ihrer Hörer. Verkaufen Sie erst Träume und dann die dazugehörigen Autos.

Aber Vorsicht, Bilder können auch grausam ins Auge gehen, besonders wenn der Redner Freude an langen Schachtelsätzen hat und den Überblick verliert.

Hierzu einige Beispiele:

„Er kam wie ein Blitz hereingeschneit."

„Die Lokomotivführer stehen mit einem Fuß im Gefängnis, mit dem anderen nagen sie am Hungertuch."

Auch Verstöße gegen die sprachliche Logik können Ihnen unfreiwillige Lacher einbringen:

„Suchen Hausmädchen, das unsere zwei kleinen Kinder betreut und kocht. Oder: „Bitte die Füße abtreten."

Auch: „Ich warne jedermann meiner Frau nichts zu borgen."

Und aus der Zeit vor der Emanzipation der Frau: „Ich vertrete die Meinung, daß Frauen grundsätzlich das Recht zur Teilnahme an allen Prozessen gewährt werden soll; gerade bei Gewaltverbrechen ist Ihre Mitwirkung von Vorteil."

Zehn Regeln für einen wirkungsvollen Sprachstil

1. Ihre Sprache sollte überschaubar, logisch, anschaulich und reich an Verben sein. Die Verben sind das Blut der Sprache.

2. Das richtige Maß

   — Eins ist mehr als zwei.

   — Jedes Wort, das man streichen kann, ist nicht nur überflüssig, sondern schädlich. (n. M. Weller)

   — Sprechen Sie kurz, klar und bestimmt.

3. Vermeiden Sie Beamtendeutsch.

   Sagen Sie nicht: „Die Änderung kann leider nicht zur Durchführung gelangen."

   Sondern: „Wir können das leider nicht ändern."

4. Vorsicht vor geschraubter Sprache und Fremdwörtern.

   Es gibt Lexika. Haben Sie den Mut, unbekannte Wörter nachzuschlagen. – Übrigens bilden „Meyers", „Brockhaus", „Duden" und „Herder" in bunter Reihe einen recht dekorativen Wandschmuck.

5. Sprechen Sie in kurzen, überschaubaren Sinnganzen, das erleichtert Ihnen und Ihren Hörern das Verständnis Ihrer Rede.

6. Sprechen Sie in Bildern, nicht in Grundsätzen.

   Aber Vorsicht: „Die Lokomotivführer . . ."

   Situationen treffend ausmalen:

   Ein Beispiel zum Thema „Ladenschlußgesetz":

   Sind Sie gegen die jetzige Regelung, dann schildern Sie das Gedränge und Gehetze kurz vor Ladenschluß. *Bringen Sie Einzelheiten.*

   Schildern Sie persönliche Erlebnisse:

   Sagen Sie beim Thema „Gleitende Arbeitszeit" nicht: „Es kann vorkommen, daß *man* dann zu einem Termin zu spät kommt, weil der Partner schon weg ist ...",

sondern: „Am Dienstag wollte *ich* zu Herrn Schulze. Nun ist der Kerl aber Frühaufsteher und schon um 15.30 Uhr wieder weg. Die gleitende Arbeitszeit raubt *mir* noch die letzten Nerven ..."

7. *Knüpfen Sie an Bekanntes an.* Das schafft Gemeinsamkeit, sowohl unter den Hörern als auch zwischen Ihnen und den Hörern.

Sprechen Sie zum Beispiel nicht nur über Werbeslogans, sondern *bringen Sie Beispiele:* „Der Duft der großen, weiten Welt ..." „... und läuft und läuft."

8. *Verwenden Sie wörtliche Rede und Mundart zur Auflockerung:*

Sagen Sie beim Thema „Taschengeld" nicht: „Die Leute fragen mich als Lehrer oft, ob man den Kindern Taschengeld geben soll ...",

sondern: „Gestern fragte mich eine Mutter, Klasse 3b): Soll I mei'm Karle Daschegeld geeba? Dui Kender heit verschleckt's jo doch!"

9. Auch eine *rhetorische Frage,* die Sie hin und wieder stellen, lockert auf, da sich jeder angesprochen fühlt. Zum Beispiel zum Thema „Rauchen": „Warum rauchen Sie eigentlich?"

10. *Sprechen Sie nicht „schön", sprechen Sie wirkungsvoll!*

Exkurs zur Entstehung der Hochsprache

Deutschland bestand zur Zeit Luthers aus vielen kleinen Staaten, in denen jeweils unterschiedliche Dialekte gesprochen wurden, die zum Teil heute noch Umgangssprache sind. Schon früh waren Bestrebungen im Gange, eine Einheitssprache zu schaffen. Einen durchgreifenden Erfolg hatte aber erst Luthers Bibel. Sein Ziel war, in ganz Deutschland verstanden zu werden. Richtlinie für seine Übersetzung war das Obersächsische, die Sprache der kaiserlichen Kanzleien. Da Luther jedoch auch andere Dialekte miteinbezog, schuf er etwas durchaus Eigenes, die Grundlage für die neuhochdeutsche Schriftsprache.

In der weiteren Entwicklung entfernte sich die Schriftsprache von der gesprochenen Sprache. Ende des 18. Jahrhunderts wurde die Sprache der Klassik, der Schriftsteller und Dichter, Lessing – Goethe – Schiller, und andere zum Vorbild für den Adel und das gehobene Bürgertum.

Wer aber sprach wirklich diese Dichtung?

Es waren die Schauspieler. Und so wurde deren Aussprache zum Maßstab für die gesprochene Sprache.

1803 forderte Goethe in seinen „Regeln für Schauspieler": „Wenn mitten in einer tragischen Rede sich ein Provinzialismus eindrängt, so wird die schönste Dichtung verunstaltet und das Gehör des Zuschauers beleidigt. Daher ist das Erste und Notwendigste für den sich bildenden Schauspieler, daß er sich von allen Fehlern des Dialektes befreie und eine vollständig reine Aussprache zu erlangen suche."

Und dies sagt Goethe, dem man Zeit seines Lebens die Frankfurter Herkunft deutlich anhörte. (Übrigens, sind Sie Schauspieler?)

Was aber unter einer reinen Aussprache zu verstehen sei, wurde erst gegen Ende des 19. Jahrhunderts festgelegt. Bis dahin war die Aussprache selbst der Schauspieler mehr oder weniger dialektgefärbt.

Die Verbreitung des Hochdeutschen wurde durch folgende Faktoren begünstigt:

— Aufkommen des Bürgertums,

— erwachendes Nationalbewußtsein,

— Gründung des Deutschen Reiches,

— Verwirklichung der allgemeinen Schulpflicht und die wachsende Verstädterung.

1880 erschien das Rechtschreibewörterbuch von Konrad Duden, 1898 die erste Ausspracheregelung für Schauspieler, die „Deutsche Bühnenaussprache" von Theodor Siebs.

In unserem Jahrhundert wurde die Ausbreitung dieser Normen weiter begünstigt durch das Aufkommen der Massenmedien wie Funk, Film und Fernsehen und durch die Flüchtlingsbewegungen in der Folge des Zweiten Weltkriegs.

Diese Ausführungen zeigen uns, daß niemand auf die Welt kommt und Hochdeutsch spricht. Oder anders gesagt, jeder von uns spricht, wenn er nicht gerade nach drei Jahren sprechtechnischer Ausbildung erfolgreich die Schauspielprüfung vor der Bühnengenossenschaft mit anschließender Mikrophonprüfung beim Rundfunk hinter sich gebracht hat, mit mehr oder weniger starker Dialektfärbung.

Wie stark die Dialektfärbung ist, hängt davon ab, in welcher Gegend jemand aufgewachsen ist, was in seinem Elternhaus gesprochen wurde, und welche Schulbildung er hat. Aufgrund einer Untersuchung von Ulrich Ammon in „Dialekt, soziale Ungleichheit und Sprache" läßt sich folgendes feststellen: Angehörige der Unterschicht sprechen fast nur Dialekt oder mit starker Dialektfärbung. „Soziale Aufsteiger" bemühen sich dagegen um die Hochsprache, die ihnen als Tor zum Aufstieg erscheint. Das Bemerkenswerte ist, daß Leute, die bereits zur oberen Schicht gehören, zwar über die Hochsprache verfügen, aber dennoch oft bewußt dialektgefärbt sprechen, in Baden-Württemberg als „Honoratioren-Schwäbisch" bekannt.

Es ist also nicht so sehr die Aussprache, die in Deutschland die Schichten trennt, sondern Form und Inhalt des Gesprochenen.

Die Sprechweise

Aussprache:

Sie sollten nur dann Ihre Dialektfärbung verringern, wenn Verständigungsschwierigkeiten auftauchen.

Denn Dialektfärbung ist eine persönliche Note und bedeutet Profil innerhalb der allgemeinen Nivellierung. Weiter kann im Dialekt manches gesagt werden, was auf Hochdeutsch unmöglich klingt. Sollte man Ihnen dennoch eine Dialektfärbung verübeln, dann muß Ihre Kleidung um so teurer sein, je breiter Ihr Dialekt ist. Wenn Sie gar einen ererbten Titel oder ein „Professor Doktor" vor Ihren Namen setzen können, wird man bei Ihnen selbst gebrochenes Deutsch charmant finden.

Die Aussprache hat keinen Selbstzweck.

Über die Sprache des Volkes zu seinem Herzen.

Sprechübungen:

Wir behandeln das Gebiet der Sprechübungen erst hier, weil wir es für gefährlich halten, Anfängern Dinge bewußt zu machen, die unbewußt richtig ablaufen. Dieses Bewußtmachen hat nur einen Sinn, wenn es Störungen zu bekämpfen gilt. Im anderen Fall wird dadurch erst das Übel geschaffen, das kuriert werden sollte.

Hier werden Ihnen Hinweise gegeben, wie Sie Aussprache und Sprechweise verbessern können. Wenn Sie unsicher sind, raten wir Ihnen, zu einem Schauspiellehrer oder einer Sprecherzieherin zu gehen. Setzen Sie aber bitte den nötigen Zeitaufwand zum möglichen Ergebnis in Relation, denn Sprechübungen haben nur einen Sinn, wenn man sie über einen längeren Zeitraum (sechs Monate – ein Jahr!!!) regelmäßig (wenigstens fünfzehn Minuten täglich!!!) macht, *sonst verunsichern sie Sie nur!*

Sie sollten also täglich wenigstens 15 Minuten konzentriert üben, das Geübte bewußt im alltäglichen Spontansprechen anwenden und mit einem Tonbandgerät kontrollieren. Löschen Sie bitte die ersten Aufnahmen nicht, sie dienen zum Nachweis des Lernerfolges.

Deutlichkeit:

Bertolt Brecht: „Nicht einmal das Sprechenlernen, das für die meisten Schauspieler sehr wichtig ist, kann ganz kalt, als etwas Mechanisches vor sich gehen. Der Schauspieler muß zum Beispiel *deutlich sprechen* können, aber das ist nicht nur eine Sache der Konsonanten und Vokale, sondern hauptsächlich eine Sache *des Sinns, des Sinnerfassens.*" Deutlichkeit ist also nicht so sehr eine Frage der Mundgymnastik als vielmehr des Sinnverständnisses.

Wer undeutlich spricht, spricht meistens auch zu schnell. Beides zerstört den Konnex, Ihre Verbindung zum Publikum. Versuchen Sie das Sprechtempo zu drosseln. Dann können Sie deutlicher artikulieren.

Sprechtempo:

Wenn Sie vor den Hörern einen Inhalt wiedergeben, den Sie beherrschen, brauchen Sie eine bestimmte Zeit, diesen Inhalt in Worte zu fassen. Ihre Hörer aber brauchen wenigstens drei Zeiten, nämlich eine Zeit zum akustischen Aufnehmen, eine Zeit, um den Sinn zu erfassen, und eine weitere Zeit, um den Sinn in größere Zusammenhänge einzuordnen, um ihn denkerisch zu durchdringen. Wenn Sie also von sich aus gesehen glauben, langsam genug zu sprechen, sprechen Sie vom Hörer aus gesehen wahrscheinlich immer noch zu schnell. Auch bei uns gilt der englische Grundsatz: „Think quick, speak slow." – Denk' schnell, sprich langsam. –

„Die Worte sollen Ihnen vom Munde tropfen."
Denken Sie dabei an Honig auf dem Teelöffel.
Sie wissen, was Sie sagen wollen, die Zuhörer noch nicht.
Lieber zehnmal zu langsam, als einmal zu schnell.

Aber bleiben Sie nicht einschläfernd stets beim gleichen Sprechtempo.

Der Wechsel belebt und schafft Klarheit: Raffen Sie Unwichtiges, sprechen Sie Wichtiges langsam und mit Nachdruck.

Eigennamen, Zahlen ... besonders langsam und deutlich artikulieren.

Nehmen Sie zum Vorbild nicht einen Kanal, dessen Wasser sich einförmig und träge dahinwälzt, sondern einen Bach, der einmal rauschend durch eine Enge schießt, einmal sanft über Steine plätschert und der manchmal sogar zu stehen scheint, wenn er sich ruhig im Kreise dreht oder scheinbar rückwärts fließt, der dabei riesige Steine zu Tal schleppt und zu Sand zermahlt, der aber nie langweilig wird.

Machen Sie Pausen: *Die Pause, der lautlose Schrei!* Oft ist, was Sie nicht sagen, wichtiger und bedeutsamer, als das was Sie sagen.

Pausen sind keine Löcher oder sollten es nicht sein, sondern Schaltstellen für die Zuhörer und Atempausen für Sie. Ihre Worte brauchen Platz zum Wachsen.

Bewußt gesetzte Pausen können Spannung schaffen.

Bewußt gesetzte Pausen helfen, Ihr Ich mit dem Du der Hörer zu verzahnen, wie bei einer Schublade, in die der Schreiner Nuten gefräst hat. Haben Sie deshalb nie den Ehrgeiz, glatt und druckreif zu sprechen. Lassen Sie Pausen wie Widerhaken stehen, an denen der Hörer hängen bleibt.

Sie sollten so langsam reden, daß die Zuhörer mitdenken können.

Vergessen Sie aber darüber nicht, das Tempo hie und da zu wechseln, denn die Abwechslung belebt.

Pausen sind für Redner *und* Zuhörer da.

Lautstärke:

Für jeden Raum und jede Zuhörerzahl gibt es eine optimale Lautstärke. Achten Sie auf den Blickkontakt und Sie werden *sehen,* nicht hören, ob Ihre Lautstärke angemessen ist.

Besser noch, Sie nehmen einen „lieben Menschen" mit, der Ihnen durch Gesten mitteilt, ob Sie zu laut oder zu leise reden.

Wichtig ist aber, daß Sie selbst ein Gefühl für die optimale Lautstärke bekommen; denn nicht immer können Sie jemanden mitbringen, der Ihnen durch Zeichen hilft.

Wenn Sie Mühe haben, Ihre Lautstärke zu steigern, dann helfen Ihnen sicher folgende Hinweise:

— Atmen Sie tief ein, und benützen Sie die Atemstütze, (s. S. 71 f.).

— Sprechen Sie langsam.

— Reden Sie mit Resonanz.

    Sie versuchen also solche Laute wie „mmm", „nnn", „lll" so auszusprechen, daß sie klingen und dadurch weittragender werden.

— Versuchen Sie, besonders deutlich zu artikulieren und die Endsilben zu betonen. Doch Vorsicht, diese Sprechweise kann unnatürlich wirken.

— Besonders wichtig aber ist, daß Sie sich beim lauten Reden nicht verkrampfen und dann im Nu heiser werden. Also, Schultern locker!

Abwechslung und Betonung:

Nichts ist nervtötender und einschläfernder als eine monotone Sprechweise. Mancher Redner mag glauben, so besonders sachlich und objektiv zu wirken. Meist wirkt er aber schlicht und einfach langweilig. Sehen Sie zu, daß Ihre Rede lebendig wird.

Sprechen Sie abwechslungsreich, laut, leise, hoch, tief, schnell und auch zuweilen langsam.

Wie Sie das erreichen?

Sie können das, wenn Sie an Ihrer Rede wirklich auch gefühlsmäßig beteiligt sind, wenn Sie voll und ganz hinter dem stehen, was Sie vertreten, wenn Sie von dem, was Sie sagen, überzeugt sind. Dann nämlich werden Sie *die Schwerpunkte* herausheben und so die wichtigen Dinge *betonen.*

Die ganze Kraft und Kunst der Rede muß sich im Gewinnen, Beruhigen oder Aufregen der Gemüter unserer Zuhörer zeigen. (n. M.T. Cicero)

Beruhigend und sympathisch wirkt eine tiefe, sonore Stimme, aufregend und mitreißend eine hohe, scharfe Stimme. Die Mittellage, Ihre natürliche Stimmlage aber schont Ihre Kraft und Ihre Stimmbänder, und läßt Sie auch längere Reden überstehen, ohne daß Sie heiser werden. Setzen Sie Ihre stimmlichen Mittel also bewußt ein, aber sparsam, damit sie zur Verfügung stehen, wenn man sie braucht.

Checkliste

- Redner brauchen Allgemeinbildung.

- Die Philosophie erschließt neue Dimensionen der Sprache und des Denkens.

- Wenn die Philosophie einen schlechten Ruf hat, dann nur, weil die Philosophen verlernt haben, Ihre Kenntnisse in den Alltag zu übertragen.

- Lesen Sie nicht „Bücher über Bücher", sondern die betreffenden Bücher selbst. (An frischen Quellen frisches Blühen.)

- Lernen Sie, langsam zu lesen.

- Suchen Sie den Umgang mit Leuten, von denen Sie noch etwas lernen können.

- Halten Sie sich also an Bücher und Menschen.

- Sie brauchen einen großen aktiven und passiven Wortschatz.

- Ihn gewinnen Sie durch Sprechen und Schreiben, aus Büchern und von Menschen.

- Treiben Sie eine Diätetik der Sprache: Die beste Tageszeitung ist für Sie gerade gut genug.

- Für die Rede bedeutet „schön": *klar, verständlich* und *wirkungsvoll*.

- Eins ist mehr als zwei. Sprechen Sie in Bildern, nicht in Grundsätzen. Bringen Sie Einzelheiten.

- Keiner von uns kommt auf die Welt und spricht Hochdeutsch. Wir sprechen also, wenn wir nicht gerade Schauspieler oder Nachrichtensprecher sind, mit mehr oder weniger starker Dialektfärbung.

- Am Fuße der sozialen Pyramide spricht man Dialekt. Die Aufsteiger in der Mitte bemühen sich, ihn abzulegen. Und an der Spitze spricht man wieder Dialekt.

- Es ist nicht so sehr die Aussprache, die die Schichten trennt, sondern Form und Inhalt des Gesprochenen.

- Je breiter Ihr Dialekt, desto teurer muß Ihre Kleidung sein.

- Keine Sprechübungen sind besser als unsachgemäße oder zu geringe.

- Die Deutlichkeit und Verständlichkeit Ihrer Aussprache hängt davon ab, ob Sie den Sinn des von Ihnen Gesprochenen zuvor erfaßt haben.

  1. Sprechen Sie lieber zehnmal zu langsam als einmal zu schnell.

  2. Machen Sie Pausen

     Ihre Worte brauchen Platz zum Wachsen.

     Pausen sind für den Redner *und* den Zuhörer da.

- Schreien Sie nicht, sondern bemühen Sie sich um Deutlichkeit.

- Wenn Sie wirklich vom Sinn Ihrer Rede durchdrungen sind, wenn aus Ihnen der rednerische Wille spricht, werden Sie abwechslungsreich sprechen und die Schwerpunkte durch die richtige Betonung hervorheben.

Übungen

1.
Übungen, die Sie in jedem Fall machen sollten:

— Was machen Ihr Tagebuch, Ihre Strichliste (Punkteexamen), der tägliche Liebesbrief...?

Hat sich Ihr Stil schon verbessert?

— Legen Sie sich eine schriftliche Witzsammlung zu, und
arbeiten Sie darin die Pointen sauber heraus.

Einmal schadet es Ihnen als Redner nicht, wenn Sie
über eine Menge guter Witze verfügen, zum zweiten
lernen Sie dabei auch vom Verstand her begreifen,
was eine Pointe eigentlich ist.

— Schreiben Sie Besinnungsaufsätze über Gebiete, die
Sie zur Zeit beschäftigen. Führen Sie auch eine Liste
aller Themen, an denen Sie in irgend einer Form interessiert sind. Und ergänzen Sie diese Liste dauernd.

– Der spitze Griffel schärft den Stil. –

— Üben Sie sich in gleicher Weise an dialektischen Stoff-
sammlungen.

— Erzählen Sie anderen Menschen wichtige Artikel aus
guten Tageszeitungen. Sie werden plötzlich merken,
wie Sie unbewußt deren Stil übernehmen.

— Übersetzen Sie Reden berühmter fremdsprachiger
Redner in Ihre Muttersprache. Das Ziel dabei ist
nicht, den Inhalt möglichst wörtlich wiederzugeben.
Stellen Sie sich lieber vor, Sie müßten diese Reden
selbst halten und versuchen Sie, in Ihren Worten den
Geist, das Feuer und Wollen dieser Reden zu treffen.
Selbst in unserer scheinbar nüchternen Zeit verfügen
Engländer oder Amerikaner noch über echtes Pathos.
Und die Reden der Revolutionäre von 1789 zeigen Ih-
nen, wie man ein Volk zum Sieden bringt.

— Berühmte Reden aus annähernd drei Jahrtausenden
gibt es zwischen Buchdeckeln. Tragen Sie diese Reden

alleine für sich in beeindruckender Umgebung vor, in Steinbrüchen, großen Waldlichtungen, vor der Meeresbrandung, auf Aussichtspunkten oder im Hochgebirge ... Lassen Sie sich von der Kraft längst vergangener Redner anrühren, tragen und mitreißen.

An Vormittagen außerhalb der Saison oder bei Regenwetter sind Sie selbst an sonst überlaufenen Aussichtsorten oft der einzige Mensch.

Große Reden, die sich zur Übung gut eignen sind zum Beispiel:

Thukydides, Peloponnesischer Krieg, I/32:

„Wer sich, ihr Athener, beistandssuchend, wie wir jetzt, an einen anderen wendet ..."

Demosthenes, Über den Kranz:

„Zuerst, Männer von Athen, bete ich zu den Göttern und Göttinnen allen ..."

Cicero, erste Rede gegen Catilina:

„Wie weit willst Du es noch treiben, Catilina, und unsere Geduld auf die Probe stellen?
Wie lange noch dies wahnsinnige Spiel mit uns treiben? ..."

Danton vor dem Revolutionstribunal am 2. April 1794:

„Ich bin Danton.
Ich bin der Revolution ziemlich bekannt.
Ich zähle 35 Jahre.
Meine Wohnung wird bald das Nichts sein.
Und mein Name wird leben im Pantheon der Geschichte ..."

— Tragen Sie in gleicher Weise große Dichtung vor, Schiller, Hölderlin ... Sie geraten dann zwar in Gefahr, auf einmal unbewußt in Versen zu sprechen. Aber Sie werden ein Gefühl für die Möglichkeiten Ihrer Ausdrucksmittel bekommen und zugleich die Kraft Ihrer Stimme trainieren und wesentlich steigern.

— Führen Sie auch das Märchenerzählen gegenüber großen und kleinen Mädchen oder Jungen weiter. Kinder
sind bekanntlich gute Zuhörer, aber auch kritisch und
anspruchsvoll. Vor Kindern können Sie sich nicht blamieren. Kommen Sie bei Kindern in den Ruf, ein guter Märchen- und Geschichtenerzähler zu sein. Dazu
gehört nicht viel, denn hier sind Sie locker, können aus
sich herausgehen, ein bißchen schauspielern und einmal die ganze Skala Ihrer Ausdrucksmöglichkeiten
ausprobieren. Wenn Kinder erst einmal wissen, daß
Sie lebendig und spannend erzählen, werden die Ihnen
keine Ruhe mehr lassen. Jetzt müssen Sie sich nicht
mehr zum Üben antreiben, jetzt werden Sie angetrie-
ben, und das manchmal recht massiv. Natürlich ist der
freie Vortrag besser, aber auch das Vorlesen schult
Ihre Ausdrucksfähigkeit (Märchen, Sagen, Gespen-
stergeschichten ...). Wenn Sie Bildergeschichten vor
Ihren kleinen Zuhörern versprachlichen, üben Sie
gleichzeitig Ihren Wortschatz (Comics, die „Vater und
Sohn-Geschichten" von E. O. Plauen ...).

2.
Übungen zur Sprechtechnik

Die folgenden Übungen stammen zum Teil aus sprech-
technischen Übungsbüchern. Die genauen Titel entneh-
men Sie bitte dem Literaturverzeichnis. Für besonders
empfehlenswert halten wir das Buch von Christian Winkler, Lautreines Deutsch, Westermann-Verlag, Braunschweig.

Deutlichkeit:

— Lockerungsübungen für den Unterkiefer:

   1. Unterkiefer locker hin und her bewegen, erst lang-
      sam, dann schneller.

   2. Bewußt ein paar Mal gähnen.

„a"-Übungen:

Zähne wenigstens daumenbreit (angewinkelter Daumen quer) auseinander; bei kurzem offenem „a" etwas mehr.

Bitte nicht den Mund aufsperren, sondern den Unterkiefer locker lassen. Die Übungen erst langsam durchsprechen, beim 2. und 3. Mal etwas rascher.

Versuchen Sie dann mit den Worten und Satzfetzen eigene Sätze zu bilden, um so das Geübte in Ihrer Sprache zu verankern. Das gilt auch für die weiteren Übungen.

Abend, Aal, ahnen, atmen, Afrika, aber, Aachen, Amor, Adel, Arzt, Anna, Anton, Amsel, Antenne, Apfel, Arbeiter, Axt, allein, alt, Ananas, Aster, Absicht, Atlas, Ast, Advent, Abt, Affekt, Akademie, Album, Alpen, Ampel, Amt, Asche, Ablösung, abnehmen, absenden, Amerika, Angst, Achtung, Aktion, Ader, Adler (vgl. E. Aderhold)

Bad, Tag, Gas, Gras, Rad, Grab, Trab, Bart, Jagd, Zahl, Gabel, Mahnmal, Nachnahme, Strafmaß, Waagschale, Gashahn, Ratschlag, Straßenbahnwagen, nachahmen, nachtragen, zahlbar, sparsam, damals (vgl. Chr. Winkler)

Am Abend aßen die Alten Aale. (3mal sprechen)

Rachenwandkatarrh, Schlagsahne, anbahnen, abschlagen, Tragbahre, Fahnenstange, Staatsanwalt, Glaswarenhandel, Bahnanlage, Namenstag, Maßgabe, Ratschlag, Straßenbahnwagen, analog, Katalog, Salatpflanze, Almanach, Abfahrtstag, Abgesandter, Abglanz, Abhang, Abnahme, Absage, Akrobat, Alarm, allabendlich, allemal, allerart, Radioapparat, allerhand, anstandshalber, Analphabet, Panamakanal, Karawanenstraße (vgl. E. Aderhold)

Wenn wir Ihnen Chr. Winkler, Lautreines Deutsch, als das sachgemäßeste Übungsbuch empfehlen, dann als das amüsanteste von J. Hey, Die Kunst des Sprechens. J. Hey arbeitete als Sprecherzieher eng mit Richard Wagner zusammen, dessen Gedanken über Gesangs- und Schauspielpädagogik er in die Wirklichkeit umzusetzen versuchte. Die Versübungen Heys wurden im deutschen Sprachraum für fast ein Jahrhundert die wichtigsten Sprechübungen für Sänger, Schauspieler und Pfarrer. Wir verwenden diese Übungen, weil Sie so herrlich „tiefsinnig" sind, den Kursteilnehmern Spaß machen und die Lernatmosphäre auflockern.

Barbara saß nah am Abhang,
Sprach gar sangbar – zaghaft langsam;
Mannhaft kam alsdann am Waldrand
Abraham a Sancta Clara!

Was hallt am Waldbach da?
Jagdklang schallt nah: Trara!

Nah dem Hage Tannen schwanken,
Alles strahlet Abendprangen;
Klagend sang der alte Barde,
Daß der Waldesrand es hallte!
Knaben kamen da gegangen,
Sangen Psalmen, Banner tragend –
Manchen prangt der Kranz am Arme.
Alle waren arme Waller,
Rasten lange nah dem Walde. (J. Hey)

„d"- und „t"-Übungen:

Im Auslaut ist das „d" immer stimmlos und wird wie „t" gesprochen. Bitte unterscheiden Sie genau und artikulieren das „d"/„t" deutlich.

Untier und dir, ungut und gut, unfein und fein, Unmensch und Mensch, unduldsam und duldsam, unzweideutig und zweideutig, unpraktisch und praktisch, unfreundlich und freundlich, Unmut und Mut, und zart, und zwingt, und zeigt, und zieht, und zügelt

Freundlich, ländlich, kenntlich, handlich, endlich, vermeintlich, stündlich, mündlich, feindlich, kindlich, seid ihr, und ihr, wart ihr, sollt er, fällt er, und er, und der, und die, und dir, und dann, und du, weißt du, willst du, magst du, lügst du, schliefst du (vgl. Balser-Eberle)

Draht – trat, drei – treu, landenden – gelandeten, ändernden – geänderten, splitternden – zersplitterten, tötenden – getöteten, deutenden – gedeuteten, wechselnden – gewechselten und doch, mit dir, bald darauf, seitdem, deutlich, laut denken, dies und das, seit der Zeit, Zeit der Ernte, Rat der Städte, die Macht des Stärkeren, mit Dornen und Disteln, nichts dergleichen tun, nicht daran denken, zum Spott der Leute werden

in der Tat, treuer Diener, dumm tun, guter Dinge, zu Tode betrüben, in den Wind reden, die Kirche ums Dorf tragen, unter einer Decke stecken, im dunkeln tappen, die Füße unter eines anderen Tisch stecken, sich zu Tode tanzen, mit dem Hute in der Hand, an die Wand drücken (vgl. Chr. Winkler)

„s"-Übungen (stimmloses und stimmhaftes „s"):

In manchen Mundarten fällt die Unterscheidung zwischen diesen beiden „s" schwer, deshalb sind in den folgenden Übungen jeweils die stimmhaften (weichen, klingenden „s") unterstrichen.

Moos, Los, Schloß, Mus, Fuß, Nuß, Schuß, muß, Bus, Maß, Spaß, naß, Faß, daß, was, Glas, Gras, Paß, Biß, Maus, Haus, Laus.

Gase – Gasse, lasen – lassen, Nase – nasse, faseln – fassen, Hasen – hassen, Wesen – wessen, sausen – außen, Riesen – rissen, reisen – reißen, Wiesen – Wissen, Muse – Muße, Weise – weiße.

„z" und „tz":

Jetzt wetzt der Letzt',
Gehetzt entsetzt,
Stoßlanz gespitzt,
Brustlatz zerfetzt,
Des Messers flitz'ge Spitz'!
Erhitzt, geritzt –
Von Schmerz zersetzt –,
Reizt's Herz des Streites Hitz'! (J. Hey)

Zungenbrecher:

Jeden Zungenbrecher 3mal sprechen.

Der dicke Diener trägt die dicke Dame durch den dicken Dreck.
Da dankte die dicke Dame dem dicken Diener, daß er die dicke Dame durch den dicken Dreck getragen hat.

Ein französischer Regisseur inszenierte ein tschechisches Stück.
Ein tschechischer Regisseur inszenierte ein französisches Stück.

Zwischen zwei Zwetschgenzweigen saßen zwei zwitschernde Schwälbchen.

Fischers Fritz fischt frische Fische.
Frische Fische fischt Fischers Fritz.

In Ulm und um Ulm und um Ulm herum.

Er kommt. Ob er aber über Ober- oder über Unterammergau kommt, das weiß man nicht.

Die Katze tritt die Treppe krumm.

Es liegt ein Klötzchen Blei gleich bei Blaubeuren.
(Es leit'e Klötzle Blei glei bei Blaubeura.
Glei bei Blaubeura leit'e Klötzle Blei.)

Kleinkindkleidchen kleidet Kleinkind.
Kleinkind kann keinen Kirschkern knacken.

Ein krummer Krebs kroch über eine krumme Schraube.

Die Feldmaus verführt die Feldratte.
Die verführte Feldratte verführt die Feldmaus.

Fritz frißt frisch Frischfleisch.

Der Potsdamer Postkutscher putzt den Potsdamer Postkutschenkasten.

Zwischen zwei spitzen Steinen sitzen zwei zischende Schlangen, lauernd auf zwei zwitschernde Spätzchen.

Er singt leider lauter laute Lieder zur Laute.

Hinweise zur Deutlichkeit:

Die Endsilben werden nicht verschluckt, aber auch nicht überbetont. Sagen Sie also nicht leb*en* und nehm*en*. Der Hauptton liegt jeweils auf der ersten Silbe.

Eine gute Artikulationsübung sind Zungenbrecher (s. obige Übung) und das flüsternde Sprechen. Zur Flüster-übung können Sie jeden beliebigen Text verwenden, oder Sie können auch frei sprechen. Bei Flüsterübungen soll-ten Sie aber einen Dialogpartner haben, der Sie unter-bricht, wenn er Sie nicht versteht, doch besser als gar nichts ist immer noch ein Tonbandgerät.

Größere Deutlichkeit erreichen Sie also, indem Sie fol-gendes beachten:

1. Unterkiefer locker lassen, den Mund öffnen, beson-ders beim „a".
2. Konsonanten, Mitlaute, deutlich artikulieren, beson-ders „s", „d" und „t". Hier helfen Flüsterübungen.
3. Endsilben beachten, also nicht verschlucken, aber auch nicht überbetonen.

Lautstärke:

Versuchen Sie Ihre Lautstärke nicht auf einmal zu stei-gern, indem Sie schreien, pressen, sondern indem Sie die Resonanzlaute, Klinger, besonders beachten.

Resonanzübungen:

An- und abschwellend (wenn es an den Lippen kitzelt, ist es richtig):

mmmmmmmmmmmmmmmmmmmmmmm m m m m
mmmmmmmmmmmmmmmmmmmmmmm m m m m
mmmmmmmmmmmmmmmmmmmmmm m m m m

nnnnnnnnnnnnnnnn n n n n nnnnnnnnnnnnnn n n n n
nnnnnnnnnnnnnnnnn n n n n

mma – mme – mmi – mmo – mmu
nna – nne – nni – nno – nnu

mama mia, mama mia, mama mia (als kräftiger, klingender Ruf)

munung, munung, munung
monong, monong, monong

Man mime nie um nicht'gen Mammon. (J. Hey)

Versübungen aus dem „Kleinen Hey":
Bitte genügend tief und oft Atem holen!
Die Übung nicht tierisch ernst nehmen.

Bangen, verlangen nach prangenden Wangen!
Von Hoffnungen trunken, in Ahnung versunken,
Wanken und schwanken, dem Undank zanken,

Kein Heim erwerben:
Ohn' Lieben und Leben, streben und weben,
Verderben und sterben.
Dem Sensenmann zum Lohn gegeben –
Nennt's Unsinn nun ein Menschenleben. (J. Hey)

Leeren Wahn wohl will man nennen
Jene Minne ohne Reime:
Wie im Meere Wellen rinnen,
Wallen Wonnen wirr im Innern,
Ohne Ruh' je zu gewähren.
Wahre Minne wolle nennen
Jene warmen, reinen Wonnen,
Deren Helle all' erwärmen
Wie ein reiner Wein den Waller! (J. Hey)

Gaumen- und Zäpfchen-„r" oder das Zungen-„r"?

Das Gaumen- oder Zäpfchen-„r", heute wegen des Mikrophonsprechens wohl die häufigste Form des im deutschen Sprachraum gesprochenen „r"s, bereitet beim lauten Sprechen besondere Schwierigkeiten, weil es häufig zu Heiserkeit führt.

Manche Redner verzichten deshalb ganz auf das „r" („Die Aamaakana haben kein Väständnis füe die Poobleme deea beelinä Aabeitä.").

Wenn Sie also oft und laut reden müssen, empfehlen wir Ihnen, sich das alte deutsche „r", das Zungen-„r", das rollende „r", anzugewöhnen. Eine erprobte Methode zum Einüben des Zungen-„r" bietet uns der Schauspieler François Talma (1763–1826): Sprechen sie zuerst langsam und dann immer schneller t-d, t-d ... Danach versuchen Sie das französische Wort „travail" zu sprechen, indem Sie zuerst 7–9mal hintereinander dé-tavail, dé-tavail ... sagen, um dann immer rascher werdend das „r" einzuschieben.

Also:

„dé-tavail, dé-tavail ... travail, travail ..."

Sie können aber auch versuchen, über die Verbindung von „d" und „l" das Zungen-„r" zu erarbeiten:

de-lei, de-lei ... drei, drei ...

de-längen, de-längen ... drängen, drängen ...

Drang, drängen, drinnen, droben, drunten, dröhnen, drüben, dreißig,
tragen, trennen, Thron, Truhe, trösten ...
brav, Brett, Brief, Brot, Brust ...
Presse, Prinz, Probe, prüde, Preis ...
Frage, Frevel, Friede, fromm, Frucht, fröhlich (Balser-Eberle)

Bitte beachten Sie, nicht jedes „r" wird gerollt. Näheres bei Th. Siebs, Deutsche Aussprache, und Chr. Winkler, Lautreines Deutsch.

Betonung und Pause:

Redner, die ohne Pausen und Betonung sprechen, wirken auf uns wie geschriebene Texte ohne Punkt und Komma. Bitte verwechseln Sie die durch sinnvolle Pausen gegliederte Rede nicht mit „Häcksel-Sprechen". Eine sinnvolle Pause gliedert Ihren Text in verständliche Ganzheiten, schafft den Worten und Ihnen Luft und legt die Sprach- und Sinnstruktur Ihrer Rede frei.

Die sinnlose Pause zerhackt die Sinnganzen, zerreißt die Sprachstruktur, und verwirrt Redner und Hörer, sie erzeugt „Häcksel".

Betonen ist kein Höhersprechen, sondern ein Sprechen mit Nachdruck. Betont wird, was Sie als Schwerpunkt des Satzes empfinden. Jeder Satz hat nur einen Schwerpunkt, wobei als Satz jeweils ein Sinnschritt gilt und nicht der Text zwischen zwei Punkten.

Ein Beispiel:

Geßler zu Tell in „Wilhelm Tell", von Fr. v. Schiller:

„Ist das dein Knabe, <u>Tell</u>?" – Er spricht zu Tell.

„Ist das dein <u>Knabe</u>, Tell?" – Er meint den Jungen, nicht das Mädchen.

„Ist das <u>dein</u> Knabe, Tell?" – Die Vaterschaft ist strittig.

„Ist <u>das</u> dein Knabe, Tell?" – Unter den vielen Buben eben der da.

„<u>Ist</u> das dein Knabe, Tell?" – Tell, Schurke, gib's zu!

Sie sehen, wie ärmlich eigentlich die geschriebene Sprache gegenüber der gesprochenen ist.

Ein weiteres Beispiel aus „Michael Kohlhaas" von Heinrich v. Kleist. Bitte orientieren Sie sich beim ersten lauten Lesen an den Satzzeichen, das zweite Mal aber an den Sinnschritten und vergleichen Sie, was der gesprochenen Sprache mehr entspricht:

„Er sah,
so oft sich ein Geräusch im Hofe hören ließ,
mit der widerwärtigsten Erwartung,
die seine Brust jemals bewegt hatte,
nach dem Torwege,
ob die Leute des Jungherren erscheinen und ihm,
vielleicht gar mit einer Entschuldigung,
die Pferde,
abgehungert und abgehärmt,
wieder zustellen würden;
der einzige Fall,

in welchem seine von der Welt wohlerzogene Seele auf nichts,
das ihrem Gefühl völlig entsprach,
gefaßt war.“

Und nun in Sinnschritten:

„Er sah, //

so oft sich ein Geräusch im Hofe hören ließ, mit der widerwärtigsten Erwartung, die seine Brust jemals bewegt hatte, nach dem Torwege, //

ob die Leute des Jungherren erscheinen //

und ihm, //

vielleicht gar mit einer Entschuldigung, //

die Pferde, abgehungert und abgehärmt, wieder zustellen würden; //

der einzige Fall, //

in welchem seine von der Welt wohlerzogene Seele auf nichts, das ihrem Gefühl völlig entsprach, gefaßt war.“

– Wer einen Kleistsatz vorlesen kann, wird auch mit einem Nachrichtentext fertig. –

Anhang

Literatur
Namensregister
Kursmodelle

Literatur

Aus der Antike:

Aristoteles: Rhetorik an Alexander, übers. v. P. Gohlke, Paderborn 1959

Aristoteles: Rhetorik, übers. v. P. Gohlke, Paderborn 1959

Aristoteles: Rhetorik, übers. v. F. G. Sievecke, 3. Aufl., München 1988

Cicero: Vom Redner, de Oratore, hg. v. Raphael Kühner, München (ohne Angabe)

Cicero: Über den Redner, lat./dt. übers. u. kommentiert u. mit einer Einleitung versehen, hg. v. H. Merklin, Reclam, 4 B 6884, Stuttgart

Quintilian: Ausbildung des Redners, 12 Bücher, lat./dt., 2 Bde. übers. u. hg. v. H. Rahn, Darmstadt 1972–1975

Rhetorik aus neuerer Zeit:

Biehle, H.: Redetechnik, 4. Aufl., Berlin 1974

Carnegie, D.: Sorge dich nicht – lebe!, 52. Aufl., München 1990

Geißner, H.: Rede in der Öffentlichkeit, Stuttgart 1969

Geißner, H.: Rhetorik, München 1973

Jens, W.: Von deutscher Rede, München 1972

Kopperschmidt, Josef (Hg.): Rhetorik, Bd. 1 Darmstadt 1990, Bd. 2 Darmstadt 1991

Lange, G. (Hg.): Lehrbuch der Rhetorik, 2. Aufl., München 1968

Lay, R.: Dialektik für Manager, München 1983

Reiners, L.: Die Kunst der Rede und des Gesprächs, 5. Aufl., Bern 1968

Schlüter, H.: Grundkurs der Rhetorik, München 1974

Weller, M.: Das Buch der Redekunst, Düsseldorf/Wien 1954

Weller, M.: Regeln der Rhetorik, Düsseldorf/Wien 1969

Zur Dialektik:

Erdmann, K. O.: Die Kunst, Recht zu behalten, Berlin 1982

Frank-Böhringer: Rhetorische Kommunikation, Hamburg (im Anhang: Die Eristik von Arthur Schopenhauer [!!!])

Gelner, C.: Die Kunst des Verhandelns, 2. Aufl., Heidelberg 1967

Hamilton, W.G.: Parlamentarische Logik und Rhetorik, hg. v. H. Blomeyer, Köln und Berlin 1949

Nierenberg, G.I.: Gut verhandelt ist doppelt gewonnen, Bern/München 1971

Rother, W.: Die Kunst des Streitens, 3. Aufl., München 1988

Stangl, A.: Das Buch der Verhandlungskunst, 2. Aufl., Düsseldorf/Wien 1988

Stangl, A.: Verhandlungsstrategie, Düsseldorf/Wien 1972

Toulmin, S.: The Uses of Argument, Cambridge 1969

Weller, M.: Ich bitte ums Wort, 2. Aufl., Düsseldorf 1971

Zur Atmung und Entspannung:

Faust, J.:Aktive Entspannungsbehandlung, Stuttgart 1954 (unter anderem Titel bei Goldmann Bd. 2865: „Neue Wege zur Beseitigung von Neurosen und vegetativen Störungen")

Kleinsorge, H.: Selbstentspannung, 7. Aufl., Stuttgart 1972

Schmidt, L.: Atemheilkunst (Der Atem-Schmidt), München 1956

Schultz, J.H.: Das Autogene Training, 19. Aufl., Stuttgart 1991

Zur Sprechtechnik:

Aderhold, E.: Sprecherziehung des Schauspielers, Berlin 1963

Balser-Eberle, V.: Sprechtechnisches Übungsbuch, 7. Aufl., Wien 1965

Biehle, H.: Stimmkunde, Berlin 1955

Drach, E.: Sprecherziehung, 13. Aufl., Frankfurt 1969

Hey, J.: Die Kunst des Sprechens (Der kleine Hey), hg. v. Fritz Reusch, Mainz 1956

Jesch, J.: Grundlagen der Sprecherziehung, Berlin 1967

Schoch, A./Geißner, H./Kästner, W./Merg, G.: Grundlagen der Schauspielkunst, Hannover 1965

Siebs, Th.: Deutsche Aussprache, 19. Aufl., Berlin 1969

Trojan, F.: Die Ausbildung der Sprechstimme, 2. Aufl., Wien 1955

Winkler, Chr.: Deutsche Sprechkunde und Sprecherziehung, 2. Aufl., Düsseldorf 1969

Winkler, Chr.: Lautreines Deutsch, 6. Aufl., Braunschweig 1969

Wolf, E./Aderhold, E.: Sprecherzieherisches Übungsbuch, 3. Aufl., Berlin 1965

Namensregister

Kursmodelle

Entwurf eines Curriculums rhetorischer Bildung:

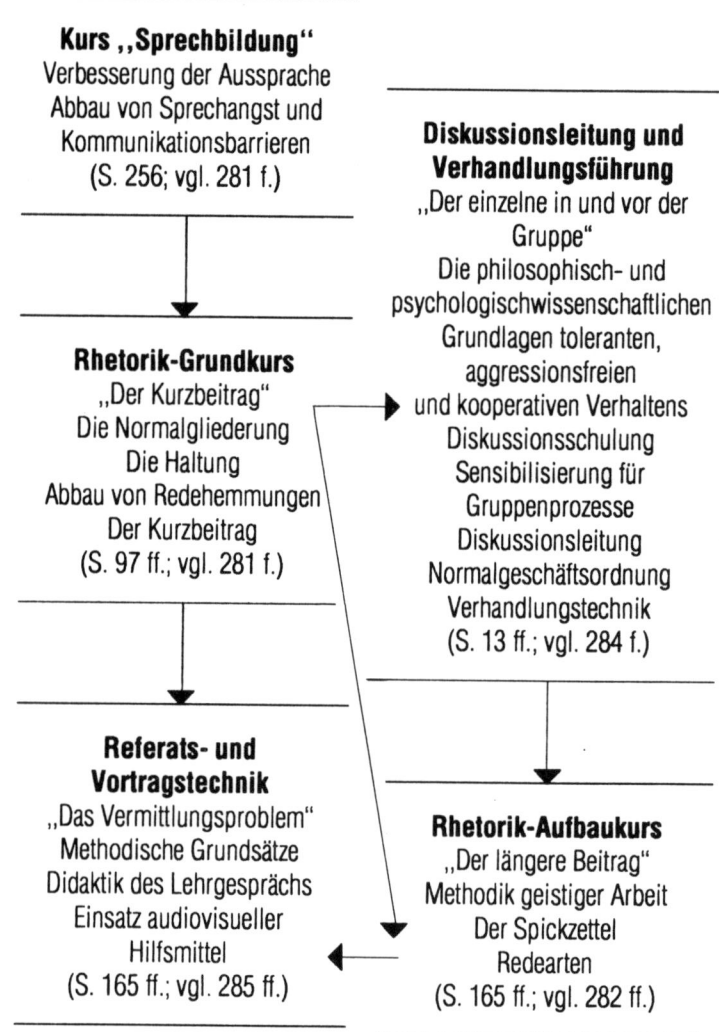

Kurs „Sprechbildung"
Verbesserung der Aussprache
Abbau von Sprechangst und
Kommunikationsbarrieren
(S. 256; vgl. 281 f.)

**Diskussionsleitung und
Verhandlungsführung**
„Der einzelne in und vor der
Gruppe"
Die philosophisch- und
psychologischwissenschaftlichen
Grundlagen toleranten,
aggressionsfreien
und kooperativen Verhaltens
Diskussionsschulung
Sensibilisierung für
Gruppenprozesse
Diskussionsleitung
Normalgeschäftsordnung
Verhandlungstechnik
(S. 13 ff.; vgl. 284 f.)

Rhetorik-Grundkurs
„Der Kurzbeitrag"
Die Normalgliederung
Die Haltung
Abbau von Redehemmungen
Der Kurzbeitrag
(S. 97 ff.; vgl. 281 f.)

**Referats- und
Vortragstechnik**
„Das Vermittlungsproblem"
Methodische Grundsätze
Didaktik des Lehrgesprächs
Einsatz audiovisueller
Hilfsmittel
(S. 165 ff.; vgl. 285 ff.)

Rhetorik-Aufbaukurs
„Der längere Beitrag"
Methodik geistiger Arbeit
Der Spickzettel
Redearten
(S. 165 ff.; vgl. 282 ff.)

Oder: der gesamte Stoff in Halbjahreskursen (Rhetorik I und II)
vgl. S. 286 f. und 287 ff.

Kurs „Sprechbildung" (u. U. als Abendkurs):

(Falls notwendig, zur Vorbereitung auf die weiteren Kurse, Zeitbedarf
10 × 2 Stunden = 20 Stunden)

1. Einheit: a) Besprechung des Kursprogramms

     b) Hochdeutsch oder Dialekt?

     c) Gemeinsame Tonbandanalyse der Sprache und Aussprache der Teilnehmer

2. Einheit: a) Hinweise zu Sprechübungen

     b) Fortführung der Tonbandanalysen

     c) Sprechübungen

3. Einheit: a) „Aktive Entspannung" nach Dr. Faust

     b) Sprechübungen

4. Einheit: a) Die Atemtechnik

     b) Atem- und Entspannungsübungen

     c) Sprechübungen

5. Einheit: a) Die Bedeutung der „Resonanz" beim Reden

     b) Übung im Spontansprechen: Wir lernen partnerbezogen und situationsgerecht zu sprechen.

6. Einheit: a) „Reproduzierendes Sprechdenken"

     b) Übungen im Nacherzählen von Fabeln

7. Einheit: a) „Wie gestalte ich meine Sprechweise lebendiger?"

     b) Übungen im Nacherzählen von „Vater & Sohn-Geschichten"

8. Einheit: „3-Worte-Spiel" und „Telefonieren"

9. und 10. Einheit:

     Freisprechübungen vor dem Video-Recorder mit genauer Analyse unter besonderer Beachtung der Sprache und Aussprache

Anmerkung:

Dieser Kurs ist für alle gedacht, die unter starken Sprachhemmungen leiden, die Schwierigkeiten mit der Aussprache haben, oder bei denen es auf eine deutliche Aussprache ankommt.

Rhetorik-Grundkurs (Wochenkurs):

Der Kurzbeitrag (Zeitbedarf bei 12–16 Teilnehmern 5 × 5 Stunden =
25 Stunden)

Dieser einwöchige Kurs ist für alle gedacht, die eine Einführung in die freie Rede suchen, die noch ungeübt sind und Grundlagen brauchen.

Lernziele:

Die Teilnehmer sollen lernen, einen Kurzbeitrag frei zu formulieren und dabei du-zentriert, zielgerichtet, knapp und präzise zu reden. Weitere Lernziele sind, Sprechangst und Redehemmungen zu verringern.

Aufbau des Kurses:

1. Tag: a) Besprechung des Kursprogramms

          b) Einführung in die Normalgliederung: „Die Bedeutung des Schlußsatzes"

          c) Die Teilnehmer üben partnerbezogen zu reden: „Die Charme-Schleuder"

2. Tag: a) Übung der Fragetechnik und des Statements

          b) Abbau von Redehemmungen durch die „aktive Entspannung" nach Dr. Faust und „Kampf dem Lampenfieber"

          c) Kurzbeiträge: „Wir stellen einander vor"

3. Tag: a) Statements

          b) „Haltung und Gestik"

          c) Kurzbeiträge und deren Kritik durch die Teilnehmer nach gegebenen Kriterien: „Päckchenauspacken"

4. Tag: a) Amerikanische Debatte – 1. Durchgang – Video-Aufzeichnung

          b) Analyse anhand des kurzen Kriterienbogens

5. Tag: a) Amerikanische Debatte – 2. Durchgang – Video-Aufzeichnung

          b) Analyse anhand des kurzen Kriterienbogens

          c) Zusammenfassung und Auswertung des Kurses

Die Teilnehmer geben an jedem Tag mindestens einen Kurzbeitrag. Beobachtungsbögen (der kurze Kriterienbogen) mit einem täglichen Leistungsnachweis zeigen ihnen, wie sie von Tag zu Tag Fortschritte im freien Reden machen.

Rhetorik-Aufbaukurs (Wochenkurs): ### Der längere Beitrag

(Zeitbedarf bei 12–16 Teilnehmern 5 × 5 Stunden = 25 Stunden)

Dieser einwöchige Kurs richtet sich an alle, die längere Beiträge halten müssen und die vor dem Problem der Beherrschung der Form und größerer Stoffmengen stehen. Zwischen dem Grundkurs und dem Aufbaukurs sollte ein Zeitraum von wenigstens drei Monaten liegen.

Lernziele:

Zu den Fähigkeiten frei zu formulieren, du-zentriert, zielgerichtet knapp und präzise zu reden, sollen die Teilnehmer Methoden geistiger Arbeit, (Stimulierung von Kreativität), Benutzung des Zettelkastens und den Umgang mit Quellen erlernen.

Sie sollen zur Normalgliederung noch Kenntnis von weiteren Gliederungsmöglichkeiten erhalten und die ihnen gemäße Form des Spickzettels finden.

Aufbau des Kurses:

1. Tag: a) Besprechung des Kursprogramms

b) Gruppenarbeit – Wiederholung:

„Was heißt Reden?" – Normalgliederung – Haltung und Gestik

c) Kurzbeiträge der Teilnehmer:
„Es stand in der Zeitung" – Video-Aufzeichnung

d) Analyse anhand der kurzen Kriterienbögen

2. Tag: a) Gruppenarbeit: „Wie bereiten Sie sich vor?"

b) Referat und Lehrgespräch:
„Die stoffliche Vorbereitung" oder „Vom kreativen Denken"

c) Formen des Spickzettels

d) Gemeinsame Arbeit an einer dialektischen Stoffsammlung

3. Tag: a) Die „pro" und „contra" erarbeiteten längeren Reden werden gehalten. – Video-Aufzeichnung

b) Analyse anhand der kurzen Kriterienbögen

4. Tag: a) Vorträge der Teilnehmer zu freien Themen:
Jeder spricht, worüber er sonst auch sprechen muß.
– Video-Aufzeichnung

b) Analyse anhand der kurzen Kriterienbögen

5. Tag: a) Scherzhafte Stegreifreden zu verlosten Themen:
„Ameisen mit Schneeketten" – Video-Aufzeichnung

b) Analyse anhand der kurzen Kriterienbögen

c) Zusammenfassung und Auswertung des Kurses

d) „10 Gebote für den Redner"

Jeder Teilnehmer sollte wenigstens ein- bis zweimal einen längeren Beitrag vor dem Video-Recorder halten. Die Kriterienbögen zeigen den Teilnehmern Schwächen und Fortschritte im Reden.

283

Rhetorik-Aufbaukurs (Wochenkurs):
Diskussionsleitung und Verhandlungsführung

(Zeitbedarf bei 12–16 Teilnehmern 5 × 6 Stunden = 30 Stunden)

Dieser Kurs richtet sich an alle, die in Teams oder mit Teams arbeiten, die Menschen führen müssen, die ihre Effektivität steigern wollen, indem sie lernen, soziale Reibungsverluste zu vermeiden.

Lernziele:

Die Teilnehmer sollen ihr Vermögen, frei zu formulieren, du-zentriert und präzise zu reden, vertiefen. Sie sollen lernen, logisch zu argumentieren und die Schwächen in der Argumentation des anderen zu erkennen. Sie sollen ihre Teamfähigkeit, die Fähigkeit zur Kommunikation und Kooperation, entwickeln und steigern; sie sollen für die Gesetzmäßigkeiten, die in Gruppen herrschen, sensibilisiert werden und daraus für sich Schlüsse ziehen. Sie erhalten Gelegenheit, sich in die Leitung von Diskussionen und in die Formalien der Normalgeschäftsordnung einzuüben.

Aufbau des Kurses:

1. Tag: a) Besprechung des Kursprogramms

          b) „Normalgliederung und Vorstellung"

          c) Vorstellung der Teilnehmer mit Analyse – Video-Aufzeichnung

          d) Wiederholung des Stoffes früherer Rhetorikkurse durch Kurzreferate

          e) Kurzvorträge und Gespräch: „Erlebnisse mit Rhetorik"

2. Tag: a) Die „Amerikanische Debatte" – Video-Aufzeichnung

          b) Analyse anhand der kurzen Kriterienbögen

          c) Gruppenarbeit und Lehrgespräch: „Einführung in die Dialektik"

3. Tag: a) „Die Ballonfahrt" – ein Argumentationsspiel

          b) Analyse des Spiels anhand von Check-Listen

          c) Referat und Lehrgespräch: „Das a-Tier und seine Gruppenfunktion"

          d) Referat und Lehrgespräch: „Die sieben Waffen der Diskussionsleitung"

          e) Diskussionsspiel: „Miteigentümerversammlung"

4. Tag: a) Schlagfertigkeitstraining: „Der heiße Stuhl"

b) Fortsetzung der „Miteigentümerversammlung"

c) Auswertung

d) Gruppenarbeit: „Verhandlungstechnik"

e) Fortsetzung von „Der heiße Stuhl"

f) Verhandlungsspiel: „Wir verteilen ein Auto"

g) Auswertung anhand von Check-Listen

5. Tag: a) Fortsetzung von „Der heiße Stuhl"

b) Interaktion u. Verhandlung: „Wir bauen Türme" mit Auswertung

c) Auswertung und Zusammenfassung des Kurses

Rhetorik-Aufbaukurs (Wochenkurs): Referats- und Vortragstechnik

(Zeitbedarf bei maximal 6 Teilnehmern 5 × 5 Stunden = 25 Stunden)

Dieser Kurs richtet sich an alle, die vor dem Vermittlungsproblem stehen, die sachliche Zusammenhänge anderen klarlegen müssen und die durch sachliche Darlegungen überzeugen wollen. Voraussetzung ist, daß wenigstens der Rhetorik-Grundkurs besucht wurde.

Lernziele:

Die Teilnehmer sollen lernen, die drei Leitworte für Unterrichtende „Motivieren! Strukturieren! Aktivieren!" in die Praxis umzusetzen. Sie sollen erfahren, daß Begriffe beim Begreifen anfangen, auch beim Begreifen mit den Händen. Sie sollen erkennen, wie der Drang nach Perfektion den Unterrichtserfolg gefährdet, wie dagegen der Mut zur Improvisation, zur Unvollkommenheit belebt – natürlich soll hier nicht für den Pfusch geworben werden; ohne gründliche Vorbereitung und Stoffbeherrschung funktioniert auch die Improvisation nicht. Jeder Teilnehmer sollte wenigstens eine längere Stoffeinheit aus seinem Alltag darbieten und sich an der Technik der audio-visuellen Sachvermittlung versuchen.

Aufbau des Kurses:

1. Tag: a) Was erwarten wir von diesem Kurs?

b) Besprechung des Kursprogramms

c) Vorstellung der Teilnehmer mit Analyse
   – Video-Aufzeichnung

d) Mustervortrag des Referenten:
„Das Grundprinzip der Anschauung, dargestellt am Beispiel einer Unterrichtseinheit über die Grundprinzipien
des Verbrennungsmotors"

e) Analyse der Lehrprobe des Referenten durch die Teilnehmer und Einführung in den großen Kriterienbogen.

2. und 3. Tag:

a) Sachvorträge der Teilnehmer mit anschließender Analyse
anhand des großen Kriterienbogens

b) Dia-Vortrag des Referenten: „Die Atmung des Redners"

c) Analyse des Vortrags durch die Teilnehmer und Einführung in die Grundprinzipien der Arbeit mit audiovisuellen
Hilfsmitteln.

4. und 5. Tag:

a) Dia-Vorträge der Teilnehmer

b) Scherzvorträge am Overhead-Projektor: „Wir drudeln"

c) Rückschau und Ausblick

d) Dozentenbeschimpfung

Rhetorik I (Halbjahreskurs):

(Zeitbedarf bei bis zu 25 Teilnehmern 15 × 2 Stunden = 30 Stunden)

Systematisch aufbauende Übungen geben uns Sicherheit im Auftreten
und im Ausdruck. Sie ermöglichen den Teilnehmern sich freizuspre-
chen. Eine Einführung in die Dialektik, Diskussionen über selbstge-
wählte Themen, deren Leitung, deren Analyse, und Kurzbeiträge zeigen
uns die Gesetze der Diskussion, der Gesprächsführung und gruppendy-
namischer Prozesse.

A) Der Kurzbeitrag:

1. Abend: Jeder kann reden. – Was erwarten wir von diesem Kurs? –
Eine Gliederung für unsere Kurzbeiträge – Übung im
partnerbezogenen Sprechen: „Die Charme-Schleuder"

2. Abend: Einführung in die Fragetechnik – Abbau von Redehem-
mungen durch die „aktive Entspannung" nach Dr. Faust –
Kampf dem Lampenfieber – Fortsetzung der „Charme-
Schleuder"

3. Abend: Kommunikationsspiel: „Ich seh etwas, das du nicht siehst,
und das zeichne mal." – Das Hindernis der Sprache – Die
Haltung des Redners – Jeder Teilnehmer hält einen kurzen Beitrag (Video-Aufzeichnung) – Kritik der Aufzeichnungen durch die Teilnehmer (kurze Kriterienbögen)

4. Abend: Fortsetzung der Arbeit mit dem Video-Recorder

B) Der einzelne in der Gruppe:

5. Abend: Schlagfertigkeitsübung „Der heiße Stuhl" – Gruppenarbeit „Einführung in die Dialektik"

6. Abend: Argumentationsspiel „Ballonfahrt" – Auswertung

7. Abend: Fortsetzung von „Der heiße Stuhl" – „Das a-Tier und seine Funktion in der Gruppe" – „Die sieben Waffen des Diskussionsleiters" – Aufstellung der Tagesordnung für eine Miteigentümerversammlung

8. Abend: Spiel: „Miteigentümerversammlung" – Abwicklung der Tagesordnung – Auswertung

9. Abend: Fortsetzung von „Der heiße Stuhl" – Gruppenarbeit: „Verhandlungstechnik in der Praxis"

10. Abend: Verhandlungsspiel „Wir verteilen ein Auto" – Auswertung

11. Abend: Der einzelne im Team: „Wir bauen einen Turm" – Übung der Verhandlungstechnik: „Wir suchen Maßstäbe für unsere Türme"

12. und 13. Abend:

Amerikanische Debatte mit Video-Aufzeichnung und Analyse anhand der kurzen Kriterienbögen

14. Abend: Freie Diskussion

15. Abend: Brainstorming: Halbzeit: „Wie geht es weiter?"

Rhetorik II (Halbjahreskurs):

(Zeitbedarf bei bis zu 25 Teilnehmern 15 × 2 Stunden = 30 Stunden)

Die Teilnehmer lernen und üben, wie man eine Rede, einen Vortrag oder ein Lehrgespräch nach rhetorischen und didaktischen Gesichtspunkten aufbaut und vor einem größeren Kreis hält.

Wir hören von wirksamen Mitteln gegen das Lampenfieber, von der richtigen Atemtechnik, vom schöpferischen Denken und vom Einsatz technischer Hilfsmittel.

A) Der längere Beitrag:

1. Abend: Was will diese Reihe? – „Amerikanische Debatte" Aufzeichnung

2. Abend: Atemtechnik, Nasalresonanz und Atemstütze – „Amerikanische Debatte" Analyse – Kurze Beurteilungsbögen

3. Abend: Gruppenarbeit: „Wie wir uns vorbereiten" – Vom kreativen Denken – Die stoffliche Vorbereitung – Wir sammeln Stichworte für eine Rede – Dialektische Stoffsammlung

4. Abend: Vier Arten von Spickzetteln – Wir schreiben Spickzettel für eine Pro- und Contra-Rede

5. und 6. Abend:

Schlagfertigkeitsübung „Der heiße Stuhl" – Aufzeichnung und Analyse der am 4. Abend erarbeiteten Reden

B) Das Vermittlungsproblem:

7. Abend: Das didaktische Fundament: „Alle Erkenntnis beginnt in den Sinnen." – „Motivieren! Strukturieren! Aktivieren!" – Musterstunde des Referenten: „Die Grundprinzipien des Verbrennungsmotors" – Diskussion der Musterstunde – Einführung des großen Kriterienbogens.

8. und 9. Abend:

Stegreifreden: „Ameisen mit Schneeketten" – Sach- und Lehrvorträge der Teilnehmer mit Anschauungsmaterial – Analyse anhand des großen Kriterienbogens

10. Abend: Ein Lichtbildervortrag des Referenten „Die Atemtechnik des Redners" – Diskussion des Vortrags

11.–14. Abend:

3-Worte-Spiel zur Schlagfertigkeit oder „Der heiße Stuhl" – Längere Beiträge der Teilnehmer und Analyse anhand des großen Kriterienbogens

15. Abend: Das Wichtigste des ganzen Kurses? – „10 Gebote für den Redner" – Dozentenbeschimpfung – Rückblick und Vorschau

Anmerkung:

Während des ganzen Kurses findet keine Vorstellung der Teilnehmer statt.